高等职业教育新商科系列教材 市场营销专业系列

消费心理学

（第3版）

主　编◎易正伟　严　琳
副主编◎蒋国春　郭伟欣
　　　　龙欣荣　陈志丹

XIAOFEI XINLIXUE

北京师范大学出版集团
BEIJING NORMAL UNIVERSITY PUBLISHING GROUP
北京师范大学出版社

图书在版编目(CIP)数据

消费心理学/易正伟，严琳主编．—3版．—北京：北京师范大学出版社，2023.8(2025.1重印)

(高等职业教育新商科系列教材·市场营销专业系列)

ISBN 978-7-303-29335-3

Ⅰ．①消…　Ⅱ．①易…②严…　Ⅲ．①消费心理学　Ⅳ．①F713.55

中国国家版本馆CIP数据核字(2023)第136408号

出版发行：北京师范大学出版社 https://www.bnupg.com
　　　　　北京市西城区新街口外大街12-3号
　　　　　邮政编码：100088

印　　刷：北京虎彩文化传播有限公司
经　　销：全国新华书店
开　　本：787 mm×1092 mm　1/16
印　　张：13.75
字　　数：400千字
版　　次：2023年8月第3版
印　　次：2025年1月第2次印刷
定　　价：42.00元

策划编辑：包　彤　　　责任编辑：王思琪
美术编辑：焦　丽　　　装帧设计：焦　丽
责任校对：陈　民　　　责任印制：赵　龙

内容提要

本书系统地阐述了消费者在消费活动中的消费心理和行为发生、发展的一般规律。全书内容分为认识消费心理学、消费者购买行为分析、掌握影响消费心理的内部因素和外部因素四大教学模块。其中，模块一系统地介绍了消费心理学的产生和发展、消费心理学的研究对象和研究内容、消费心理学在营销活动中的应用价值、消费心理学的学习方法等；模块二阐述了消费者为满足其需要和欲望而选择、获取、使用和处置产品(或服务)的过程与一般规律；模块三系统地讲述了内部因素，即消费者心理活动过程、消费者个性心理倾向、消费者个性心理特征、消费者的生理因素对消费者消费心理和消费行为的影响；模块四系统地讲述了外部因素，如社会因素、商品因素、市场因素、其他因素对消费者消费心理和消费行为的影响。

全书采取“先总后分”的思路编写，结构清晰，逻辑性强，便于读者理解和学习。

前 言

如何拨开消费者复杂内心世界的层层迷雾，把握消费者购买行为的一般规律，如消费者购买行为过程、消费者购买行为类型等，从而准确地把握消费者的购买决策过程？

如何透过影响消费者消费心理和行为的纷繁芜杂的表象，从根本上把握影响其消费心理和行为的内部因素，从而找到打开消费者“心门”的钥匙？

如何在急剧变化的市场环境中，牢牢把握住影响消费者消费心理和行为的主要外部因素，从而以不变应万变？

…………

如果您想知道以上问题的答案，那么本书将是您最好的选择。

本书将彻底走出以往教材(书籍)要么重理论、要么重技巧的误区，真正从高职院校财经商贸类专业人才培养的规律出发，按照“理论够用，注重实践”的指导思想组织教学内容，正所谓既“授之以鱼”，又“授之以渔”。

与以往同类教材相比，本书的特色体现在以下几个方面。

一是坚持把立德树人作为教材编写的指导方针，让课程思政生根落地。每个项目除了设置“知识目标”和“能力目标”外，新增了“素养目标”，将课程思政和生态文明教育贯穿始终。同时，为了贯彻落实党的二十大精神，对部分内容进行了修订和完善，力求及时、全面、准确地体现党中央的最新要求，将党的二十大精神融入教材，融入课堂，融入师生头脑。

二是按照先总后分的原则，先介绍消费心理学的产生和发展、消费心理学的研究对象和研究内容、消费心理学在营销活动中的应用价值和消费心理学的学习方法，接着分析消费者购买行为的一般模式和普遍规律，最后介绍影响消费者消费心理和购买行为的内部因素和外部因素。全书结构清晰，逻辑性强，便于读者理解和学习。

三是增加了生理因素、中国传统文化和自然环境因素对消费者行为的影响等内容，较好地体现了当今营销理论(如关系营销、文化营销、绿色营销等)发展的新趋向；同时也深刻揭示了中国独特消费环境下的一些特有的消费行为。

四是适应高职高专人才培养要求，强调“理论够用，注重实践”。在坚持能力导向的前提下，重视学生理论素养的培养。正文中精心编排了“实例分析”“课堂活动”“学而思”和“相关链接”等栏目，增强了内容的知识性、趣味性和实践性。课后安排了“思维导图”和“思考与练习”栏目，便于读者复习和巩固。贴合每个项目内容的“案例分析”和具有针对性的“实践与训练”，亦是本书能力导向的突出体现。

五是针对西方消费心理学理论缺少对中国消费者行为研究和解读的问题，精心选编了大量权威和具有时代特色的本土化案例，将西方消费心理学理论和中国营销实践紧密融合，为读者找到了一把打开中国消费者“心门”的钥匙。

六是为了满足广大读者拓展性学习的需要，修订版教材在精简篇幅的同时，将大量拓展资源设计成二维码的形式，从而大大拓展了读者们学习的广度和深度。

为了使教材内容更加贴近营销理论和实践领域的最新发展，在保留上一版基本结构和特色的基础上，编写组对部分案例和错漏进行了重新修订。同时，根据中国社会城市化、信息化和人口政策的变化，增加了一些新的内容，以期能更好地服务广大读者。

本书在编写过程中坚持产教融合的思路，在编写团队的组建上，将具有企业一线工作经验的高职院校教师和企业职业经理人融合进来。广东工贸职业技术学院易正伟负责项目一、项目三和项目六的编写工作，广东工贸职业技术学院严琳负责项目四、项目五和项目八的编写工作，广东南华工商职业大学郭伟欣负责项目二和项目十的编写工作，广州科技职业技术大学蒋国春负责项目七和项目九的编写工作，广州市例外服饰有限公司销售公司副总经理龙欣荣和易简广告传媒集团股份有限公司客户总监陈志丹参与了部分内容的编写。全书由易正伟负责提纲拟定、统稿和定稿。

本书主要为高职高专财经商贸类专业学生编写，同时也可作为广大营销实践工作者的参考用书。

本书在编写和修订的过程中参考了许多专家、学者的有关论著，汲取了多方面的研究成果，借此机会向他们表示最诚挚的谢意！由于编者知识水平所限，书中难免有不足之处，恳请读者批评指正。

编　者

2023年1月

目 录

模块一 认识消费心理学

模块二 消费者购买行为分析

模块三 掌握影响消费心理的内部因素

学习笔记

模块一　认识消费心理学

项目一　认识消费心理学

知识目标

1. 了解消费心理学的产生和发展。
2. 明确消费心理学的研究对象和研究内容。
3. 理解消费心理学在营销活动中的应用价值。
4. 掌握消费心理学的学习方法。

能力目标

1. 能运用消费心理学的相关方法去解释一些常见的消费现象。
2. 能列举某个品牌或企业把握消费者心理的成功实例。
3. 能就某个品牌或产品，简单分析其目标消费者心理。
4. 能通过消费者心理分析，设计某类产品或服务，使其能较好地满足消费者需求。

素养目标

1. 了解中国古代先贤著作(如《黄帝内经》和王夫之《四书训义》)中关于心理学的重要论述。
2. 坚持全面学习观，努力开展多方面、多层次的学习，把握当代消费者消费心理与行为出现的新变化。
3. 树立良好的职业意识，在从事营销活动时能站在顾客和其他利益相关方的角度考虑问题。

任务一　了解消费心理学的产生和发展

消费心理学是普通心理学的一个分支，是专门研究消费者在购买活动中心理现象发生和发展的一般规律的科学。因此，了解消费心理学的起源和发展，应对心理现象和心理学研究历史有一个清晰的认识。

学而思：谈谈你对心理学的初步认识。

学习笔记

一、心理现象与心理学

(一)心理及心理现象

1. 心理

科学的心理观认为，心理的实质是人脑对客观现实主观的、能动的反映，要了解心理的实质，应从心理的生物学基础和心理的社会学基础两个方面来理解。辩证唯物主义也认为，心理是人脑的机能，是人脑对客观现实的反映。

心理虽然是人脑的机能，但是人脑本身并不能单独产生心理现象。没有客观事物作用于人脑，人脑是不会产生心理现象的。心理按其内容来说，是对客观现实的反映。客观现实包括自然环境和社会环境。

2. 心理现象

心理现象是心理活动的表现形式，一般把心理现象分为心理过程和人格(个性)两个方面。

(1)心理过程。心理过程是指人的心理活动发生、发展的过程，是指在客观事物的作用下，在一定的时间内，大脑反映客观现实的过程。心理过程包括认识过程、情绪情感过程和意志过程三个方面。三种心理过程互相联系、相互制约，情绪情感和意志是在认识的基础上产生和发展起来的，情绪情感和意志对人的认识也有重要的影响。

(2)人格(个性)。人格(个性)是指一个人的整个精神面貌，是具有一定倾向性的心理特征的总和，包括人格倾向性、人格特征和自我意识。

【相关链接 1-1】

心理现象的两个方面——心理过程和个性及其心理特征，二者是彼此密切地联系着的。一方面，个性及其心理特征是在各种心理过程中形成和发展起来的，同时，也只有通过心理过程，才能表现出来；另一方面，已经形成的个性及其心理特征，对人的心理过程又有影响和制约的作用，如性格、能力都直接影响人们对事物认识的效率和深度。

资料来源：荣晓华．消费者行为学[M].7版．大连：东北财经大学出版社，2022.

(二)心理学

心理学(psychology)是研究心理现象发生、发展规律的科学。心理学既研究人的心理，也研究动物心理，但以人的心理为主要研究对象。所谓心理，是指人的感觉、知觉、记忆、思维、想象、情感、意志、能力、性格、气质等观念组成的总体，属于与客观现实相对的精神活动领域。

心理现象和每一个人息息相关，人在清醒状态下每时每刻都离不开它。人们无论从事什么活动，都伴随有各种心理现象，而且正是在心理活动的调节下，人们的各种活动才能得以正常进行，并达到预期的目的。

学习笔记

【相关链接 1-2】

既然心理是脑的机能，那么为什么研究它的科学称为“心理学”，而不是“脑理学”呢？这主要有两个方面的原因：一方面，古时候的人们认为心脏是心理活动的器官，如人们紧张或恐惧的时候就会觉得“心怦怦跳”；另一方面，我国古代的哲学家们把精神、意识之类的东西称为“心灵现象”，并认为“心为思之官”，所以一直把研究心灵、思维的学问称为心理学。

资料来源：荣晓华．消费者行为学[M].7 版．大连：东北财经大学出版社，2022.（有修改）

二、消费心理学及其产生与发展

（一）消费心理学发展的三个阶段

消费心理学作为系统研究消费者心理现象的一门独立的应用科学，是在资本主义工业革命以后，商品经济充分发展、竞争日益加剧的过程中形成和发展起来的。

1. 萌芽时期

从 19 世纪末到 20 世纪 30 年代，有关研究消费心理与行为的理论开始出现，并且得到了初步的发展。

19 世纪末 20 世纪初，各主要资本主义国家经过工业革命后，生产力大大提高，市场上的商品供过于求，企业之间的竞争加剧。为了争夺市场，企业的生产经营者开始注重商品的推销和需求的刺激，推销术和广告术也开始应用于企业的经营活动中。

1895 年，美国明尼苏达大学的盖尔首先采用问卷调查的方法，就消费者对商品广告及其所介绍商品的态度与看法进行了研究。1899 年，美国经济学家凡勃伦在《有闲阶级论》一书中提及消费心理及其社会含义，他认为过度的消费是人们在一种向别人炫耀自己的心理支配下激发的。在这里，威布伦已明确阐述了过度消费中的炫耀心理。1901 年 12 月 20 日，美国心理学家斯科特在美国西北大学做报告，提出广告应发展成一门科学，而心理学可以在其中发挥重要作用的见解，同时第一次提出了消费心理学的问题。1903 年，斯科特汇编十几篇论文，出版了《广告理论》一书，该书的出版标志着消费心理学的诞生。同时期美国心理学家盖尔出版了《广告心理学》，较系统地论述了在商品广告中如何应用心理学原理，引起了消费者的注意和兴趣。1912 年，德国心理学家闵斯特伯格出版了《工业心理学》一书，阐述了在商品销售中，广告和橱窗陈列对消费者心理的影响。同时，还有一些学者在市场学、管理学等著作中也研究了有关消费心理与行为的问题。比较有影响力的是“行为主义”心理学创始人约翰·华生的“刺激—反应”理论，即 S-R 理论，这一理论揭示了消费者接受广告刺激物与行为反应的关系，被广泛地运用于消费者行为的研究之中。

由于这个时期消费心理与行为的研究才刚刚开始，研究的重点是企业如何促进产品销售，而不是如何满足消费者的需要，加上这种研究基本上局限于理论阐述，并没有具体应用到市场营销活动中，因此并未引起社会的广泛重视。

学习笔记

2. 应用时期

20世纪30—60年代，消费者行为研究被广泛地应用于市场营销活动中，并得到了迅速发展。

1929—1933年，西方资本主义国家发生严重经济危机，生产严重过剩，商品销售十分困难，使传统的卖方市场一下子变成了买方市场。在这种形势下，企业的生产经营观念发生了重大转变，刺激消费被作为一种反危机的手段提了出来。在提出“创造需求”口号的同时，开始重视和加强市场调研，预测消费趋势，刺激消费需求。市场营销学、管理学、广告学、推销学在市场营销活动中得到了广泛的运用，并取得了明显的效果。这些理论极大地丰富和完善了消费者行为理论的研究，使它从其他学科中分离出来，成为一门独立的学科。

第二次世界大战以后，从20世纪50年代开始，人们对消费者的心理现象及其活动规律产生了更大的兴趣。特别是由于心理学在各个领域的应用都取得了重大成果，引起了理论研究工作者和企业家们的强烈关注和反响。更多的心理学家、经济学家、社会学家都转入这一领域进行研究，并相继提出了许多理论。例如，1951年，美国心理学家马斯洛提出了需要层次理论；1953年，美国心理学家布朗开始研究消费者对商标的倾向性；1957年，社会心理学家鲍恩开始研究参照群体对消费者购买行为的影响。1960年，美国正式成立了消费者心理学会；1969年，美国成立了顾客协会。消费心理学从此进入了发展和应用时期，其参与市场营销活动越来越广泛、深入，对营销活动的影响和服务作用也日益明显。

3. 变革时期

从20世纪70年代到现在，是消费心理学的变革时期。这一时期，有关消费者心理与行为研究的论文、报告、专著不仅在数量上剧增，在质量上也越来越高，研究方法也越来越科学。许多新兴学科，如计算机、经济数学、行为学、信息技术等也被运用于消费行为的研究。进入20世纪80年代后，消费心理学随着社会经济的发展而不断深化，门类越来越多，与市场营销的关系也日益密切。目前，它已成为市场营销专业人员和高等院校财经商贸类专业学生的一门课程。

(二)消费者心理与行为研究的新趋向

20世纪70年代以来，有关消费者心理与行为的研究逐步趋于系统化，有关研究机构和学术刊物不断增多。除了大学和学术团体外，一些大公司也纷纷附设专门的研究机构，从事消费者心理的研究。纵观近年来消费者心理与行为的研究现状，其发展趋势主要有以下几个。

1. 研究角度趋向多元化

长期以来，人们局限于从商品生产者和经营者的单一角度研究消费者心理与行为，关注点集中在帮助工商企业通过满足消费者需求的方式来扩大销售，增加盈利。目前，这种单一局面已被打破，许多学者开始把消费者心理及行为同更广泛的社会问题联系在一起，从宏观经济、自然资源和环境保护、消费者利益、生活方式等多种角度进行研究。例如，研究作为买方的消费者的行为对市场变动的影响、各种宏观调控措施对消费者的心理效应，以及政府部门在制定经济规划时如何以消费者心理作为重要参考依据等。又如，顺应20世纪70年代以来消费者权益保护运动，许

学习笔记

多学者注重从消费者利益的角度研究消费者心理，以便帮助消费者提高消费能力，增强维护自身权益的意识和能力。再如，研究不同类型消费者生活方式的特点及其与消费意识、消费态度、购买行为的关系，从而帮助消费者提高生活质量。上述各方面的探讨，为消费者心理与行为的研究提供了更广阔、更独特的研究视角。

2. 研究参数趋向多样化

在最初的研究中，人们主要以社会学、经济学的有关概念作为参数变量，根据年龄、性别、职业、家庭、收入等来分析和解释各种消费者心理与行为的差异。随着研究的深入，与心理因素和社会心理因素有关的变量被大量引入，如需要、动机、个性、参照群体、社会态度、人际沟通等。如今，由于社会环境的急剧变化和消费者自身素质的提高，消费行为比以往任何时期都更为复杂，已有的变量很难对此作出全面的解释。为了准确把握日益复杂的消费行为，研究者开始引入文化、历史、地域、民族、道德传统、价值观念、信息化程度等一系列新的变量。新变量的引入为消费者心理与行为研究的精细化提供了可能，同时也使参数、变量在数量和内容上更加丰富多样，而这一现象正是消费者心理与行为研究的多学科、综合性趋势进一步加强的反映。

3. 研究方法趋向定量化

新变量的引入使各参数变量之间的相互关系更加复杂，单纯对某一消费现象进行事实性描述和定性分析显然是不够的。为此，当代学者越来越倾向于采用定量分析的方法，运用统计分析技术、信息处理技术，以及运筹学、动态分析等现代科学方法和技术手段，揭示变量之间的内在联系，如因果关系、相关关系等。定量分析的结果使建立更加精确的消费行为模式成为可能，而各种精确模型的建立，又进一步推动了对消费现象的质的研究，从而把消费者心理与行为的研究提高到一个新的水平。

此外，随着对消费者心理与行为的研究内容更为全面，理论分析更加深入，学科体系日趋完善，研究成果在实践中得到越来越广泛的应用。以上趋势表明，有关消费者心理与行为的研究已经进入更成熟的发展阶段。

任务二 明确消费心理学的研究对象和研究内容

不同的学科有自己不同的研究对象与研究内容。消费心理学作为一门应用性较强的学科，有其自身特定的研究对象与研究内容。

一、消费心理学的研究对象

分析消费心理学的研究对象，首先需要明确消费、消费品、消费者、消费心理、消费行为和购买行为等概念。

（一）消费心理学中的几个基本概念

1. 消费

一般认为，消费是指人们为满足需要而消耗各种物质产品及非物质产品的行为和过程。

学习笔记

广义的消费包括生产消费和生活消费两大部分。生产消费是指在物质资料生产过程中，各种工具、设备、原材料等生产资料，以及劳动力的使用和耗费；生活消费是指人们为了满足自身需要而消耗的各种物质产品、精神产品和劳动服务的行为与过程。

狭义的消费仅指生活消费，即我们日常生活中所说的消费。本书所论及的消费，指的是狭义的消费。

2. 消费品

消费品是指用来满足消费者个人需求的产品。按照一般的分类方法，消费品可以分为便利品、选购品、特殊品和非寻求品四种类型。

(1)便利品。便利品是指消费者不需要费力就能买到的价格便宜的商品，如软饮料、清洁剂、笔记本等。

(2)选购品。选购品是指比便利品的价格高且销售商店也较少的商品。消费者在购买选购品时一般要对几种品牌或在款式、适用性、价格与其生活方式协调性等方面进行比较，他们也愿意花费一些精力以取得自己期望的商品。

(3)特殊品。当消费者广泛地寻求某一特殊商品且又不愿意为此接受替代品时，这种商品即为特殊品。

(4)非寻求品。如果一项产品不被其潜在的消费者所了解或者虽然了解但并不积极去获取，那么这项产品就称为非寻求品。一些商品永远都是非寻求品，特别是我们不愿意想起或不喜欢为它们花钱的商品，如人寿保险、丧葬用品等。销售人员总是想方设法地接近那些潜在的消费者，因为消费者大多不会主动地去寻找这类商品。

3. 消费者

简单地说，消费者就是购买或使用各种产品或服务的人。具体地说，消费者是对各种消费品的需求者、购买者和使用者。有时购买者不一定是需求者或使用者，而使用者也不一定是购买者。比如，我们常常买东西作为礼物赠送他人，他人也常常买东西作为礼物赠送给我们。因此，不能仅仅把消费者理解为购买者。另外，因为本书所论及的消费主要是狭义的消费，即生活消费，这里的消费者主要是指自然人，他们是为了满足自己的生活需要而消费。

此外，由于研究的角度不同，对消费者可以有不同的分类。

(1)根据个人在消费活动中扮演的角色不同，可以将消费者分为发起者、影响者、决策者、购买者和使用者。①发起者，首先提出或有意购买某一商品或服务的人；②影响者，其需要、动机、看法或建议对决定购买有一定影响的人；③决策者，决定是否购买、为何购买、购买什么、如何购买、购买多少、何处购买等部分或全部问题的人；④购买者，实际购买商品或服务的人；⑤使用者，实际使用或消费商品或服务的人。

(2)根据消费状态的不同，可以将消费者分为目标消费者、潜在消费者和现实消费者。①目标消费者，符合企业产品定位的人群，或企业产品的目标销售对象；②潜在消费者，既能因购买某种产品或服务而受益，同时又具有购买这种商品的货币支付能力的个人或组织；③现实消费者，对企业产品或服务既有购买欲望，又有购买能力和决策权的人。

(3)根据消费目的的不同，可以将消费者分为个体或家庭消费者、集团消费者和企业消费者。①个体或家庭消费者，为满足个人或家庭的需要而购买和使用商品的人；②集团消费者，为满足社会团体或群体的各种不同需要而购买和使用商品的组织，如政府机关、文艺单位、研究机构等；③企业消费者，生产产品或提供劳务，以盈利为目的的经济组织。

4. 消费心理

心理一般是指人的所思所想，是人的一种内心活动；消费心理则特指人作为消费者时的所思所想。人类的一切正常的行为均由心理活动支配，消费心理是消费者行为的基础。

5. 消费行为

行为一般是指人的所作所为；消费行为则特指人作为消费者时对于商品或服务的消费需要，以及使商品或服务从市场上转移到消费者手中的活动。在消费过程中，只有通过人的消费行为才能把商品或服务从商家转移到消费者。因此，消费行为比消费心理更具有现实性。

任何一种消费活动，都是既包含了消费者的心理活动又包含了消费者的消费行为。消费心理学研究消费行为，不仅要注重研究消费者的具体活动，更要注重研究消费者的内心活动，准确把握消费者的心理活动是准确理解消费行为的前提。

6. 购买行为

消费者在一定的购物环境下所表现的消费行为即购买行为。消费行为是一个过程，其中购买行为是消费行为的重要环节。消费心理学研究购买行为的目的是考察消费者与经营者之间的相互影响，经营者如果能够在消费行为的购买环节加强与购买者的沟通，并且为购买者创造良好的购物环境和条件，往往会对消费心理和消费行为产生决定性的影响。

(二)消费心理学研究的对象

根据上述有关消费心理学的几个核心概念的阐释，我们可以将消费心理学的研究对象简单地概括为消费者在消费活动和过程中的所思所想、所作所为的发生和发展的一般规律。

二、消费心理学的研究内容

如前所述，消费心理学是专门研究消费者在购买活动中心理现象发生和发展的一般规律的科学。具体说来，消费心理学研究消费者为满足其需要和欲望而选择、购买、使用、处置产品或服务的活动与过程，也包括影响这一活动和过程的各种因素。

(一)影响消费者行为的内部因素

消费者行为作为个体行为，首先受到其自身内部因素的影响。影响消费者行为的内部因素包括以下几个。

1. 消费者心理活动过程

消费者心理活动过程是指消费者心理活动发生、发展和完成的过程，表现在消费活动中，即消费者对商品的认识、情感和意志三个阶段。这三个阶段是所有消费

学习笔记

"MAN"法则

学而思：在网购如此普遍的今天，怎样研究网友的消费心理？

学习笔记

者在消费活动中所共同经历的。研究消费者心理活动过程，有助于发现消费者行为中所包含的心理活动的共性，以及消费者心理发生、发展和变化的一般规律，从而为预测消费者的消费倾向和消费行为提供依据。

2. 消费者个性心理倾向

消费者个性心理倾向是指消费者在消费过程中逐渐形成的心理倾向，主要包括消费者的需要、购买动机和态度等。个性心理倾向的不同是个体之间差异的一个重要表现，也是对消费者心理活动和行为起推动作用的重要因素。研究消费者个性心理倾向，有助于揭示产生不同消费行为的深层原因，洞察社会消费现象，为有针对性地开展营销活动服务。

3. 消费者个性心理特征

消费者个性心理特征是指消费者个人稳定的心理特点，它表明消费者之间在具体的心理上的差异，通过消费者的气质、能力、性格、兴趣等方面的特点加以表现。从心理学的角度看，消费者个性心理特征是构成消费者千差万别、各具特色的消费行为的心理基础。同时，消费者个性心理特征的差异也是通过不同的消费行为表现出来的。研究消费者行为的个性心理特征，有助于了解消费者的个性类型，预测和引导消费者的消费行为。

4. 消费者的生理因素

消费者的生理因素是指消费者的生理特征、身体健康状况，以及生理机能的健全程度等特性，也称生理机制。生理学与解剖学的研究表明，人的生理构造与机能是行为产生的物质基础。消费者的每个行为都是以生理活动为基础，并通过生理机能的整体协调运动产生和实现的。消费者由于年龄、性别、健康状况及机能构造方面的特点与差异，导致消费行为的不同表现类型，这些也是企业在营销活动中需要关注的问题。

(二)影响消费者行为的外部因素

消费者受到自然因素与社会因素的影响。消费者行为作为一种社会行为，必然会受到其所处的社会历史条件的制约和外界各种因素的影响。这些外部影响因素主要是社会因素、商品因素、市场因素和自然因素。

1. 社会因素

社会因素本身是一个综合的范畴。社会因素对消费者行为的影响是多方面的。一是消费水平受到社会经济状况的制约；二是消费水平和消费结构要受到个人经济状况的限制；三是社会文化、社会阶层、社会群体等社会文化因素影响消费者的消费习惯、消费方式和消费层次，家庭群体是社会的基本单位，对个体消费行为的影响是最为深刻的。研究社会因素对消费者行为的影响，有利于更合理地解释消费者行为，并为预测消费行为提供有效的依据。

2. 商品因素

商品因素包括商品设计、商品命名、商标设计和商品包装装潢等，是消费者在消费活动中据以识别商品的重要内容，是保证商品正常流通的必要条件，也是影响消费者行为的重要因素。研究商品因素对消费者行为的影响，有利于了解这一因素与消费者行为的关系，全面认识社会消费现象产生的原因，有助于工商企业据此制定适销对路的营销策略，以获得更加理想的经济效益和社会效益。

3. 市场因素

市场因素主要包括商品价格、商店布局、销售服务、广告宣传、企业形象等。研究这些因素不仅有利于了解它们对消费者行为的重要影响，也有利于了解消费者行为与市场营销活动之间的相互影响、相互制约的双向关系。一方面，市场营销活动是影响消费者行为的一个重要的客观因素；另一方面，消费者行为也会影响市场的营销活动。因此，研究市场因素及市场营销与消费者行为的关系，其目的在于更好地满足消费者需要，促成购买行为，实现商品的最终销售。

4. 自然因素

自然因素包括地域条件、气候变迁、自然环境、资源状况等因素。自然因素是直接构成生存空间条件的重要因素，在很大程度上可以促进和限制某些消费活动的进行，对消费者的消费行为具有明显的影响。例如，人们所处的气候条件(寒带、温带、热带、亚寒带、亚热带)和地形条件(平原、高原、山地、丘陵、盆地)不同，在消费需求和消费习惯上存在各种差异；城市居民与农村居民对商品的需求种类、数量和购买方式也有着显著区别。因此，自然因素对消费者心理与行为的影响是不容忽视的。

(三)消费者购买行为分析

消费心理学研究的主要内容之一是要了解消费者的购买行为的一般模式，因为消费心理学要解决的根本问题就是“消费者是如何进行购买决策的”。假如我们能够了解消费者的购买决策过程及其影响因素，就可以通过影响和控制这些因素来影响消费者的购买行为，从而达到提升营销效果的目的。

任务三　理解消费心理学在营销活动中的应用价值

随着市场经济的不断发展，消费需求日趋多样化。有人说，“20 世纪 80 年代，100 个人需要 1 件商品；20 世纪 90 年代，100 个人需要 100 件商品；21 世纪，1 个人需要 100 件甚至成千上万种商品”。企业要在营销上取得成功，必须研究影响消费者心理的各种因素，以最大限度地获得目标消费者的“欢心”。

一、掌握消费者的心理活动过程和内在规律

消费者在购买商品的过程中，伴随着复杂的心理过程，这个过程会影响和制约消费者购买行为的发生和进行。例如，消费者通过对商品的感觉、知觉、表象、联想、回忆、思考、情感、意志等心理活动，一般都会激发某种行为，或是采取购买行为，或是拒绝购买等。消费心理学通过对这些心理活动的研究，揭示消费者在购买活动中的认识过程、情感过程和意志过程从产生、发展到完成的一般规律，洞悉消费者在购买活动中的心理状态，预测消费者心理的发展趋势，从而使企业的营销活动有的放矢。因此，学习消费心理学有助于我们掌握营销过程中消费者的心理活动过程及其内在规律，从而更精准地对目标消费者展开营销活动。

学习笔记

《孙子兵法》的启示

学习笔记

二、把握消费者个性心理倾向和个性心理特征

消费者在购买活动中的认识过程、情感过程、意志过程是所有消费者所共有的，是购买心理产生、发展和变化的一般规律。但是，每个消费者的需要、动机、能力、气质、性格等个性心理倾向和个性特征不同，使得消费者在购买行为方面显现出较大的差异。例如，有的消费者认识商品比较全面，有的则比较片面；有的消费者情感体验比较深刻，有的则比较浅显；有的消费者在采取购买行为上比较果断，有的则比较犹豫等。消费者购买行为的差异性是消费者个性心理特征的集中表现，特别是消费者的气质、性格，对于购买动机、购买决策和购买行为有着直接的影响。消费心理学就是要研究不同类型消费者的个性心理特征，以及与此相关的不同消费心理和消费行为，从而使企业在营销活动中能有针对性地采取有效的策略和方法，满足不同个性的消费者的需要，以实现扩大销售的目标。因此，学习消费心理学有助于我们把握营销过程中消费者个性心理倾向和个性心理特征，并根据消费者个性心理倾向和个性心理特征施以针对性的营销策略。

【实例分析 1-1】

"零售疗法"

"零售疗法"这一词语最早在1986年的《芝加哥先驱报》上出现，它指的是人们通过购物来实现自我调节、释放压力、缓解负面情绪等的自我疗愈方法。

相关科学研究发现，人们在情绪低落的时候，更容易通过"买买买"来缓解自己的负面情绪。除了能够调节情绪外，"买买买"还可以放松紧绷的神经。著名消费心理学家基特·亚罗(Kit Yarrow)认为，人们在购物时是无须动脑的，因此很多人会在完成一项复杂工作的间隙迅速掏出手机、打开购物软件，这相当于一场短暂的精神逃离，能够让大脑得到休整，以提升状态应付后续的复杂工作。相比起需要收拾行囊、计划路程的现实外出旅行，这种便捷和及时的放松方式更加符合当下年轻人的需要。

除了上文提到的两个益处，"零售疗法"还有更多你所不知道的疗愈作用。

一是"零售疗法"能够帮助人们适应生活的转变。

两位来自泰国的学者曾经提出，人们在面对一些生活的重要节点，比如换工作、结婚、生育子女、毕业找工作的时候，可能会通过购物来帮助自己更快、更好地适应新的生活模式。

在购物时，许多人或许会想象拥有这件物品后的生活会是什么样的。人们通过想象创造出精神上的感官体验，从而缓解当下的压力。

另外，通过购物"创造"出的"全新"生活也在给人们积极的心理暗示。亚罗曾提到，正如人们会通过想象自己穿着这些新衣服的样子来获得与这种穿着打扮相匹配的身份感与力量感，人们在这种积极的自我暗示中也能够作出更符合其身份角色的行为。

二是"零售疗法"可以提升人们对生活的掌控感。

购物可以被看作一种对于生活的主动选择，它带给人们的改变是完全可预见

学习笔记

的。人们借由买东西，能够提升对于生活的掌控感。专栏作家从朋朋在孕期因意外改变了自己的生育计划，在那段生活节奏被打乱的日子里，她恨不得天天“钻”进电商平台里，通过“买买买”来发泄自己的焦虑和担忧。只有在下单母婴产品时，她才能够获得“在切实为未来做准备”的片刻安心。

在“零售疗法”的修饰下，购物仿佛已经变成了一项能够让人得到安慰和平静的“运动”。然而，在现实中，写着“确认支付”的按键并不是虚拟关卡的胜利终点，而是需要你花费真金白银的按钮。相关调查发现，55%曾经接受“零售疗法”的人，都因为超出预期的消费而变得更加焦虑。在这种焦虑和自责下，他们又通过再一次的疯狂购物来缓解负面情绪，由此陷入恶性循环中。

资料来源：孙红丽，杨迪．“花钱买开心”背后真有心理学依据[EB/OL]．人民网，2022-11-21.（有修改）

试分析：“零售疗法”在现实生活中还有哪些应用场景？

三、了解消费者购买行为发生、发展和变化的一般规律

心理学的研究成果表明：人们的行为都有一定的动机，而动机又产生于人们内在的需要。当人们产生某种需要而该种需要又未得到满足时，会产生一种紧张不安的心理状态；在遇到能够满足这种需要的目标时，这种紧张不安的心理就转化为动机；然后在动机的驱动下进行满足需要的活动。一旦需要得到满足，紧张不安的心理状态就会消除；这时又会产生新的需要和新动机，引起新的行为……

消费者购买行为的发生、发展和变化遵循这一规律。消费者在物质和精神上的需要使其产生购买动机，在购买动机的驱使下通过一系列购买决策过程完成购买。若购买后不满意，需求仍没得到满足，则会调整购买行为；若购买后感到满意，需求得到满足，然后又会产生新的需求。因此，学习消费心理学有助于我们了解消费者购买行为的发生、发展和变化的一般规律，从而施以有效的营销策略。

四、把握营销因素与消费心理之间的关系

每种产品或服务都有其特定的消费群体，群体中的个体消费者在消费心理和消费行为上既有共性，也有个性。因此，我们在产品开发、商品命名、商标设计、包装策略、广告策略、价格策略、渠道策略和营销服务等各方面，都应考虑到目标消费者共同的消费心理，满足其共性的需求；同时又要考虑不同消费者个性化的需求，以提升顾客的满意度。例如，不同年龄、性别、职业、收入水平、家庭环境的消费者，在消费相同或类似的产品或服务时，会呈现显著的个体性差异，这为我们进行更准确的市场细分提供了科学依据。因此，学习消费心理学有助于我们把握营销因素与消费心理之间的关系，从而在开展营销活动时能做到“知己知彼，百战不殆”。

五、使营销人员更加了解自己的个性心理特征

商品销售过程实质上是销售人员与消费者在心理和行为上的相互适应过程。扩大商品销售，提高市场占有率，必须要根据消费者的心理活动规律开展。同时，销

学习笔记

售人员的心理素质及心理活动对消费者购买行为的实现至关重要。通过学习消费心理学，我们在把握消费者个性心理特征(如气质类型、性格特点、能力结构等)的同时，也可以对自己的个性心理特征有一个全面、清晰的了解，从而扬长避短，培养与消费者心理相适应的行为方式。因此，学习消费心理学有助于营销人员在把握消费者个性心理特征的同时，了解自己的个性心理特征，以更好地为消费者服务。

【实例分析 1-2】

同样的服务为什么产生不同效果

在电信营业厅工作的小倩，是个性格活泼、口齿伶俐的女孩。她对工作非常上心，对客户非常热情，总是不厌其烦地向客户推荐产品，对客户的疑问也是回答得非常详细，因此深得大多数客户的喜欢。

有一天下午，来了一位中年女客户，对小倩提供的各款手机机型总是百般挑剔，小倩极具耐心，即便客户喋喋不休，但还是细心解释，但总是被对方打断……最终该客户不但没有购买，临走时还对小倩不客气地说："就你话多！"

面对此种局面，小倩感到冤枉，用心服务竟然得到这样的结果。

资料来源：陈子秋．客户经理培训方案精选[M]．广州：广东经济出版社，2005.(有修改)

试分析：为什么小倩能获得绝大多数客户的好评，却得不到这位顾客的认可？

学而思：你最反感什么样的推销人员？为什么？

六、企业客户关系管理活动的基础

企业客户关系的终极目标是提升客户价值。顾客对产品或服务价值的感知很大程度上来自其心理感受，顾客满意更是顾客对某一产品或服务的预期期望值与该产品的实际感知效果相比较的一种心理活动。因此，学习消费心理学是企业客户关系管理活动的基础。

学而思：你是否曾有过被营销人员"套路"的经历？

【实例分析 1-3】

某电信公司的客户满意度管理

一家公司的宽带网络不知出了什么问题，全公司的计算机都没办法上网。于是公司网络中心的负责人李英致电电信公司，电信公司的答复是上网问题24小时内可以解决。刚过5分钟，李英就接到电信公司客户经理的电话："李先生，您好！这里是电信公司，贵公司的宽带现在不能上网，对吧？您看是否方便我们现在过去看看？"李英说："可以啊，你们什么时候派人过来？"电信公司的客户经理说："我们的技术人员现在就在贵公司的楼下，可否开个门？"电信公司客户经理的回复让李英惊喜不已，本来以为要等一天才能上门的服务，现在只等了5分钟就来了！

资料来源：易正伟．客户关系管理[M]．2版．北京：清华大学出版社，2020.(有修改)

试分析：如果电信公司承诺5分钟上门解决问题，结果也是5分钟准时(或超过5分钟)到，李英的感觉会如何？

学习笔记

任务四 掌握消费心理学的学习方法

一般认为，消费心理学主要的学习方法有观察法、调查法、实验法和投射法。下面将简要介绍各种方法的操作要领、优缺点及适用情形。

学而思：你最能接受哪种学习方法？请说明原因。

一、观察法

观察法是指在自然状况下，有目的、有计划、系统地观察被研究对象的外部表现，把握其心理活动，进而分析其心理活动规律的方法。观察法的具体形式有以下几种。

（一）直接观察法

直接观察法是指在消费者处于无意识的状态下，调研人员到现场对其外部表现进行观察，进而分析其心理活动规律的方法。例如，在进行商店调查时，调研人员并不访问任何人，只是观察基本情况，然后进行记录。一般调研的内容有某段时间的客流量、顾客在各柜台的停留时间、各组的销售状况、顾客的基本特征、售货员的服务态度等。直接观察法适合外部表现等易于观察的特征，以及消费者不愿配合调查的情形。

（二）仪器观察法

在科学技术高度发展的今天，许多现代电子仪器和设备成为观察和记录消费者消费行为的得力助手。例如，经被调查者的同意，可以在家用电视上安装一个监控装置，记录这台电视机的开关时间、收看哪些频道、收看时长等。再如，在测定广告效果时，可借助仪器，拍下人们的眼部活动，观察瞳孔的变化，分析广告设计对人们注意力的影响。

（三）实际痕迹测量法

实际痕迹测量法是指调研人员通过观察消费者留下的行为痕迹来分析其心理活动规律。例如，某公司为了评价不同广告媒介的效果，在广告中附有回条，顾客凭回条可到公司购买折价的商品。根据回条的统计数，公司就可以找出最佳的广告媒介。再如，某商店为了调查顾客购买电器后的反应，可以到各维修点调查哪些产品维修最多，哪些部件更换最快，以及消费者的评价等。国外有家饮料公司曾根据垃圾站旧饮料瓶的回收状况来分析消费者的口味偏好。

观察法的优点是比较直观，观察所得到的材料一般也比较真实，切合实际。这是由于观察法是在消费者没有被施加任何影响、没有被干扰的情况下实施的，是消费者的真实状态。观察法的不足之处在于具有一定的被动性、片面性和局限性，从观察所得到的材料本身还不能区分哪些是偶然现象，哪些是规律性的反映。

【实例分析 1-4】

观察法在市场调研中的运用

美国的威尔斯和洛斯克于1966年在超级市场内所进行的消费者心理研究是运用观察法的典型实例。他们在超级市场的谷物食品、糖果、洗衣粉等柜台前进行了

学习笔记

600小时的观察，从消费者进入这些柜台的通道开始直到离开为止，观察消费者的各种活动，并做了1 500条记录。通过对观察记录的分析，研究消费者的结构，如男性和女性消费者所占的比例、成人和儿童消费者所占的比例等；研究几个消费者在一起时，谁影响购买、谁决定购买；研究消费者购买前对商品包装、商标、价格的注意程度等。通过这种观察得出的结论不仅有利于分析消费者心理与行为规律，也为企业制定或修改营销策略提供了依据。

资料来源：李晴. 消费者行为学[M]. 重庆：重庆大学出版社，2009.（有修改）

试分析：如何在市场调研中有效地运用观察法？

二、调查法

调查法是指选择一定的调查对象，采取多种形式和手段，有计划、有步骤地直接或间接地了解消费者心理活动，进而发现消费者消费心理与消费行为规律的一种研究方法。调查法的形式有很多，最为常用的有访谈调查法与问卷调查法两种。

(一)访谈调查法

访谈调查法是调查者通过与被调查对象直接交谈，通过口头信息沟通来了解研究对象的心理状态的方法。依据与受访者接触方式的不同，访谈调查法又可以分为面对面访谈法和电话访谈法。

1. 面对面访谈法

面对面访谈法一般由访问人员通过登门拜访、邀约面谈、开座谈会等形式，向被调查者当面询问问题。通过这种方法获得的信息最为可靠。该方法是消费者心理研究中最常见和最广泛采用的方法。

(1)面对面访谈法的分类。面对面访谈法又可分为结构式访谈和无结构式访谈两种。①结构式访谈(控制式访谈)，是访问人员根据预定目标，事先撰写好谈话提纲，访谈时依次向受访者提出问题，让其逐一回答。这种访谈组织比较严密，条理清楚，研究者对整个谈话过程易于掌握，所得到的资料也比较系统。但是，由于受访者处于被动地位，可能会比较拘束，从而导致沟通不是很充分。②无结构式访谈(自由式访谈)，是访问人员与受访者之间可以比较自由地交谈。这种访谈虽然有一定的目标，但谈话没有固定的程序，结构松散，所提问题涉及的范围不受限制，受访者可以较自由地回答。在这种方式下，受访者比较主动，因此气氛较活跃，容易沟通，并可达到一定的深度。

(2)面对面访谈法的优点。①直接获得问题的答案，可以通过观察被调查者的面部表情和反应，从中获得许多有价值的信息；②访问人员有机会对某项问题进行深入讨论，谈话中可以提出更多的问题；③当被调查者对问题理解不够时，可以当场解释，当回答的内容不够明确时，可以当场要求补充，从而获得许多有价值的信息；④富有伸缩性，如发现被调查者不符合样本条件，可立即终止调查，样本能够精确控制；⑤访问人员可借谈话激发被调查者的兴趣，使他们无拘无束地回答问题；⑥可以通过向被调查者展示公司样品、图表和说明书等，达到广告宣传的目的；

⑦面谈调查也是一种感情投资，使消费者与企业建立感情联系。

(3)面对面访谈法的缺点。①访问人员的主观偏见经常影响资料的准确性；②对访问的工作难以监督，谈话进程不易掌握；③对访问人员的访谈技巧要求比较高；④有些受访人员可能产生被质问的压迫感；⑤当地区分布面广时，访问成本较高。

2. 电话访谈法

电话访谈法是借助电话设备与受访者进行谈话的方法。它一般是在访问人员与受访者之间受空间距离限制，受访者难以直接面对访问人员，或为保护个人隐私，受访者不便直接面对访问人员时采用的访谈方法。电话访谈是一种结构式访谈，访谈内容要事先设计和安排好，由访问人员根据抽样要求，通过电话设备向受访者询问意见。

电话访谈法的优点：①经济、迅速，情报及时；②渗透性强，对难以接触的被调查者和家庭可以进行调查；③可以涉及一些面谈时不便交流的问题；④资料的统一程度高。

电话访谈法的缺点：①受电话设备的限制，看不到对方表情，不知道对方情况；②时间短促，仅能回答简单的问题，无法向受访者展示图表、设备等；③受访者比较被动，容易拒绝回答；④所耗费用较多，对进行访谈的人员的素质要求也比较高。

(二)问卷调查法

问卷调查法是通过调查者事先设计的调查问卷，向被调查者提出问题，并让其回答，从中了解被调查者心理的方法。问卷调查法是研究消费者心理常用方法。根据操作方式的不同，问卷调查法可以分为邮寄问卷法、入户问卷法、拦截问卷法和集体问卷法等。

1. 邮寄问卷法

邮寄问卷法是通过邮寄方式进行，不受地理条件的限制。问卷寄送的范围十分广泛，被调查者填答问卷的时间比较灵活，回答也比较真实可靠。

2. 入户问卷法

入户问卷法是调查者或访问员依据抽取的样本挨家挨户上门访问。该法要求受访者对每一个问题作出回答，访问人员当场做好记录；也可以先由访问人员挨家挨户发放问卷，由受访者自行填写，过后访问人员再收回问卷。

3. 拦截问卷法

拦截问卷法是由访问人员在适当地点(如商场出入口处)拦住受访者，对其进行访问。

4. 集体问卷法

集体问卷法是由调查者对一群人同时进行访问，适合于受访者相对集中的情况。

采用问卷调查法进行调查研究，不是口头传递信息，而是通过文字传递信息。其优点是能够同时取得很多被调查者的信息资料，可以节省大量的调查时间和费用，而且简便易行。但是，由于问卷调查法是以文字为媒介，调查者与被调查者没有面对面的交流，无法彼此沟通感情；如果受访者没有理解问题，或者不负责任地回答，甚至不予协作、放弃回答，问卷结果就失去了意义。

学习笔记

学而思：现在的你是否还会认真地填写一份问卷调查？为什么？

学习笔记

三、实验法

实验法是通过严格控制或创设一定的条件，有目的地、人为地引起某种心理现象产生，并对其进行分析研究的方法。实验法可以分为实验室实验法和自然实验法两种形式。

(一)实验室实验法

实验室实验法是指在实验室里借助各种仪器进行研究的方法，也可以在实验室里模拟自然环境条件或工作条件进行研究。应用这种方法研究的结果一般比较准确。例如，测定消费者对商业广告的记忆率，就可以在实验室内运用录像、图片、文字等广告手段，选取不同时间段，对被试者进行广告记忆效果的测试。但是，这种方法比较机械，只适宜研究较简单的心理现象。

(二)自然实验法

自然实验法是指在实际的营销环境中，有目的地创造某些条件或改变某些条件，给消费者的心理活动施加一定的刺激或者诱导，从中了解消费者心理活动变化规律的方法。这种方法虽然是在实际营销环境中进行的，但又是自然的，是测试者根据研究目的创设或变更某些条件，主动地对被试者施加影响，从而获取准确、有效的资料的方法。例如，企业举办商品展销会、新产品展示会等，可以说是自然实验法的一种运用。

四、投射法

在探究消费者心理时，通过调查法、观察法和实验法可以收集到大量的材料，但问题在于被调查者对这类问题的回答往往听起来是合理的，但实际上并不一定是他们内心真实的想法。这种自觉或不自觉地掩饰，致使信息的可靠性降低，影响了分析的科学性。要了解消费者的真实动机和心态，可以借助投射法。

投射法是研究者以一种无结构性的测验，引出被试者的反应，借以考察其所投射出的人格特征的心理测验方法。也就是说，投射法不是直接对被试者明确提出问题以求回答，而是给被试者一些意义不确定的刺激，让其想象、解释，使其内心的动机、愿望、情绪、态度等在不知不觉中投射出来。目前，最常用的投射法有罗夏墨渍测验、主题统觉测验、角色扮演法和造句测验法等。

(一)罗夏墨渍测验

罗夏墨渍测验的具体做法是给被试者十张墨渍图，这些图是将墨水涂在纸上，再将纸折叠起来而制成的浓淡不一的、对称的墨渍图案，颜色各不相同。让被试者逐一说出从图中看出什么或可能是什么，调研人员并做好记录，包括被调查者回答的语句、主要动作、表情、所用时间。全部测验结束后，调研人员可以再问被试者一些相关问题，允许修订原来的回答。然后，调研人员可以通过统计分析，对测验结果作出综合解释，以判明被试者的内心状态。

(二)主题统觉测验

主题统觉测验是与罗夏墨渍测验齐名的一种测验工具，由研究者向被调查者出示一连串与调查主题相关的图画或照片，要求被调查者根据自己的理解编一个故事，

学习笔记

可以任意发挥。在被调查者所讲的故事中，常常会将自己内心的情感世界展现出来，调研人员就可根据记录加以分析和总结。

（三）角色扮演法

角色扮演法就是让被测试者扮演某种角色，然后以这种角色的身份来表明对某一事物的态度或对某种行为作出评价。例如，将一幅绘有家庭主妇面对各种罐头食品陈列架的图片出示给被测试者，要求其说出图中主妇的购买想法。由于被测试者不知道图上的人到底想些什么，往往根据自己的想象和愿望说出图上该家庭主妇的想法，而其回答无疑反映的是被测试者本人的想法。这种方法的特点是不让被试者直接说出自己的动机和态度，而是通过其对别人的描述，间接地反映其真实的动机和态度。

（四）造句测验法

造句测验法是由研究者提出某些未完成的句子，要求被测试者填上几个字，将句子完成。例如，“________牌电视机非常受欢迎。”“________牌西服很高档。”“假如你买空调器，应该选择________牌。”“口渴时最想喝的饮料是________。”研究者通过被测试者填写的内容，可推知其爱好、愿望和要求，从而了解其对某种商品的评价和看法。

投射法能够探究到人的内心世界和潜意识，从而得到有价值的心理活动信息。但是，投射法的技术性很强，实际操作的难度也较大。投射法还可以采用字词联想法、语句完成法、故事完成法等方式进行。

思维导图

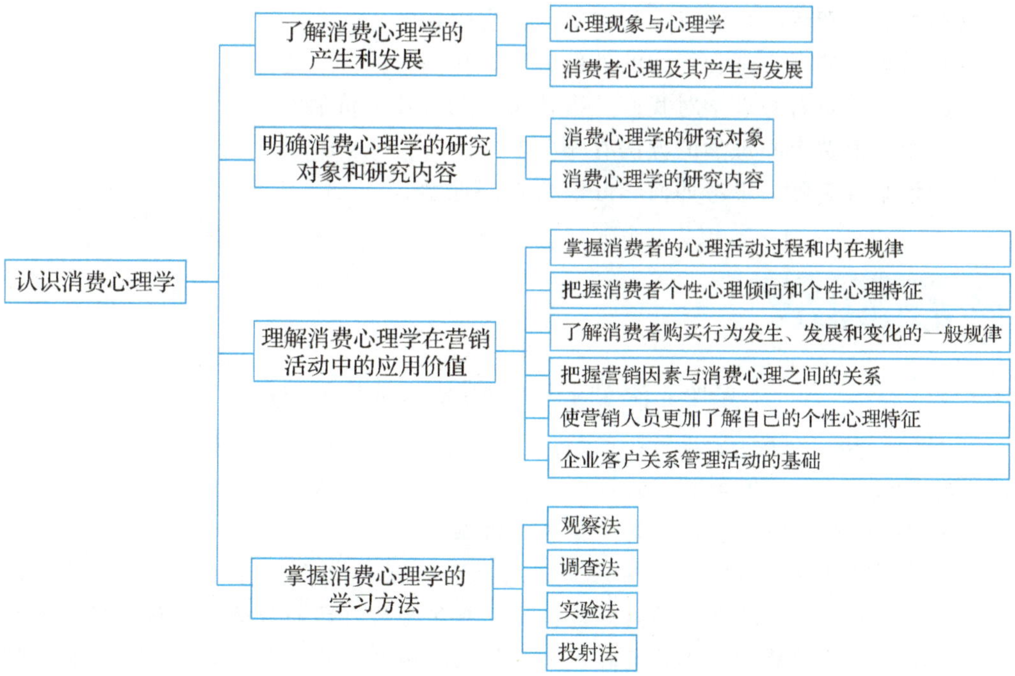

学习笔记

思考与练习

1. 概念理解

消费 消费品 消费者 消费心理 消费行为 购买行为

2. 单项选择题

(1)辩证唯物主义认为，心理是( )的机能，是( )对客观现实的反映。

A. 人脑 心脏 B. 人脑 人脑 C. 心脏 人脑 D. 心脏 心脏

(2)消费心理是指消费者消费时的( )。

A. 所作所为 B. 所思所想 C. 情感过程 D. 思想斗争过程

(3)消费者是指( )。

A. 参与部分或全部消费活动的人 B. 购买者

C. 使用者 D. 购买决策者

3. 多项选择题

(1)心理现象是心理活动的表现形式，一般把心理现象分为( )。

A. 心理过程 B. 心理活动 C. 人格(或个性) D. 思维过程

(2)消费心理学的研究对象包括消费者的各种( )。

A. 消费心理 B. 消费行为 C. 个性倾向 D. 利益和需求

(3)按照一般的分类方法，消费品可以分为( )。

A. 便利品 B. 选购品 C. 特殊品 D. 非寻求品

4. 问答题

(1)消费心理学的研究对象有哪些？

(2)消费心理学的研究内容有哪些？

(3)影响消费者心理和行为的内部因素有哪些？

(4)影响消费者心理和行为的外部因素有哪些？

(5)学习消费者心理学对我们从事营销活动有什么价值？

(6)学习消费者心理学的方法有哪些？

(7)请结合实际，思考如何学好消费者心理学。

案例分析

娃哈哈：流变时代，消费者沟通是不变式

娃哈哈陪伴了“80后”和“90后”的成长，承载了几代人的珍贵记忆，是当之无愧的国民“老字号”。近年来，娃哈哈在营销、产品等方面推陈出新，在“国民度”之上更添“网感”和“话题度”，不断提升品牌内涵。

如今，所有快消品牌都面对消费者的迭代，“Z世代”受到越来越多品牌的注意。消费者们已经被贴上这样的标签：他们更愿意为自己的兴趣和爱好付费，重视产品体验、内涵和社交。在流变时代，虽然企业和每一代消费者的沟通方式都会悄

学习笔记

然发生变化，但其本质并无太大区别。那就是根植于人(消费者)，和消费者沟通，为消费者持续不断地创造价值。

将优质品牌资产转化为人格化超级IP

不可否认，娃哈哈有着优质的品牌资产，如AD钙奶、营养快线等，都已经具备成为超级IP的优势条件。现在，超级IP已经代替品牌成为与消费者沟通的新的连接符号与话语体系。近几年，娃哈哈正通过跨界联名、经典焕新等多种方式，着力推动王牌单品的IP化打造。

拿连续风靡25年的AD钙奶来说，它不仅是娃哈哈的王牌单品，更是一座超级IP“金矿”，从产品端输出到内容端聚合，都有非常出彩的表现。

产品端输出。2018年以来，娃哈哈先后推出AD钙奶味月饼、AD钙奶味“娃哈哈哈哈粽”，并在2019年国庆节期间推出限量版AD钙奶小红瓶，搭载人民日报新媒体“70而潮”系列专题，用经典“中国红”包装献礼中华人民共和国成立70周年。2020年，娃哈哈限量发售AD钙奶弹幕瓶，并推出AD钙奶味“哈小糖”系列糖果。

内容端聚合。2020年，AD钙奶首提“未成年”概念，打出“一瓶还童奶，今日未成年”的口号。AD钙奶所倡导的“未成年”意指与消费者的“走心”交流，不仅是年龄上的未成年，更代表了一种年轻、乐观的心态。既提醒未成年人要珍惜当下，也倡导成年人要保持一颗童心，正视现实中的一些失败和不顺，用乐观、积极的态度去面对。

在“未成年”概念的框架下，娃哈哈携手钟薛高推出AD钙奶味的“未成年雪糕”，既勾起了成年人的童心，也引发了“Z世代”的情感认同。随后，娃哈哈又入驻B站，派出AD钙奶攻陷二次元；推出AD钙奶系列校服，打造“未成年学院”，和消费者一起重回学生时代。

这一系列举动对AD钙奶的IP打造起到了有效的作用，并直接反馈到销售数据上。即使受到一些影响，AD钙奶作为娃哈哈销量第二大的单品，2020年全年的销量仍然有显著增长。

本着产品端输出、内容端聚合的思路，娃哈哈另一大IP营养快线也先后推出“史上最有营养”的跨界彩妆盘、“哈宝游乐园”平台、“营养快线补色间”线下巡展等一系列创意营销活动或平台，收益颇丰。2020年，娃哈哈与国漫大IP《斗罗大陆》合作推出联名款营养快线，为男女主角量身定制了青提玄冰草和柔舞仙蜜梅两大奇幻口味，该产品一上市就受到了原著动漫迷的热捧。

跨越圈层，打造品牌社交圈

流变时代，消费者不再把好喝、好吃作为底层逻辑，而是会自然地向那些认可自己、与自己有共同语言、调性一致的品牌靠近。因此，学会和消费者沟通，共建话语体系变得十分重要。

娃哈哈在2020年对消费者的洞悉升级，在圈层经济发力，将不同产品与不同圈层的消费者语言同频、感情共振。

拥抱社交潮玩圈。近两年潮玩兴起，聚合了一批高黏度的消费者。2020年5

学习笔记

月，娃哈哈与国内头部潮玩品牌开展创意性合作，推出当时市面上的首款“盲水”。

该活动在潮玩圈引起热烈反响，“盲水”限量5 000箱，分5天发售，每天1 000箱，首日5分钟内售罄，后面4天秒空。大量微博、抖音、小红书达人自发拍摄开箱测评、晒图种草，微博话题“干杯吧，盲水”在完全自然发酵的情况下，阅读量超过2 000万。

此次“盲水”活动不仅成功把盲盒的潮流气质和社交属性“装”进了苏打水，同时也一举打入潮玩圈，赢得了潮玩圈的认同，真正做到了一举两得。很多用户甚至在二手平台高价转卖“盲水”稀缺包装、置换商标、收集口味等。

融入热血电竞圈。同时，娃哈哈也建立了与电竞圈的交流。娃哈哈成为2020英雄联盟职业联赛LPL官方合作伙伴，推出联名苏打水。随后，在全国多个城市举办娃哈哈英雄联盟城市挑战赛，和电竞青年们共同逐梦。

2020年10月，在英雄联盟2020全球总决赛期间，娃哈哈更是创造性地打造了一场“黄浦江游轮电竞盛宴”，特别邀请冠军队伍的队员与百位热爱电竞的召唤师一起，在黄浦江游轮上观看2020世界赛直播、大战水友赛，尽情享受电竞之光，有效提升了电竞圈粉丝对娃哈哈苏打水产品的认知度和好感度。

娃哈哈还正式宣布启动电竞“青训计划”，为有实力、有电竞梦想的青年搭建一个电竞追梦舞台，陪伴电竞青年成长，将娃哈哈品牌写入电竞青年的美好印记。

与消费者持续沟通

从娃哈哈的发展轨迹中可以得知，不管是时代变迁、生态变化还是赛道迁移，作为商业根基的“人”一直在。只要抓住人，就抓住了时代。

资料来源：曹亚楠．娃哈哈：流变时代，消费者沟通是不变式[J]．销售与市场，2021(1)．(有修改)

试分析：

(1)娃哈哈能够与每一代消费者进行良好沟通的秘诀是什么？

(2)娃哈哈针对“Z世代”年轻人展开营销的消费心理基础是什么？

(3)该案例给你带来哪些启示？

实践与训练

就某个品牌或某款产品，简单分析其目标消费者的心理。

思政案例

“双11”促销套路深引发吐槽

“双11”券后价更贵、价保套路深、产品质量难保障……2022年的“双11”，这些问题频遭消费者吐槽。

“双11”集中大促结束后，相关的消费投诉接踵而至。日前，江苏省消保委发布

学习笔记

的《2022年“双11”消费投诉与舆情分析报告》(以下简称“报告”)指出，“双11”券后价更贵、价保套路深、产品质量难保障等问题依旧困扰消费者。

2022年10月24日至11月17日，江苏省消保委系统共收到“双11”期间相关维权投诉310件，涉及宣传、预售、价格、快递物流、产品质量等多方面。监测期间，“消费维权”类信息呈曲线波动走势，11月11日信息量达到峰值，为3 294条。

报告指出，“双11”促销预售问题多，监测期间收集有关促销预售类消费舆情信息总计8 769条。其中，11月11日信息量最多，共计752条。

有消费者反映，“双11”券后价格比平时更贵。例如，消费者王先生向江苏消费网反映称，他于10月7日网购某品牌猫粮，当时实付193元。“双11”大促第一天，他再次购买时，却发现需要付款212.9元，比之前贵了近20元。王先生质疑，明明是大促，领了优惠券，价格为何不降反涨？

产品质量难保障，监测期间共收集有关质量类舆情信息总计6 455条。例如，消费者陈先生11月5日在某平台网购床垫，收到货物尺寸同订购尺寸不符，也并非网页宣传的材质。他反馈至商家后，商家称不是质量问题，并且仅认可运费险的退货费用，其余退货费用让陈先生承担。消费者协商无果，投诉至南通当地消协组织，经工作人员协调，商家承担运费，为消费者办理退货。

报告还指出，“双11”期间，一些平台价保规则套路深，有关平台规则的舆情信息共计4 381条。

其中，11月11日信息量最多，共计450条。11月初，消费者陈女士向省消保委反映，网购的某品牌扫地机器人，优惠后价格为3 299元，保价15天，收货后第二天发现该产品相同购买链接价格为2 999元。她随即向平台申请保价，却被告知某特定活动不参与保价。陈女士不认可，表示购买时页面没有介绍保价例外情形，对规则并不知情。

快递物流也遭吐槽，有关快递物流的舆情信息共计3 153条。例如，消费者张先生10月25日在某平台店铺买了370多元的商品，下单后发现买贵了要求退款，商家以已发货为由不退款。但直到11月2日，显示物流信息只有单号，并未发货。协商无果后，张先生投诉至镇江消协组织，经工作人员调解，商家最终退款。

江苏省消保委建议，平台在保障消费需求的同时，应该减少套路，完善平台规则机制，明示消费者权利义务，实实在在为消费者服务，激发消费者参与的热情，让消费者买得更放心。

资料来源：黄洪涛．券后价更贵、价保套路深、产品质量难保障……今年“双11”，这些问题频遭消费者吐槽[N]. 工人日报，2022-11-22.(有修改)

试分析：案例中的商家“双11”促销活动违反了哪些法律法规？这为我们将来从事营销活动带来哪些启示？

学习笔记

模块二 消费者购买行为分析

项目二 消费者购买行为分析

知识目标

1. 了解关于消费者购买行为模式的经典理论。
2. 理解消费者购买行为的一般模式。
3. 理解消费者购买行为的过程和类型。
4. 理解消费者购买决策过程。

能力目标

1. 能运用消费者购买行为的一般模式来解释一些常见的消费现象。
2. 能举例说明消费者购买行为的一般过程。
3. 能根据不同购买行为类型的消费者，设计不同的营销策略。
4. 能根据消费者购买决策过程发生、发展规律，设计某类产品或服务，使其较好地满足消费者需求。

素养目标

1. 具备良好的职业素养，洞悉消费者购买行为过程、类型和购买决策过程，服务好消费者。
2. 坚持唯物主义认识论，将理论学习与当代营销实践相结合。

任务一 理解消费者购买行为的一般模式

虽然消费者行为具有复杂性、多样性和多变性，其形成和发展过程也十分复杂，但也有规律可循。国内外有许多专家和学者对消费者购买行为模式进行了广泛的研究，取得了重要成果。

一、国外关于消费者购买行为模式的描述

(一)马歇尔模式

1. 马歇尔模式概述

马歇尔模式源于亚当·斯密的“自我利益”动机、杰里米·边沁的消费行为“精于计算”的观点及瓦格纳斯等人的“边际效用”理论。马歇尔以“金钱尺度”作为人类心理程度和消费者购买行为的核心指标。他认为，消费者购买商品是为了满足需求，获得最大效用；而要达到这个目的，消费者通常要经过仔细地计算和权衡，才决定其购买行为。

马歇尔模式认为，消费者的购买决策基于理性判断和清醒的经济计算，即每个消费者都根据本人的需求偏好、产品的效用和相对价格来决定其购买行为。

2. 马歇尔模式的假设

消费者寻求最大效用产品的结果如何，除了受价格、需求偏好影响外，还取决于他拥有的产品的信息量、产品选择自由度、市场竞争、个人收入等因素。

马歇尔模式假设的内容包括：①产品的价格越低，销量越大；价格越高，购买量越少。②替代品降价，被替代品的购买者减少；替代品提价，被替代品的购买者增加。③某种产品价格下跌，互补品购买者增加；价格上涨，则互补品购买者减少。④消费者消费单位产品所增加的满足感递减，购买行为减弱。⑤消费者收入水平高，需求总量增加，价格作用相对减弱，偏好作用增强。⑥购买额越大，购买行为越慎重；收入越低，购买行为越慎重。

3. 马歇尔模式的意义

马歇尔模式揭示了消费者购买行为的主要决策方式，但它只强调了经济因素，而忽视了消费者个性因素、认识因素、社会因素、文化因素等的影响，无法单独解释各种购买行为的产生和变化，也不能阐明产品和品牌偏好的形成原因、消费者的购买动机差异、商品流行的出现等基本问题，以及为什么有些产品“价格越低，购买者越少；价格越高，购买者反而越多”等特殊现象。从马歇尔模式的本质上看，它只是一种原则性模式，仅提供了消费者达成理智性购买行为的逻辑标准，而没有列出评价消费者行为的具体实证指标。

(二)巴甫洛夫模式

巴甫洛夫模式又称学习模式。巴甫洛夫认为，和大部分动物一样，人类的需求行为实质上是一种条件反射过程，而购买行为则是一种“刺激—反应”的过程。这种“刺激—反应”过程可分为驱策力、诱因、反应和强化四个步骤，具体如图 2-1 所示。

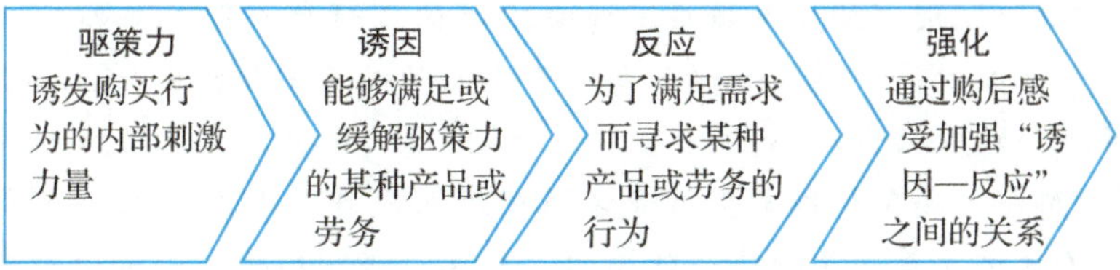

图 2-1　巴甫洛夫模式

学习笔记

学而思：请画出供给曲线和需求曲线，分析二者的关系。

学习笔记

学而思：你是否看过恒源祥的广告？有什么感受？

驱策力是一种诱发购买行为的内部刺激力量，如饥寒、恐惧、疲劳、危险、荣誉、地位等。诱因是指能够满足或缓解驱策力的某种产品或劳务，如食品、衣服、防护用品等。反应就是指需求者对诱因的反作用，即为了满足需求而寻求某种产品或劳务的行为，即购买行为。强化能加强“诱因—反应”之间的关系，和以前需求欲望的满足程度直接相关。如果反应经常被强化，时间一久就会成为习惯，从而导致消费者重复购买。根据巴甫洛夫模式，没有驱策力和诱因，就没有购买行为，也就谈不上强化。巴甫洛夫模式强调了决定消费者购买行为的心理机制和心理过程，对其他方面则没有涉及。

【相关链接 2-1】

巴甫洛夫模式的应用

巴甫洛夫模式认为，广告是一种重要的诱因，重复广告对消费者购买行为的影响不可低估。人们往往受到诱因重复和强化刺激之后，才会产生某种反应行为，即购买行为。若广告只出现一次，是弱诱因，无法将人们的驱策力激发到采取购买行为的必要程度上；若广告重复出现，不仅可以避免消费者忘却，而且能够起到强化作用，刺激消费者重复购买某种商品或某种品牌的商品。

资料来源：李晴．消费者行为学[M]．重庆：重庆大学出版社，2009.

(三)维布雷宁模式

文化与亚文化

维布雷宁创立的是一种社会心理模式，他认为人类是一种社会的动物，其需求和购买行为通常要受到社会文化和亚文化的影响，并遵从他所在的相关群体、社会阶层和家庭等特定的行为规范。上述社会因素往往直接形成和改变人们的价值观、道德观、审美观和生活方式，进而在很大程度上决定消费者的购买行为。

维布雷宁模式立足于社会文化环境，探讨了外部环境对消费者的影响，以及消费者购买行为对外部环境的能动反应。

【相关链接 2-2】

相关群体对消费者行为的影响

与消费者有联系的个人或团体称为相关群体。相关群体可以分为初级群体、次级群体和渴望群体三种。

(1)初级群体。初级群体是与消费者关系最为密切的群体，包括家庭成员、朋友、同事、邻居等，消费者与他们发生直接的联系。初级群体的消费示范作用最为强烈，消费攀比行为发生于该群体内部。

(2)次级群体。次级群体是指与消费者有关的各种群众团体与组织，如职业团体、党派、学术组织等。这部分群体与消费者间的关系不是很密切，他们在消费行为中所起的作用相对来说较小。

(3)渴望群体。渴望群体是指消费者渴望加入或作为参照体的个人或组织，如电影演员、足球运动员就是影迷、球迷的参照体。渴望群体对部分消费者的消费观念所起的影响作用有时甚至超过了初级群体所起的作用。

学习笔记

维布雷宁模式认为，相关群体主要从三个方面影响消费者购买行为：一是影响消费者对某种产品或品牌的态度，使之成为一定的消费观念；二是相关群体为消费者规定了相应的消费内容和消费方式；三是相关群体潜移默化的作用，可能导致消费者的仿效、攀比，出现消费流行现象。

(四)尼科西亚模式

尼科西亚于1966年在《消费者决策程序》一书中提出了这一决策模式。尼科西亚模式主要是将消费者购买过程划分成决策程序的流程图，以此对消费者决策过程进行模拟，如图2-2所示。

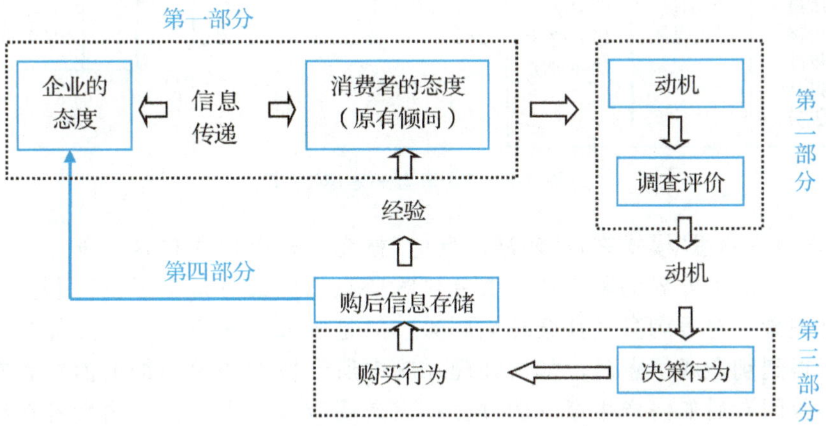

图 2-2　尼科西亚模式

尼科西亚模式由四部分组成。

第一部分：从信息源到消费者态度，包括企业和消费者两方面的态度。信息流程中，厂商将有关产品的信息通过广告等媒介传至消费者，经过消费者的内化后形成态度。

第二部分：消费者对商品进行调查和评价，形成购买动机并输出。消费者态度形成后，对厂商的产品产生兴趣，通过信息收集作为评估准则，从而产生购买动机。

第三部分：消费者采取有效的决策行为。消费者将动机转变为实际的购买行动，这一过程受品牌和经销商因素的影响。

第四部分：消费者购买行动的结果被大脑记忆、存储，供消费者作为以后的购买参考或反馈给企业。消费者购买产品以后，经过使用过程，对所购买的产品产生实际的经验，购后使用的满意程度影响再购行为。同时，厂商也根据消费者的购买意向与使用的满意程度，获得信息的反馈，以作为品质改进、定价、广告及其他营销策略的参考依据。

(五)"霍华德—谢思"模式

"霍华德—谢思"模式由学者霍华德(Howard)在1963年提出，后与谢思(Sheth)合作，经过修正，于1969年正式形成。该模式通过四大因素来描述消费者的购买行为，如图2-3所示。

学习笔记

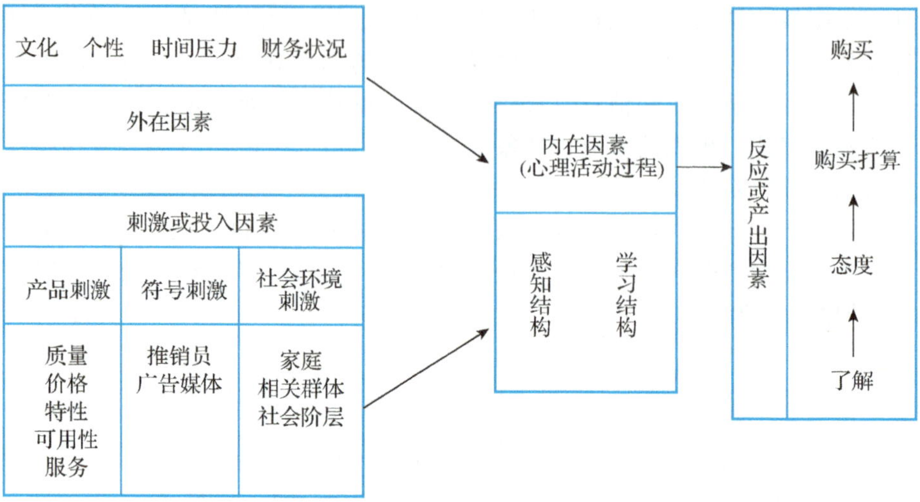

图 2-3 "霍华德—谢思"模式

"霍华德—谢思"模式来自"刺激—反应"概念，整个模式包含三部分：一是刺激或投入因素，即借外界的刺激让消费者接收信息，此部分包括了三种刺激来源，分别为产品刺激、符号刺激及社会环境刺激；二是感知与学习结构，此部分主要是描述消费者得到刺激或信息后，如何处理在脑中所形成的印象，加上消费者本身的动机、信心等因素后如何产生意愿的过程；三是反应或产出因素，消费者在经过前述的刺激、认知和学习等反应后，最终的结果便是产生购买行为，分别为注意、品牌认知、态度、意愿及购买行为。

"霍华德—谢思"模式认为，投入因素和外在因素是购买的刺激物，它通过唤起和形成动机，提供各种选择方案信息，影响购买者的心理活动(内在因素)。消费者受刺激物和以往购买经验的影响，开始接收信息并产生各种动机，对可选择产品产生一系列反应，形成一系列购买决策的中介因素，如选择评价标准、意向等。在动机、购买方案和中介因素的相互作用下，便产生某种倾向和态度。这种倾向或者态度又与其他因素(如购买行为的限制因素)结合后，便产生购买结果。购买结果形成的感受信息也会反馈给消费者，影响消费者的心理和下一次的购买行为。

"霍华德—谢思"模式利用心理学、社会学和管理学的知识，从多方面解释了消费者的购买行为。该模式可适用于各种产品和各种不消费者的购买模式，其参考价值较大。

"霍华德—谢思"模式是对前几种消费者购买行为模式的糅合，逻辑性强、内容全面，足以用来解释消费者对不同类型的产品(如新老产品、消费品和工业品)的购买行为，特别是能够解释一定时期内消费者的品牌选择行为。但这种模式过于繁杂，不易掌握和运用。

【相关链接 2-3】

"霍华德—谢思"模式的应用

"霍华德—谢思"模式主要是解释一段时间内的品牌选择行为，透过消费者的学习过程来探讨消费行为，其将购买决策分成以下三种类型。

学习笔记

(1)广泛性问题解决。当消费者本身并没有特定品牌的喜好时，必须凭借广泛的信息收集来解决问题，因此消费者会花较多的时间进行信息收集。

(2)有限性问题解决。消费者受限于时间或资源的缺乏，可能对部分品牌有偏好时，便会在资源有限的情况下发生购买行为。

(3)例行性问题解决。当消费者对某品牌已产生忠诚度时，便不会进行信息的收集和评估，因此在购买时更多凭借以前的消费经验来决定。

(六)EKB模式

EBK模式又称恩格尔模式，是目前消费者行为中较为完整而清晰的一个理论。此模式是由恩格尔(Engel)、科拉特(Kollat)和克莱布威尔(Blackwell)三个人于1968年提出，并于1984年修正而成的理论框架。其重点是从购买决策过程去分析，整个模式分为四部分：一是中枢控制系统，即消费者的心理活动过程；二是信息加工；三是决策过程；四是环境。EBK模式的过程，如图2-4所示。

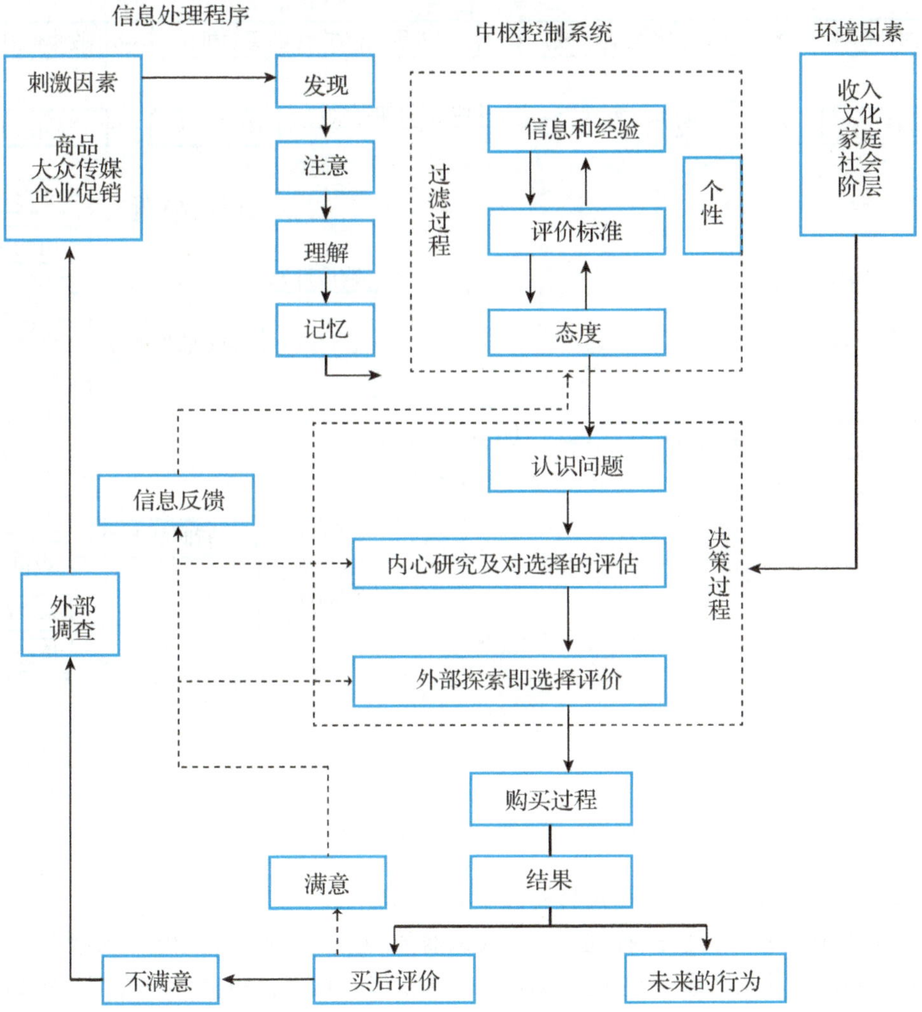

图2-4 EBK模式

学习笔记

EBK模式特别强调消费者购买决策过程，或者说，这一模式是以消费者制定购买决策过程为基础而建立起来的。在这一模式中，消费者心理(大脑)成为“中央控制器”。外界的信息，包括产品的物理特性和社会压力等方面的无形因素输入大脑后，通过处理，即外界信息在态度、经验和个性的作用下，便可产生“中央控制器”的输出结果，即购买决定。当然，如果输入信息不与消费者的态度、经验和个性相结合的话，就不会产生输出结果。

EBK模式可说是一个购买决策模式，它详细地描述了消费者的购买决策过程，强调购买决策系列化。模式中的变量齐全、逻辑性强，但过于烦琐、不易掌握。

二、国内关于消费者购买行为模式的描述

关于消费者购买行为的一般模式，国内许多学者从不同的角度进行了研究，并提出了各自的模式。其中，以田雨、李晴等人的概括较为全面和实用，如图2-5所示。

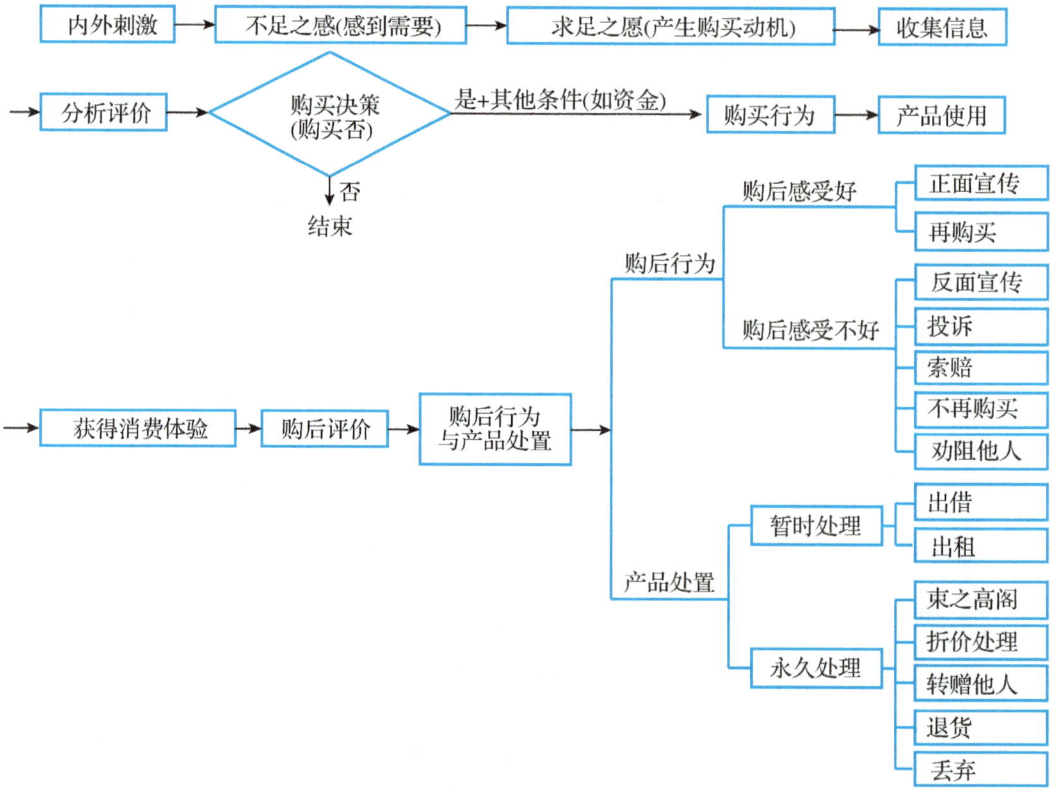

图2-5　消费者购买行为的一般模式

消费者购买行为的一般模式具有以下几个特点。

一是将消费者购买模式描述中的“认识需要”进一步细分为“内外刺激”“不足之感(感到需要)”“求足之愿(产生购买动机)”三个阶段，这就将消费者的购买动机的产生过程描述得更加清晰，使营销人员更容易把握刺激消费者产生购买动机的操作思路。

二是明确提出了“购买决策(是)＋其他条件(如资金)→购买行为”这一路径。这

说明即使消费者作出了购买决策也不一定能发生购买行为，因为可能受其他条件(如资金不足)的限制而最终不能执行购买决策，即不能产生相应的购买行为。因此，企业可以通过帮助消费者克服困难(如提供消费信贷等)来达到促销的目的。

三是率先将“获得消费体验”作为一个独立阶段予以强调。明确指出了“获得消费体验”“购后评价”“购后行为”之间的关系，这有助于营销人员更好地理解消费者的“购后评价”“购后行为”产生的缘由，真正关心消费者的“消费体验”。

四是进一步强调了购后行为是消费者购买行为不可分割的一部分，并率先将“产品处置”纳入消费者购买行为模式中。这拓展了对消费者购买行为的研究范围，有助于营销人员牢固树立以消费者为中心的营销理念，推动企业的营销工作。

五是该模式更符合我国消费者发生购买行为的逻辑思维习惯和心理活动规律，其结构更严密，内容更完整、细致和具体，更易被我国的营销人员理解，有助于他们更好地把握消费者购买行为规律。总之，该模式有更强的应用性，对营销实践有更强的指导性。

任务二 掌握消费者购买行为的过程

根据前面对消费者购买行为一般模式的分析，可以将消费者购买行为过程概括为以下 12 个阶段。

一、刺激阶段

消费者的购买行为都是由刺激引起的，刺激具体可分为外部刺激与内部刺激、主动刺激与被动刺激。

(一)外部刺激与内部刺激

外部刺激是指由消费者自身以外的因素产生的刺激，包括产品的款式、质量、价格、服务、广告、社会的政治经济情况、科技水平、地域特点、文化因素、家庭结构、居住条件、职业、收入、社会阶层、相关群体等。其中，最主要的因素包括产品本身情况、广告、收入、相关群体等。

内部刺激是指由消费者自身内部的因素对消费者产生的刺激，包括生理需要、心理需要、个性、态度、性格、气质、观点、习惯、情绪、情感、感觉、知觉等。其中，最主要的影响因素包括生理需要、心理需要、个性、习惯、感觉等。

(二)主动刺激与被动刺激

主动刺激是指消费者在有意注意状态下受到的刺激，被动刺激是指消费者在无意注意状态下受到的刺激。

在刺激阶段，消费者所受到的刺激既可能是由外部因素产生的，也可能是由内部因素产生的；既可以是主动刺激，也可以是被动刺激。主动刺激和被动刺激主要反映消费者受刺激时的状态，揭示了刺激消费者的途径；而外部刺激和内部刺激揭示了刺激消费者的许多具体刺激点，它们均有可能成为消费者产生不足之感的决定因素，只是对于不同的消费者，情况有所不同而已。

学习笔记

学而思：就某一你曾购买过的商品，分析自己的购买行为过程。

学习笔记

二、“不足之感”阶段

不足之感是指消费者在受到刺激之后，产生了缺少什么并由此需要此物(商品或劳务)的感觉。此时，消费者产生了消费需要。需要特别指出的是，消费者的不足之感既可以是生理上的，也可以是心理上的，还可以是二者兼而有之的。消费者的不足之感既可能是因消费者自己认识到而产生，也可能是经厂商诱导而产生。

三、“求足之愿”阶段

求足之愿是指消费者在产生了不足之感后，自然产生了满足、弥补此不足的愿望，即萌发了购买此物的动机，希望通过购买得到满足。在此阶段，消费者产生了购买动机。

四、收集信息阶段

消费者在产生了购买某产品或服务的动机之后，开始着手了解和收集各种有关信息，以加深对此产品或服务的了解，为日后的分析评价和进行购买决策提供依据。消费者收集的信息一般有正式渠道信息和非正式渠道信息两种。正式渠道信息是指厂家通过大众传播媒介发布的信息，如广告；而非正式渠道信息则是指未通过大众传播媒介发布的信息，如消费者从亲朋好友处听到的消息。

消费者希望通过收集信息解答三个问题：一是用什么标准去评价所购商品；二是可选择哪些品牌的商品；三是入选的商品在上述标准中的评价如何。

五、分析评价阶段

在收集信息的过程中和收集到足够多的商品信息后，消费者依据自身的情况对可供选择的商品进行综合分析、比较、评价，并作出相应的整体评价，为下一步的购买决策提供充足的依据。

六、购买决策阶段

消费者在经过上述诸阶段后，作出相应购买决策。购买决策包括购买原因决策、购买目标决策、购买方式决策、购买地点决策、购买时间决策、购买频率决策等内容。购买决策的方式有个人决策式、家庭决策式和社会协商式。影响消费者购买决策的因素有内部因素和外部因素两大类，内部因素包括消费者的需要和动机、个人经验(具体表现为兴趣爱好、个性、自我形象、购买经验、风险经验)，外部因素包括家庭、参与群体、消费指导者、文化(如风俗、爱好、习惯、社会规范、社会价值观念)等。

七、购买行为阶段

购买行为是指消费者为满足某种需要，在购买动机的驱使下，以货币换取商品的行为。消费者购买行为是人类社会中最具普遍性的一种行为方式。一般来说，消费者购买行为有试购、重复购买和系列购买三种类型。

八、产品使用阶段

消费者对产品的使用情况大致可以分为不使用、一次使用(含对一次性使用产品的使用)、重复使用三种情况。对产品重复使用的情况比较常见，包括不常使用、经常使用、对原产品开发出新的用途等。对消耗性的产品而言，其使用情况又可分为全部消耗、部分消耗后停止使用；对耐用性的产品而言，其使用情况又可分为不使用、一次使用、重复使用。

企业及营销人员应该通过对消费者产品使用情况的调查，掌握其对本企业产品的态度，从而采取相应的营销策略。

九、消费体验阶段

消费者在使用和消费商品(或劳务)的过程中，会从中获得相应的消费体验，但由于不同消费者对商品的期望要求不同，加之个性和经验方面的差异，他们得到的消费体验也会各不相同。从消费者需要的满足程度看，一般而言，商品的特性与消费者需要越接近，消费者就越易满意，产生满意的体验就越深刻；反之，消费者不满的体验就越深刻。

十、购后评价阶段

消费者的购后评价可能是多方面的，但一般至少包括以下几个方面。

(一)对商品名称作出评价

商品的名称会保留在消费者的头脑中，形成记忆和印象，经向他人、本消费群体及其他群体传播，这种记忆和印象构成了商品的知名度，这种知名度是影响消费者下一次选购商品的心理基础。

(二)对商品质量作出评价

消费者依据从各种渠道获得的他人评价和本人的判断标准来评价商品的质量，同时也从商品的价格、包装、功能和使用效果等方面对商品质量作出综合评价，给出物超所值、物有所值、物非所值等不同的结论。

(三)对经营单位作出评价

对经营单位作出评价包括对经销单位、售货人员及生产企业作出的评价。若购物场所设施完备，环境优雅舒适，售货人员的服务热情周到，消费者一般会对此作出良好的评价。若生产企业对商品的宣传和承诺与消费者的消费体验较一致，则消费者对生产企业也会作出较高的评价。

目前，消费者购物后对商品及购物环境作出的评价已经为许多厂家和商家所重视。

十一、购后行为阶段

购后行为是指消费者在获得消费体验和进行购后评价后采取的相应行动。如果消费者的消费体验好、购后评价高，则会采取积极的、正面的行动，如为该产品或服务做正面的宣传，在需要时再购买等；反之，则会采取要求退货、索赔、不再购

学习笔记

学而思：
你是否曾给过卖家差评？给差评的原因有哪些？

学习笔记

买、主动对其进行反面宣传、劝阻他人购买等行动。

十二、产品处置阶段

本书对“产品处置”限定为消费者不再使用该产品而对其进行处置。消费者对产品的处置方式主要有出租、出借、不再使用、折价处理、转赠他人、退货、丢弃等。

任务三 熟悉消费者购买行为的类型

在现实生活中，消费者购买行为复杂多样。将其划分为不同的类型，找出不同购买行为的差异，是研究消费者心理的重要途径。同时，也可为开展市场营销、扩大产品市场提供依据。

一、根据消费者的购买行为的不同态度分类

学而思：分析自己属于哪种类型的消费者。

(一)习惯型

习惯型消费者在购买过程中对某些品牌的商品具有特殊的感情，乐于优先购买并长期使用。这是由于以往的经验和使用习惯使他们对这些商品十分信任、熟悉，以致形成某种定式。这种习惯往往不会因年龄、环境的变化而改变，不受时尚的影响，购买行为表现出很强的目的性。这种类型的消费者购买商品时当机立断，成交迅速。例如，有的人从青年、中年直到老年使用的都是“中华”牌牙膏，有的人一直使用“力士”牌香皂，等等。

(二)理智型

理智型消费者有理智的头脑，善于观察、分析和比较，有较强的选择商品的能力。在购买前，依靠自己的经验和知识，收集商品信息，了解市场行情。在购买时仔细、慎重，对商品反复比较，权衡利弊，自主地作出购买决定，不受他人或广告宣传的影响。

(三)经济型

经济型消费者有经济头脑，对收支统筹安排，计划性强，选择商品的能力也比较强。这种类型的消费者对价格的变化特别敏感，选价心理较重，往往以价格的高低作为选购标准。

经济型消费者又可分为两种。一种是对同类商品中价格较低者感兴趣，认为经济实惠，此类消费者对商品价格的差异特别敏感，削价、优惠价、折扣价、大甩卖的商品对其有很大的吸引力；另一种是对同类商品中价格较高者感兴趣，认为价高商品的质量一定好，对优质品牌商品特别青睐。

【课堂活动2-1】

在传统的消费模式中，“冬买棉袄夏买扇”是消费者习惯的购买方式。可在今天，人们常常在冬天或春天的时候买空调，在炎炎的夏日买羽绒服等。请分析消费者反季购买的消费者类型和购买原因。

学习笔记

(四)冲动型

冲动型消费者选择商品的能力不强，他们个性心理反应强烈、敏捷，情感变化快而不稳定，没有明确的购买计划，选择商品考虑不周到，往往受商品的外观、广告宣传、推销活动等外界因素的影响，不对商品进行分析比较，草率购买，买后常常后悔不已。

(五)从众型

从众型消费者缺乏主见，不对所购商品进行分析比较，常常受购买趋向的影响，只要有多人购买、消费同一商品，就认为该商品不错，从而购买。

(六)疑虑型

疑虑型消费者的心理特征表现为优柔寡断，在购买中虽然细致、谨慎，但犹豫不决，挑来挑去、拿不定主意。这类购买者可能性格内向，也可能是新购买者或奉命购买者。

(七)想象型

想象型消费者感情丰富，想象力强，常常因商品的款式、颜色、包装等外形美观引发联想。这类消费者易受购物环境和营业员服务态度的影响，使其产生不同的购买行为。

二、根据消费者购买目标的选定程度分类

(一)确定型

确定型消费者在购买前已有购买目标，对所要购买商品的种类、品牌、价格、性能、规格等早已明确，并能提出具体而明了的要求，一旦商品符合意愿，就果断购买。这一购买行为的全过程都是在非常明确的目标的指导下完成的。在超市里，这种类型的消费者较常见。

(二)半确定型

半确定型消费者在购买之前，对所需商品已有一个大体认识，但对具体情况还缺乏了解，在购买时仍需要进行了解、辨别和比较，直至达到满意才决定购买。这时，他们需要与销售人员进行信息交流，询问、比较，而且在销售现场时的注意力分散，指向不集中，在各种商品之间犹豫徘徊。在服装、电器专卖店里，这种类型的消费者较多。

(三)不确定型

不确定型消费者无论是在购买前还是购买后，没有明确的购买目的，他们只是由于顺路、散步，或是浏览中有了购买目标，这时便发生购买行为。但也可能浏览一番，却不购买。这类消费者对商品需求处于“潜意识”中，遇到刺激，见到满意的商品也会购买。在百货商场、大型购物中心里，有些消费者属于这种类型。

三、根据消费者在购买现场的情感反应分类

(一)沉静型

沉静型消费者感情稳定，性格沉着冷静，在购物过程中不易受广告促销和营业员态度的影响，甚至会对过分热情的营业员产生反感。

学习笔记

(二)温顺型

温顺型消费者感情温顺，态度随和，在购买现场能够安静地、耐心地听营业员的推销，一般不轻易反驳，作出购买决策比较快。

(三)反抗型

反抗型消费者性格倔强，感情固执，在购物现场常对营业员的推销表现出反感。

(四)傲慢型

傲慢型消费者性格高傲，对营业员的推销抱着一种气势凌人的傲慢心理。当营业员投其所好、赞扬其消费观念时，他会表现一种高高在上的态度。有时，这类消费者也会因营业员所推销的商品档次不高而一走了之。

四、根据消费者对商品的认知程度分类

(一)深涉型

深涉型消费者对有关商品的知识有较深入的了解，能通过各种手段，如听、看、摸、闻等，对商品进行较全面的判别。在购买过程中，他们善于比较，能向营业员提出各种和商品有关的“细节问题”，能够有把握地按照自己的意愿购买商品。

(二)浅涉型

浅涉型消费者对所购商品的知识只有粗浅的了解，他们按自己所知的内容对商品做比较、选择，希望营业员提供更丰富的商品知识，以加深自己对商品的认识。这类消费者有时甚至对商品有一些似是而非的认识，严重影响他们的购买选择。浅涉型消费者在购物人数中占有较大比例。

(三)初涉型

初涉型消费者对某些具体商品缺乏知识，当然也缺乏购买和使用经验。在购买过程中表现为两个极端，要么是不假思索，在销售人员的推荐下毫不犹豫地购买；要么是犹豫不决，希望销售人员更深一步地介绍商品。这类消费者有时对销售人员的介绍抱有怀疑态度，渴望得到权威的肯定。一些消费者在购买科技含量较高的商品，如在购买电脑、手机时，常出现这种状态。

五、根据消费者介入程度和所购商品的品牌差异程度分类

所谓消费者介入程度的深浅，一方面是指消费者购买商品的谨慎程度和花费时间、精力的多少。例如，消费者购买汽车与购买蔬菜比较，显然介入程度不同。另一方面是指购买过程中参与人数的多少。按照以上内容划分，有以下几种类型的消费者购买行为。

(一)简单型

对于价格低廉、经常消费、品牌和质量差异小的商品，消费者不需花费较多的时间和精力，也不需要多人参与，一般是按照过去的消费习惯及时购买，购买的品牌变化不大。例如，购买食物、日用品等。

(二)多变型

有些商品虽然价格低廉，但品牌差异较大，消费者因经常消费而频繁购买。消费者为满足消费多样化的需求，常常变换所购品牌。在这种情况下，消费者不会主

动寻求信息，购买时不会仔细评价不同的品牌，也不会形成某种特定的品牌忠诚，只是从报纸、杂志、广播、电视、网络中被动地接收信息，购买时不需要多人参与。例如，购买牙膏、香皂、小食品等。

（三）和谐型

有些商品价格较高，消费不频繁，偶然购买带有较大风险，因此，消费者购买时往往是多人参与。但是，所购商品涉及的众多备选品牌之间不存在明显的差异，如高档时装、名牌鞋等。在这种情况下，消费者会花费一定的时间关心商品价格变动的信息，关心商家的信用程度，特别是关心所购商品的他人评价，争取他人支持，以获得新的认识。

（四）复杂型

有些商品价值高、消费不频繁，商品品牌差异明显，消费者在购买过程中有多人参与。在购买这类商品时，消费者愿意花费时间、精力去广泛地收集信息，对不同品牌的商品特性进行评价，再慎重决定购买。例如，购买汽车、电脑、高档家用电器等。

任务四 分析消费者购买决策

消费者产生购买动机后，就进入购买行为过程。在购买行为过程中，居核心地位的是购买方案的选择、判断和决定，即消费者的购买决策。购买决策对购买行为的发生及其效果具有决定性的作用。要深入研究消费者行为的规律性，就必须了解消费者决策过程、特点，以及购买决策受社会、心理状况的影响程度。

一、购买决策的含义

从一定意义上讲，购买行为的全过程实质上是消费者不断进行决策的过程。与此同时，作为一种心理准备状态，消费者对待商品或服务的态度，每时每刻都在影响和决定购买与决策的过程。

消费者行为的实质就是通过购买活动及购买结果来满足某种未满足的需求。为实现满足特定需求这一目标，消费者作为购买行为的主体，在购买过程中必须进行评价、选择、判断、决定等一系列活动。例如，在购买之前，要确定购买什么、有没有足够的支付能力、到哪里去买、买什么样的、买多少；在购买过程中，要选择品牌、衡量价格水平、确定购买型号；在购买之后，要对所得与所费进行比较，评价其效用大小，为下次购买提供决策依据。上述一系列选择、评价、判断、决定等活动就是消费者的购买决策。

二、购买决策对消费者的意义

（一）决策决定购买行为

当消费者经过认定需要，选择商品，作出决定后，一次购买行为才实际发生。

（二）决策内容决定购买行为的发生方式

经决策确定的购买商品、购买地点及购买数量，决定消费者何时、何地、以何种方式进行购买。

学习笔记

学习笔记

(三)购买的质量决定购买行为的效用大小

正确的决策可以促成消费者以较少的费用和时间买到质价相符、称心如意的商品，最大限度地满足其特定的消费需要。反之，错误的决策不但使消费者的所费超过所得，需要无法得到全部满足，而且可能导致不同程度的经济上、时间上的浪费，乃至受到心理伤害，进而对以后的购买行为产生不利的影响。

正是由于决策对消费者的购买行为有如此重要的影响，所以，在购买行为中决策居于核心地位，起着支配和决定其他要素的关键作用。

三、购买决策的分类

购买决策是一个较为复杂的问题，涉及面广、形式多样。为了便于理解和运用决策的理论和方法，全面认识消费者购买决策，下面从不同的角度对购买决策进行分类。

(一)按照决策的时间和重要程度分类

按照决策的时间和重要程度不同，购买决策可以分为长期决策、短期决策和即期决策。

1. 长期决策

长期决策是指消费者对未来商品购买的较长时间的规划决定。对于消费者而言，未来较长时间的家庭计划，如子女教育开支、购买住房开支、疾病保险等，属于长期决策。这类决策所需费用较多，延续的时间也较长，因此只是一种规划。虽然有些消费者目前尚无明确的购买意向，但也会进行储蓄以备将来的消费。

2. 短期决策

短期决策是消费者对于几个月或半年、一年购买行为的决策。和长期决策相比，短期决策更具体、更直接，如计划在未来两三个月内购买一台电脑，或是购买一部手机等。

3. 即期决策

即期决策是当前所要作出的决策，具有一定的相对性，有时区别不是特别明显。

(二)按照决策目标的性质分类

按照购买决策目标的性质不同，购买决策可以分为常规型决策和非常规型决策。

1. 常规型决策

常规型决策是指消费者经常或例行的购买决策。这种类型的决策具有重复性，有章可循，有法可依，基本上是有把握解决的例行购买问题。

2. 非常规型决策

非常规型决策是指对偶然发生或首次出现的、非重复性的商品购买的决策。这种决策对消费者本人而言是无案可稽的，所以又称为一次性决策。

(三)按照决策的目标要求分类

按照决策的目标要求不同，购买决策可以分为最优决策和满意决策。

1. 最优决策

消费者总是力求通过决策方案的选择、实施，取得最大效用，使某一方面的需求获得最大限度的满足。按照这一指导思想进行的决策就是最优决策。这种决策的实质就是要追求理想条件下的最优目标。

学习笔记

2. 满意决策

事实上，理想状况很难出现，消费者也没有条件花费大量的时间和金钱去追求最佳，只需在进行购买决策时，作出相对合理的选择，达到相对满足即可。在现实条件下，求得相对满意的购买结果的决策就是满意决策。在购买决策中，满意决策比最优决策的实用性强。

（四）按照决策要求所获得答案数目分类

按照决策要求所获得答案数目的多少，购买决策可以分为一次决策和多级决策。

1. 一次决策

消费者所作出的购买决策，有些是单一的，有些则是相互关联的、多层次的。有些决策所处理的是某一时点的状态或某一时期总的问题，所要求的方案比较简单，达到预定目标后，这个决策就结束了，这样的决策称为一次决策。

2. 多级决策

如果消费者作出的购买决策不是一个，而是相互关联的、一连串的决策，前一项决策直接影响后一项决策，这种决策就是多级决策。比如，购买地毯和购买吸尘器的决策，即为多级决策。当然，这种决策也并不是一成不变的。

（五）按照决策问题的风险性分类

按照决策问题的风险性不同，购买决策可以分为确定型决策、风险型决策和不确定型决策。

1. 确定型决策

确定型决策是指决策方案中，每一个方案只有一种确定的结果，对未来情况已掌握充分、完整的信息资料，没有不确定的因素。

2. 风险型决策和不确定型决策

风险型决策和不确定型决策是指存在着不可控因素，决策方案中一个方案可能出现几种不同的结果。例如，购买了某一种新产品，可能由于不熟悉或其技术不成熟，在使用过程中并未达到预期效果，这是决策后带来的使用上的风险。风险型决策对各种可能出现的结果，能够计算出各自的概率。例如，由于产品质量可能出问题影响使用的概率是5%，由于使用不当可能出问题的概率是3%等。而不确定型决策则缺乏任何可以借鉴、比较的历史资料，只能凭消费者的判断来进行决策。

四、消费者购买决策的过程

（一）理解购买决策的过程

前面已经提到，消费者购买决策工作和购买决策行动是有区别的两个概念。购买决策工作是购买决策的全过程；而购买决策行动是购买决策过程中的一部分，是购买决策中的最终决策及行动。

比如，我们在购买冰箱时，首先要有购买欲望，然后寻找购买方案，评价、比较各种购买方案后，最终决定买什么品牌、什么型号、什么价格、到哪儿买、什么时候去买，等等。这是一个完整的过程，这个过程是消费者在特定的心理机制驱动下，按照一定的程序发生的心理与行为活动的决策过程，而并非一锤定音。当然，有些常规型购买行为，由于消费者的购买经验极为丰富，因而有了购买欲望后不需

学习笔记

寻找方案进行比较，立刻就可决策，然后付诸实施。

又如，在炒菜时发现没有盐了，你立刻就会到附近常去的超市去买一包盐回来，而且你也不会去咨询它的规格、型号、价格等问题。这一决策，显然省略了决策过程中的几个中间阶段，只有决策行为。

因此，人们总习惯于把决策看成简单的最终决策行动，而忽略其前期阶段，这是错误的。这实际上是简化了前期过程，形成了经验模式。而一个完整的决策需要包括前面几个预备步骤，这正是消费者心理研究的重点。

综上所述，我们可以看出，决策过程有广义和狭义之分。广义的购买决策过程包括决策过程本身和影响这个决策的全部因素，狭义的购买决策过程仅指购买决策过程本身。

企业管理者和营销人员除了要了解影响消费者的各种因素、消费者购买模式之外，还必须弄清楚消费者购买决策，以便采取相应的措施，实现企业的营销目标。

(二)了解购买决策的参与者

在很多情况下，消费是以一个家庭为单位，但参与购买决策的通常并非一个家庭的全体成员，许多时候是家庭的某个成员或某几个成员，而且由几个家庭成员组成的购买决策层，其各自扮演的角色亦是有区别的。

人们在一项购买决策过程中可能充当以下角色：①发起者，首先想到或提议购买某种产品或劳务的人；②影响者，其看法或意见对最终决策具有直接或间接影响的人；③决定者，能够对买不买、买什么、买多少、何时买、何处买等问题作出全部或部分的最后决定的人；④购买者，实际采购的人；⑤使用者，直接消费或使用所购商品或劳务的人。

学而思：试分析消费者购买“网红”商品的消费心理。

【实例分析 2-1】

儿童消费：从“代位”到“自主”

传统的儿童消费模式以家长“代位消费”为主，即家长在儿童消费决策中占据主要地位。有研究显示，3/4 的家庭主要是由妈妈负责孩子各方面的决策，而一线城市的妈妈话语权更大。比如在上海、北京等地，妈妈决策分别占到了 78.5%和 86.5%。在去年儿童节期间，京东和天猫的数据显示，购买儿童节礼物的男士首次超过女士，爸爸们逐渐成为儿童节消费的新主力。

如今的儿童消费开始向儿童“自主消费”转变。随着 80 年代以后出生的独生子女开始成为年轻父母一代，他们的观点发生了很多的改变，更注重孩子的自我意识，也给予孩子更多自主选择的权利。儿童对父母购买行为的影响越来越大。

从成长阶段看，随着年龄的增长，儿童独立购物的比例不断增长，同父母一起购物时也能在一定程度上影响父母的决策。从产品类型来看，儿童在购买小食品、饮料、服装、玩具、文具等方面拥有相对较大的选择权力，但对于一些大件商品的影响程度有限。与成年人相比，儿童购物时更容易受外界影响，比如自己接触到的广告宣传和同龄人流行趋势的影响。

资料来源：儿童消费：从“代位”到“自主”背后 大人和孩子一起成长[EB/OL].《中国质量万里行》杂志社官方账号，2021-05-25.(有修改)

试分析：中国儿童消费从“代位”到“自主”转变背后的原因。

学习笔记

了解每个购买者在购买决策中扮演的角色，并针对其角色地位与特性，采取有针对性的营销策略，就能较好地实现企业的营销目标。比如，购买一台空调，提出这一要求的可能是孩子，是否购买由夫妻共同决定，而丈夫对空调的品牌作出选择。这样空调企业就可以对丈夫做更多有关品牌方面的宣传，以引起丈夫对本企业生产的空调的注意和兴趣；至于妻子，其在空调的造型、色调方面有较大的决定权，企业可以设计一些在造型、色调等方面受妻子喜爱的产品……企业只有在充分了解了购买决策过程中的参与者的作用及其特点，才能够制订出有效的生产计划和营销计划。

（三）熟悉消费者购买决策的过程

在购买时，消费者要经过一个决策过程，营销者应该了解每一个阶段中的消费者行为，以及哪些因素在起作用，这样就可以制订针对目标市场的行之有效的营销方案。一般来讲，消费者购买决策过程包括以下五个阶段。

1. 确认需要

消费者有需求，才可能有购买行为。需求可能由内部刺激引起，也可能由外部刺激引起。在此阶段，消费者可能会察觉到他目前的实际状况与理想状况的差异，会认识到需求。

2. 收集信息

消费者信息的来源包括：①个人来源，来自家庭、朋友、邻居、熟人等的信息；②商业来源，来自广告、销售人员、经销商、包装、陈列、展销会等的信息；③公共来源，来自大众媒介、消费者权益保护机构等的信息；④经验来源，来自接触、检查及使用某产品等的信息。

消费者信息

3. 比较评价

通过收集信息，消费者对市场上的竞争品牌的价格、质量、规格型号、花色品种、服务等进行比较评价。

4. 购买决策

在评价选择阶段，消费者会对备选品牌中的某一品牌形成一定的偏好，也可能形成某种购买意向而偏向购买他们喜爱的品牌。但在购买意向与购买决策之间，其他因素还会产生影响作用。

5. 购后感受

消费者在购买以后，往往通过使用或消费购买所得来检验自己的购买决策，如重新购买是否正确，确认满意程度等，以作为今后购买的决策参考。

特殊心理

学习笔记

思维导图

- 消费购买行为分析
  - 理解消费者购买行为的一般模式
    - 国外关于消费者购买行为模式的描述
    - 国内关于消费者购买行为模式的描述
  - 掌握消费者购买行为的过程
    - 刺激阶段
    - “不足之感”阶段
    - “求足之愿”阶段
    - 收集信息阶段
    - 分析评价阶段
    - 购买决策阶段
    - 购买行为阶段
    - 产品使用阶段
    - 消费体验阶段
    - 购后评价阶段
    - 购后行为阶段
    - 产品处置阶段
  - 熟悉消费者购买行为的类型
    - 根据消费者的购买行为的不同态度分类
    - 根据消费者购买目标的选定程度分类
    - 根据消费者在购买现场的情感反应分类
    - 根据消费者对商品的认知程度分类
    - 根据消费者介入程度和所购商品的品牌差异程度分类
  - 分析消费者购买决策
    - 购买决策的含义
    - 购买决策对消费者的意义
    - 购买决策的分类
    - 消费者购买决策的过程

思考与练习

1. 概念理解

马歇尔模式　巴甫洛夫模式　维布雷宁模式　尼科西亚模式　“霍华德—谢思”模式　EBK 模式　购买决策

2. 单项选择题

(1)巴甫洛夫认为，和大部分动物一样，人类的需求行为实质上是一种条件反射过程，而购买行为则是一种(　　)的过程。

A. 内部刺激　　B. 自我驱动　　C.“刺激—反应”　D. 自我强化

(2)维布雷宁创立的是一种社会心理模式。他认为，人类是一种社会的动物，其需求和购买行为通常要受到(　　)的影响，并遵从他所在的相关群体、社会阶层和家庭等特定的行为规范。

A. 价值观　　B. 审美观　　C. 生活方式　　D. 社会文化和亚文化

(3)尼科西亚模式主要是将消费者购买过程划分成(　　)的流程图，以此对消费者决策过程进行模拟。

A. 态度变化　　B. 决策程序　　C. 决策行为　　D. 购买行为

3. 多项选择题

(1)马歇尔模式认为，每个消费者都根据(　　)来决定其购买行为。

A. 需求偏好　　B. 消费心理　　C. 产品效用　　D. 相对价格

(2)"霍华德—谢思"模式利用(　　)的知识，从多方面解释了消费者的购买行为。该模式可适用于不同产品和不同消费者的购买模式，参考价值较大。

A. 经济学　　B. 心理学　　C. 社会学　　D. 管理学

(3)EBK 模式又称恩格尔模式，是目前消费者行为中较为完整而清晰的一个理论。其整个模式分为(　　)几个部分。

A. 信息加工　　B. 决策过程　　C. 环境　　D. 中枢控制系统

4. 问答题

(1)有关消费者购买行为模式研究的经典理论有哪些？简述各模式的内容。

(2)试述消费者购买行为的一般模式。

(3)试述典型的消费者购买行为过程。

(4)消费者购买行为的类型有哪些？

(5)简述消费者购买决策的过程。

学习笔记

案例分析

可口可乐，败给了"最难喝"的国产饮料

六年前被消费者评为中国最难喝饮品 TOP 5 的东方树叶，却在六年后突然火了。

随着控糖声量越来越高，"无糖茶"的消费风向，似乎成为主打"0 糖 0 脂 0 卡"的元气森林之后，另一个逐渐崭露头角的"新物种"。数据显示，在过去的十二个月里，东方树叶的营收增速接近 70%，超过行业的 85 倍。无糖茶的忠实粉丝们，正从便利店和商超里，把整箱的东方树叶搬回家……

"难喝"，差评不断

对大多数农夫山泉的经销商来说，东方树叶从"火"到"热"，简直就是个谜。

早在 2011 年，东方树叶就开始进入市场。其主打的核心卖点，除了产品"0 糖 0 脂 0 卡"，还有"0 香精和 0 防腐剂"。但是，2011 年前后，正是雪碧、可乐等一众碳酸饮料受宠的红利期。背靠农夫山泉这个头部品牌的影响力，令人耳目一新的东方树叶却并没有受到追捧，反而在一片"难喝"的差评声中败下阵来。

学习笔记

中国茶文化源远流长，对爱茶懂茶的消费者来说，东方树叶“像泡发了的隔夜茶水”，“只加了一片茶叶的矿泉水”，“缺少茶叶应有的回甘和浓醇。”而那些不懂茶的消费者，在冲着新奇买单尝试后，发现缺少甜味辅佐的饮料不能愉悦味蕾，于是果断弃选。因此，在很长一段时间里，东方树叶都稳居最难喝的饮品榜单，品牌销量也几乎年年垫底。

在新品迭出的快消市场，每一个新生产品的诞生都将面对消费者的审视和评判。更多的时候，爆红出圈或销声匿迹，检验的是一个品牌对所处赛道的坚持，以及对本身产品力的足够自信。

“含糖量”改变“持瓶率”

东方树叶的销量转机，出现在消费者健康意识的转变之后。2016年，随着一则《中国居民膳食指南》的发布，添加糖摄入量对身体的伤害受到了前所未有的重视。相较于口感的愉悦，消费者越来越在意“含糖量”对身体造成的伤害。于是，当元气森林“0糖0脂0卡”的广告满天飞，拿下1.8亿元的年销售额，顺带成功普及了“健康饮品”概念后，消费者把关注的目光更多投向了无糖饮品领域。

市场的需求激增，带动了东方树叶的重新回归。从2019年开始，此前坐“冷板凳”的东方树叶，实现了高达28.9%的增长。进入2021年，这一数据更是直接翻倍。今年上半年，东方树叶在唯一正增长的即饮茶细分赛道，贡献了近七成的增量。

媒体采访中，有农夫山泉的经销商表示，今年以来，在其所负责的区域里，东方树叶销量已经超过1 200万瓶，卖出200箱以上的超市小店不在少数。其中，很多经销商都提到了“持瓶率”。所谓持瓶率，即一个区域里手持某款饮料的消费者占所有携带饮料消费者的比例。这种适用于观察同一个地区不同品牌影响力的方式，在人流密集的商业街区见证了东方树叶的翻红——“偶尔有人会提着别的(茶饮料)，但十之七八手上拿的是东方树叶。”

同样的状况，也发生在便利店和连锁超市场景中。据说在永辉超市江西某门店，东方树叶已经成为茶饮类销售额最高的产品，门店每月进货额达到10万元。

喝完就戒不掉

“对我来说，囤东方树叶就是寻宝。”身为无糖茶忠实粉丝的某位网友，最大的爱好就是把整箱的东方树叶搬回家。在茶饮需求旺盛的夏季，不少有车一族走进超市，一买就是好几箱。有人说，东方树叶很神奇，第一口觉得难喝，但喝完一整瓶，就戒不掉了。或许，“喝完就戒不掉”的口感，正是一个老牌产品重新翻红的“密码”。

前面提到，东方树叶在“0糖0脂0卡”之外，还有着“0香精和0防腐剂”的核心卖点。对于中偏碱性的饮料来说，“0防腐剂”时至今日仍然有着非常高的技术门槛，而农夫山泉早在11年前就实现了。

值得一提的是，东方树叶在推出新品的频率和节奏上并不激进。上市十周年后，才又加推两款新品。而在原料的选取上却又极为严苛。比如，青柑普洱要用著名的“新会柑皮”和云南大叶种优质普洱；限定口味龙井新茶，从茶叶采摘到瓶装出

学习笔记

厂只用5天。这种对原料和产品的严格把控，再加上兼具年轻化和艺术感的品牌宣发，在国潮焕新的消费语境中，有效实现了与目标受众的一次次连接。

从另一个角度来看，东方树叶这一“小众”产品的逆势起飞，也反映出无糖茶影响整个饮品行业的变革。

“口粮化”的无糖茶

中国产业信息数据显示，从2014年到2019年，无糖茶年均复合增长率达到32.6％。

当年东方树叶上市时，有人认为，在消费者追求口味差异的茶饮市场，无糖茶的单一定位根本没有未来。事实上，随着健康观念的深入人心，近两年无糖茶的消费趋势已逐渐形成。在农夫山泉2022年上半年的财报中，茶饮品同比增速达到51.6％。尽管新消费风潮瞬息万变，却有越来越多的现象表明，无糖茶在朝着瓶装水的增长“靠拢”。

在消费者眼中，饮料分为“尝鲜”和“口粮”两大类。“尝鲜”是对市面上所有新推单品的好奇尝试，而“口粮”则拥有着稳定的复购率。此前，市面上公认的最强“口粮”是矿泉水。而眼下，东方树叶这类超级单品的出现，带动了无糖茶相关产品的“口粮化”趋势。来看一组数据，2021年，中国瓶装水市场规模约为2 350亿元。截至2020年，我国无糖茶市场规模仅为49亿元，茶饮料整体无糖化率仅为5.2％。

随着饮品的健康化趋势，渠道终端与消费群体也将迎来更多转变，有利于实现高忠诚度、高复购率的“健康饮品”市场培育。相关经验表明，超级单品的诞生是品类即将上行的铺垫。比如，拥有成熟的消费者、切实可行的市场方向、稳定的渠道利润……随着品类跨过蛰伏期，无糖茶已然成为炙手可热的新兴赛道。这也意味着，在中国市场，极有可能从“无糖茶”中诞生打败可口可乐的国产饮料。没准，正是“最难喝”的东方树叶。

资料来源：李砚．可口可乐，败给了最难喝的国产饮料[EB/OL]．湖南24小时，2022-10-26.（有修改）

试分析：

(1)结合巴普洛夫模式“刺激—反应”过程的四个步骤，解释“东方树叶”是如何被消费者接受的。

(2)东方树叶的“爆火”揭示了当今中国茶饮料市场怎样的发展趋势？

(3)该案例给你带来哪些启示？

实践与训练

假如你是一家钢琴专卖店的促销员，你将如何根据购买角色在购买决策中的作用，对前来购买钢琴的一家三口(假设是一对中年夫妇和他们十岁的女儿)展开推销？

学习笔记

思政案例

拼多多、美团被约谈

近年来，线上平台类消费争议相对集中多发。为此，上海市消保委约谈了拼多多、美团，指出了拼多多和美团在消费者权益保护方面存在的突出问题。

拼多多的主要问题：一是商品质量问题，二是假冒侵权问题，三是强制取消订单，四是虚假发货问题，五是售后服务问题，六是砍价拉新问题。

上海市消保委要求拼多多在平台经营过程中摒弃唯流量思维，要从保护消费者合法权益的角度，真正落实平台主体责任：一是强化对商户的资质审核，杜绝假冒伪劣产品的上线；二是要诚信履约，对商家的虚假发货、强制砍单等行为决不姑息、严肃处置；三是切实履行好平台在消费者权益保护方面的责任，对于消费者的投诉，要做到应收尽收并及时妥善处理；四是平台不能够依仗其市场优势地位，提高中间环节收费，增加消费者与商户的不合理负担；五是平台应对照相关法律法规的要求，纠正其在拉新活动中存在的虚假、诱导等行为。

拼多多表示，公司将根据上海市消保委的要求，对其相关的业务进行自查与整肃，并将于近日向消保委递交整改报告。

美团的主要问题：一是取消订单引发的退款问题，二是订送餐、生鲜蔬菜配送不履约问题，三是页面误导消费者的问题。

上海市消保委要求美团在平台经营过程中摒弃唯流量思维，要从保护消费者合法权益的角度，真正落实平台主体责任：一是完善页面描述和服务规则，特别是涉及消费者权益的重要内容，要以明显方式向消费者加以提示；二是切实履行订单义务，如果遇到特殊情况导致住宿、票务等约定无法履行的，平台也应主动联系消费者协商解决；三是公平设置与平台商户的约定与收费，不依仗市场优势地位增加商户和消费者的不合理负担；四是严格物流配送时效性，保障订单及时按地配送到位，杜绝虚假签收的情况；五是对社区团购等新业务当中遇到的涉及消费者合法权益的新问题要及时研究解决对策，优化业务模式，形成社区团购消费者权益保护规范。

美团表示，公司将根据上海市消保委的要求，对其相关的业务进行自查与整肃，并将于近日向消保委递交整改报告。

接下来，上海市消保委还将对存在相关问题的其他平台进行约谈。

上海市消保委认为，互联网平台唯流量思维要不得。

近年来，各类互联网平台将消费需求与商品和服务的提供进行撮合、匹配，很好地解决了交易过程中的信息不对称，既有效降低了消费者的决策成本，又大大提高了消费便捷程度，使得网络购物、旅游出行、本地生活等平台迅速崛起并发展壮大。

然而，日趋激烈的同质化平台间的竞争和互联网经济对流量的不断争夺，导致不少平台唯“流量至上”、独“流量为王”。例如，有的平台为了流量，放任虚假广告和假冒伪劣商品充斥平台；有的平台为了流量，对入驻商户的资质审核和质量管控

学习笔记

形同虚设；有的平台为了流量，对刷单炒信、虚假发货等问题查处不力；还有的平台为了流量，存在强制商家进行平台“二选一”的行为。

上海市消保委认为，平台只顾眼前利益的做法无异于竭泽而渔，呼吁相关平台企业彻底扭转唯“流量至上”的错误思维，正视消费者的合法权益，主动承担社会责任，强化平台治理，用诚信合规经营创造更大的价值。

资料来源：龚莎，韩庆．拼多多、美团被约谈！[EB/OL]．人民网，2021-05-10.（有修改）

试分析：拼多多、美团等线上平台的违规行为是利用了消费者的什么心理？

学习笔记

模块三 掌握影响消费心理的内部因素

项目三 洞悉消费者的心理活动过程

知识目标

1. 了解消费者心理活动的三个基本过程，即认识过程、情感过程和意志过程。
2. 掌握消费者心理活动过程的特征及其与消费者行为的关系。
3. 掌握感觉、知觉、记忆、注意、想象、思维、情感和意志等心理活动的概念。
4. 理解消费者购买心理活动过程产生、发展、变化的一般规律。

能力目标

1. 能从消费者心理活动过程的角度去解释某些消费现象。
2. 能结合实例，分析认识过程、情感过程和意志过程之间的关系。
3. 能就某个知名品牌或企业，分析其是如何利用消费者购买心理活动的一般规律的。
4. 能运用消费者心理活动过程的有关知识，策划简单而实用的营销方案。

素养目标

1. 努力学习专业知识，洞悉消费者心理活动的三个基本过程，为将来从事营销工作打下扎实的专业知识基础。
2. 恪守社会主义职业道德规范，做到理性引导顾客，不说谎、不欺诈、守信用。
3. 做社会主义核心价值观的坚定信仰者、积极传播者和模范践行者，对违背社会公序良俗的商业行为说“不”。

消费者心理活动过程

任务一 洞悉消费者心理活动的认识过程

从一般意义上讲，消费者对商品的认识过程，就是消费者对商品信息的接收、

学习笔记

分析和理解过程。从心理学角度看，这个过程包括了消费者对商品的感觉、知觉、记忆、注意、想象、思维等心理过程。其中，感觉、知觉是消费者认识商品的形成阶段，也称为感性认识阶段；记忆、注意、想象、思维是消费者认识商品的发展阶段，也称为理性认识阶段。

一、感性认识阶段

消费者对商品的感性认识，主要包括感觉和知觉两种心理活动。

（一）感觉

1. 感觉的概念

感觉是人脑对直接作用于感觉器官的客观事物个别属性的反映。每个商品都是由多种属性构成的，如颜色、形状、大小、软硬、气味、味道等。消费者对商品各种属性的感觉，是通过不同的感觉器官完成的。比如，一种新型护肤品，消费者用眼睛看到奶白色膏体，用鼻子嗅到清纯馥郁的香气，用手触摸膏体细腻柔滑，擦在皮肤上有滋润感，由此产生对该护肤品颜色、状态、香型、质地等方面的感觉。感觉是我们对客观世界的最简单、最直接的认识，也是最基本的心理活动形式。感觉是认识过程乃至全部心理活动的基础和起点。没有对消费对象的感觉，人的一切高级的心理现象也就无从谈起。

【实例分析 3-1】

超市里的"感觉营销"

超市为了增加商品对消费者的吸引力，往往会在一些细节上下足功夫。比如，利用灯光和气味刺激消费者的购买欲望。在很多超市里，会在卖面包、糕点类产品的陈列柜里打上黄色光，这样才能让食品看起来更新鲜、更诱人。再如，在气味的利用上，很多超市为促进食品类产品的销售，会通过香味将消费者吸引过来试吃。

试分析：超市里的"感觉营销"利用了哪些心理学原理？

2. 感觉的分类

（1）外部感觉。外部感觉是指接受外部世界的刺激并反映其属性的感觉。这一类感觉包括视觉、听觉、嗅觉、味觉和皮肤感觉。需要指出的是，在人的各种感觉中，视觉是最重要的。人所获得的信息中 80%是由视觉完成的；听觉的重要性仅次于视觉，大约有 10%的信息是通过听觉器官来获得的。

（2）内部感觉。内部感觉是指接受机体内部的刺激并反映机体自身的运动与状态的感觉。这一类感觉包括运动觉、平衡觉和内脏感觉。例如，当你跑了几百米，会感到腿部肌肉酸胀；当你参加较长时间的体力劳动，会感到疲劳；当你超过几小时不饮食，就会感到口渴、饥饿；等等。

3. 感觉的基本规律

（1）感受性。感受性是指感觉器官对刺激物的主观感受能力。它是消费者对商品、广告、价格等消费刺激有无感觉及感觉强弱的重要标志。感受性的大小通常用

学习笔记

感觉阈限来度量。感觉阈限是指能引起某种感觉的、持续一定时间的刺激量，如一定强度和时间的光亮、色彩、声音等。感觉阈限越大，感受能力越差；感觉阈限越小，感受能力越好，二者成反比关系。

感受性分为绝对感受性和差别感受性。绝对感受性是指刚刚能觉察出最小刺激强度的能力，差别感受性是指能够区别出同类刺激最小差异量的能力。凡是没有达到绝对感觉阈限值的刺激物，都不能引起感觉。例如，电视广告的持续时间若少于3秒就不会引起消费者的视觉感受。因此，要使消费者形成对商品的感觉，必须了解他们对各种刺激的感觉阈限值和绝对感受性，并使刺激物达到足够的量。

【相关链接3-1】

差别感觉阈限

在现实生活中我们会发现，在100克重的物体上增加1克，人们感觉不到其重量的变化，只有增加3克或更多，人们才察觉出二者重量的差异。心理学上把能够引起人们感觉差别的最小变化刺激量称为差别阈限，这一最小变化量的感觉能力称为差别感受性。

德国生理学家韦伯提出了著名的韦伯定律，即差别感觉阈限($\Delta\Phi$)与原刺激物强度(Φ)的比值是一个常数(C)(即$\Delta\Phi/\Phi=C$)。原刺激物强度越高，差别感觉阈限也越高，最小感觉差别也就越大。

(2)感觉适应。感受性由于刺激的持续作用或一系列刺激的连续作用而会发生变化，这就是感觉适应。适应可以引起感受性的提高，也可以引起感受性的降低。

各种感觉都存在适应现象，其中视觉适应最被人们所熟悉。比如，当我们从阳光照射的室外走入电影院时，一开始除了屏幕什么也看不清，经过一段时间后，逐渐能看清楚暗中的物体，这种现象称为“暗适应”；而当我们从暗处走到阳光下时，开始觉得光线耀眼，什么也看不清，但很快就能恢复正常视力，这种现象称为“明适应”。

【相关链接3-2】

感觉适应性——陌生时长定律

你是否有过这种经历和感受：当你去一个新地方时，会感觉这段路程很遥远，去程时间也很长；可是当你在办完了事情原路返回时，你突然感觉这条路要比去时的路程近很多，用去的时间似乎也比之前少了很多。

其实路还是原来那条路，路的长度一点都没有变，改变的只是我们自身的感觉。这是心理学上的一种现象，心理学家将其定义为“陌生时长定律”。其内涵是人在陌生、新奇的环境里往往会产生一种时间过得慢的感觉。

资料来源：文成蹊．你一定要知道的心理学常识[M]．北京：中国纺织出版社，2009．(有修改)

【课堂活动3-1】

感觉适应的现象在生活中非常常见，除了上面的例子之外，你还能举出其他例子吗？

感觉的适应具有重要意义，使人在复杂多变的环境中也能生存得很好。但是，感觉适应对增强刺激效应，不断激发消费者的购买欲望是不利的。比如，人们接连观看同一新款服装后，会丧失新奇感。要改变这一现象，使消费者保持对消费刺激较强的感受性，就要求厂商们不断推出与目前市场上的商品不同的新产品，调整消费刺激的作用时间，经常变换刺激物的表现形式，使顾客产生新的感觉，激起顾客新的购买愿望，这样才能为企业创造新的商机。例如，不断变换商品的包装、款式和色调。

(3)联觉。在生活中，同一种刺激可以引起几种不同的感觉体验。这种在产生一种感觉时又引起另一种不同性质感觉的现象称为联觉。

视觉中颜色视觉最容易产生联觉。颜色可以引起温度的感觉，如红、橙、黄等颜色给人以温暖的感觉，被称为“暖色”；青、蓝、紫等颜色给人以寒冷的感觉，被称为“冷色”。颜色也可以引起距离的感觉，红、橙、黄等颜色给人以向前方突出的感觉，能产生接近感，因而被称为“进色”；蓝、青、绿等颜色给人以向后方退去的感觉，能产生深远感，因而被称为“退色”。色觉还可以引起轻重的感觉，如家具选用淡而鲜艳的颜色，会给人轻巧感；选用深而浓暗的颜色，则给人以庄重感。

【课堂活动 3-2】

你还能举出联觉原理在营销实践中应用的实例吗？

(二)知觉

1. 知觉的概念

知觉是人脑对直接作用于感官的客观事物的整体属性的反映。感觉和知觉都是当前事物在人脑中的反映，但感觉是对对象和现象个别属性(如颜色、气味、形状)的反映；而知觉则是关于对象和现象的整体形象的反映，是人将感觉信息组成有意义的对象。事物总是由许多个别属性所组成的，没有反映事物个别属性的感觉，就不会有反映事物整体的知觉。因此，感觉是知觉的基础，知觉是在感觉的基础上产生的。对一个事物的感觉越丰富、越精确，对该事物的知觉也就越完整、越正确。在实际生活中，独立的感觉很少出现，通常感觉和知觉是融为一体的，合称为感知觉。在心理学中只是为了研究的需要，才把感觉从知觉中区分出来加以讨论。

2. 知觉的分类

(1)根据感官的特性。根据知觉时起主导作用的感官的特性，知觉可以分为视知觉、听知觉等，如听课、看电视等。

(2)根据事物的内容。根据知觉时所反映的事物的内容不同，知觉可以分为空间知觉、时间知觉和运动知觉。这三类知觉均较复杂，空间知觉反映物体的空间特性(如物体的大小、方位、距离等)，时间知觉反映事物的延续性和顺序性，运动知觉反映物体的空间位移和位移速度。

(3)根据是否与客观事物相符合。根据知觉的结果是否与客观事物相符合，可以分为正确的知觉和错觉。

3. 知觉的特性

人的知觉过程是一个有组织的、有规律的心理活动过程。这些规律主要表现为

学习笔记

联觉的应用

学而思：最近经常听到“颜值即正义”，你是否认可这种说法？

错觉及其应用

学习笔记

知觉的选择性、知觉的整体性、知觉的理解性和知觉的恒常性，它们保证了人们对客观事物的认识。

(1)知觉的选择性。知觉的选择性表现在消费者能在众多的商品中把自己所需要的商品区分出来，或者在同一种商品的众多特性中，优先注意到某种特性。它发挥“过滤”的作用，使消费者的注意力集中指向感兴趣的或需要的商品及其某些特性。有研究表明，平均每天潜在地显现在消费者眼前的广告信息达1 500个，但被感知的广告只有75个，而产生实际效果的只有12个。因此，具有某些特殊性质或特征的消费对象，如形体高大、刺激强度高、对比强烈、重复运动、新奇独特、与背景反差明显等的消费对象，往往容易先引起消费者的知觉选择。

知觉的选择性有助于消费者确定购买目标。随着科学技术的不断发展，市场上的商品日趋丰富，消费者所接触的信息量不断增加，这些都加大了消费者确定购买决策的难度。而知觉的选择性可以使消费者在众多的信息和商品中能够快速找到符合自己既定购买目标的信息和商品，同时排除那些与既定购买目标不相符合的信息和商品。

(2)知觉的整体性。人在知觉过程中，并不是孤立地反映知觉对象的个别属性，而是能够根据知识、经验把知觉作为一个整体，反映事物的整体和关系，这就是知觉的整体性。反映在消费者的购买行为上，就是消费者总是把商品的质量、价格、款式、商标、包装等综合在一起，形成对商品的整体印象。知觉的整体性对于人们快速识别客观事物具有重要意义。因为万事万物都处于千变万化之中，如果因为客观事物发生了一定的变化，我们就不能识别了，那就会给我们的生活带来许多困难。因此，当我们在认识客观事物时，只要抓住了主要特征就可以作出整体性的反映，从而可以节省时间和精力。

(3)知觉的理解性。知觉的理解性是指已有的知识经验和语言对知觉的影响。人在知觉过程中，总是以已有的知识经验为根据，对知觉对象作出某种解释，使它具有一定的意义，并用词来标志它，即从不同方面对它加以理解。例如，对一支从未见过的钢笔的知觉。人由于具有钢笔的一般形状、结构、用途等方面的知识与经验，所以，当看到这支钢笔时，不仅能够看到它是什么样子的，还知道它是写字的工具，并且能用“钢笔”一词来标志它，这就是知觉的理解性。

理解在知觉中具有重要作用，它是正确知觉的必要条件。在知觉一个事物的时候，与这个事物有关的知识经验越丰富，对该事物的知觉和认识就越深刻、越准确、速度越快。有丰富购买经验的消费者在挑选商品的时候，要比一般消费者知觉得更快、更细致和更全面。

(4)知觉的恒常性。当知觉的客观条件在一定范围内发生变化时，人对知觉对象的印象仍在相当的程度上保持着它的稳定性，这就是知觉的恒常性。例如，某个长期受消费者欢迎的名牌商品，在包装材料上做了些许改变，或增加了一些新的附加价值，消费者仍然能进行正确的知觉。知觉的恒常性能够帮助人们全面、真实、稳定地反映客观世界，使人们能够更好地适应环境。但知觉的恒常性也可能阻碍新产品的推广。企业可以通过名牌商品带动其他商品的销售，或通过畅销的老商品带动新商品的销售来克服这种障碍。

学习笔记

二、理性认识阶段

消费者在认识客观事物时，先通过感觉和知觉进行初步辨认，接着就会将感性认识发展到理性认识。理性认识主要通过注意、记忆、想象、思维等活动来完成。

(一)注意

1. 注意的概念

注意是心理活动对一定对象的指向和集中。指向性和集中性是注意的两个基本特性。指向性是指心理活动有选择地反映一定对象，而忽略了其他的对象；集中性是指心理活动停留在被选择对象上的深入程度，即强度方面的特征。有人曾经做过这样一个试验，当一位家庭主妇去超市购物时，在未进商店门口前看到熟人会热情地与她们打招呼；当她进入超市后全神贯注盯着货架上的商品时，几位熟悉的朋友从她旁边走过，她却全然不知。注意的指向性与集中性能调整人的行为，使其与被注意的事物紧密地联系起来。

【实例分析 3-2】

注意力经济

注意力经济是指企业最大限度地吸引用户或消费者的注意力，通过培养潜在的消费群体，以期获得最大未来商业利益的一种特殊的经济模式。

“注意力经济”这一观点见于 1994 年美国加州大学学者理查德(Richard A. Lawbam)发表的一篇题为《注意力的经济学》(*The Economics of Attention*)的文章。

正式提出“注意力经济”这一概念的是美国的迈克尔·戈德海伯(Michael H. Goldhaber)，他于 1997 年发表了一篇题为《注意力购买者》的文章。他在这篇文章中指出，有关信息经济的提法是不妥当的，因为按照经济学的理论，其研究的主要课题应该是如何利用稀缺资源。对于信息社会中的稀缺资源，他认为，当今社会是一个信息极大丰富甚至泛滥的社会，而互联网的出现加快了这一进程，信息非但不是稀缺资源，相反是过剩的。而相对于过剩的信息，只有一种资源是稀缺的，那就是人们的注意力。

著名的诺贝尔奖获得者赫伯特·西蒙在对当今经济发展趋势进行预测时指出：“随着信息的发展，有价值的不是信息，而是注意力。”这种观点被 IT 业和管理界形象地描述为“注意力经济”。

2. 注意的种类

根据消费者有无目的及是否需要意志努力，可以将注意分为无意注意、有意注意和有意后注意三种形式。

(1)无意注意。无意注意又称不随意注意，是指事先没有预定目的、也不需要意志努力的注意。消费者在无目的地浏览、观光时，经常会于无意之中不由自主地对某些消费刺激产生注意。刺激物的强度、对比度、活动性、新异性等是引起无意注意的主要原因。例如，包装色彩鲜艳的商品，散发诱人香味的食物，牌匾巨大的广

学习笔记

告，与背景反差明显的商品陈列，旋转不停的电动器具，闪烁变换的霓虹灯，造型或功能奇特的新产品等，都会因其本身独有的特征形成较强的刺激信号，引起消费者的无意注意。此外，消费者的需要和直接兴趣、精神状态、已有的知识与经验等，也是形成无意注意的重要诱发条件。

(2)有意注意。有意注意又称随意注意，是指有预定目的、需要一定意志努力的注意。在有意注意的情况下，消费者需要在意志的控制之下，主动把注意力集中起来，直接指向特定的消费对象。因此，有意注意通常发生在需求欲望强烈、购买目标明确的场合。例如，急需购买某名牌彩电的消费者，会刻意寻找、收集有关的信息，并在众多的同类商品中把注意力直接集中于期望的品牌上。这期间需要消费者付出意志努力，采取积极主动的态度，克服各种困难和障碍。

与无意注意相比，有意注意是一种更高级的注意形态。通过有意注意，消费者可以迅速感知所需商品，准确地作出分析判断，从而缩短对商品的认知过程，提高购买效率。有意注意是有预定目的、服从于活动任务的注意。所以，对活动目的认识得越深刻，越容易保持较好的有意注意。

(3)有意后注意。有意后注意又称随意后注意，是指有预定目的、不需要经意志努力就能维持的注意。它是在有意注意的基础上产生的。消费者对消费对象有意注意一段时间后，逐渐对该对象产生了兴趣，即使不进行意志努力，仍能保持注意，此时便进入有意后注意状态。在观看趣味性、娱乐性广告或时装表演时，人们就经常会出现有意后注意现象。这种注意形式可以使消费者不致因过度疲劳而发生注意力转移，并使注意保持相对稳定和持久。但有意后注意通常只针对消费者感兴趣的对象和活动。

以上三种注意形式并存于消费者的心理活动中，它们之间既交替作用，又相互转化。无意注意可以转化为有意注意，有意注意进一步发展便转化为有意后注意。在交替作用与转化过程中，三种注意形式共同促进消费者心理活动的有效进行。

3. 注意的功能

(1)选择功能。注意的基本功能是对信息进行选择。周围环境给人们提供了大量的刺激，这些刺激有的对人很重要，有的对人不那么重要，有的毫无意义，有的甚至会干扰当前正在进行的活动。人要正常地生活与工作，就必须选择重要的信息，排除无关刺激的干扰，这是注意的基本功能。

(2)保持功能。注意指向并集中在一定对象之后，会保持一定时间的延续，维持心理活动的持续进行。这时被选定的对象或信息居于意识的中心，非常清晰。

(3)整合功能。信息进入大脑后往往都是以片段的、孤立的、零散的形式保存的，必须经过进一步的加工。只有在注意的参与下，这一加工过程才能得以进行，人才能将许多个别特征整合成一个整体。

(4)调节功能。当人们从一种活动转向另一种活动或同时进行几个要求不同的活动时，注意发挥重要的作用。只有在注意状态下，人们才能完成活动间的转变或同时协调好不同活动之间的关系。总之，注意保证了人对事物清晰的认识、更正确地反映和进行更可控、更有序的行为。这是人们获得知识、掌握技能、完成各种智力操作和实际工作任务的重要心理条件。

(二)记忆

1. 记忆的概念

记忆是人脑对过去经历过的事物或行为潜能的积累、保存和提取的心理过程。根据信息理论的观点，人类的记忆可以看作一个信息加工系统，刺激过程是信息的输入，中枢过程是信息的编码、储存，放映过程则是信息的输出。

2. 记忆的类型

(1)按照记忆的内容不同，记忆可以分为形象记忆、语词逻辑记忆、情绪记忆和运动记忆。

①形象记忆。形象记忆是以过去感知过的事物的具体形象为内容的记忆。它保存事物的感性特征，具有显著的直观性。例如，我们参观服装展览会后，能够记住新的服装样式和颜色，就是视觉形象记忆。

②语词逻辑记忆。语词逻辑记忆是用语词所概括的逻辑思维过程(结果)为内容的记忆，即以概念、判断、推理为内容的记忆。例如，消费者对某种商品的制作原理、广告宣传等方面的记忆就是逻辑记忆。

③情绪记忆。情绪记忆是以个体经历过的情绪或情感为内容的记忆。例如，消费者对以往购物时受到营业员的热情接待的喜悦心情的记忆就是情绪记忆。

④运动记忆。运动记忆是以人们做过的动作或运动为内容的记忆。例如，书写、走路、骑车、劳动操作和习惯动作记忆。

(2)按照记忆时有无目的和方法，记忆可以分为无意记忆与有意记忆。

①无意记忆。无意记忆是指没有预定目的、不用专门的方法、自然而然产生的记忆。人们大量的生活与工作经验、行为方式都是通过无意记忆积累起来的。但是，通过无意记忆积累的经验，有时不够系统，具有偶然性。

②有意记忆。有意记忆是指有明确的记忆目的、采取了相应的记忆方法、在意志努力的积极参与下进行的记忆。学生上课时有意地记录老师所讲的内容，考试时有条有理地回答问题，都是有意记忆的表现。有意记忆是人们获得系统知识、完成特定任务、积累个体经验的主要记忆形式。

(3)按照记忆过程的信息加工和保持时间的长短，记忆可以分为瞬时记忆、短时记忆和长时记忆。

①瞬时记忆。当客观刺激停止作用后，感觉信息在一个很短的时间内仍然能按感觉输入的原样得以保持，我们把这种记忆称为瞬时记忆或感觉记忆，它是记忆系统的开始阶段。瞬时记忆的储存时间为 0.25～2 秒。例如，一个 11 位数的电话号码，除非经常使用，否则不易被人们记住。广告语字数不能太多就是遵循这个原理。

②短时记忆。短时记忆可以看作一个工作系统或是信息从感觉记忆进入长时记忆的加工器，保持时间为 5 秒到 1 分钟，一般在 15～30 秒。顾客随见即买的商品只需要有短时记忆就可以了。

③长时记忆。长时记忆是指信息经过充分的和有一定深度的加工后，在头脑中长时间保留的记忆。长时记忆的保存时间长，从 1 分钟以上到许多年甚至终生。它存储着我们关于世界的一切知识，使我们的过去、现在和将来组成了一个整体。

瞬时记忆、短时记忆和长时记忆的区分只是相对的，它们之间相互联系、相互

学习笔记

学而思：

举几个令你印象深刻的消费品。

学习笔记

影响，没有瞬时记忆、短时记忆，就没有长时记忆。

3. 记忆的心理过程

(1)识记(编码)。记忆的开始阶段就是识记。识记是识别和记住的意思，是指人们为了获得对客观事物的深刻印象而反复感知的过程，是记忆的前提。在购买活动中常常表现为消费者反复察看商品，多方了解商品的信息，以加强对商品的印象。

(2)保持(存储)。保持就是保存和巩固已识记的知识与经验，使之较长时间地保留在人脑中的过程。比如，消费者把识记过程中了解到的有关商品的各种信息作为经验储存在头脑中，即为保持。保持是识记和回忆的中间环节，在记忆过程中起着重要作用，没有保持就没有记忆。

(3)再认。再认是指经历过的事物再度出现时，能把它认出来。例如，当一些久违的商品重新出现在市场上时，许多老顾客立即就能认出他们，这就是再认。

(4)回忆。回忆是人们过去经历过的事物，现在不在眼前，但在人们的头脑中重新出现的过程。回忆可以分为有意回忆和无意回忆两种。有意回忆是指根据预定目的所进行的回忆，如上课时回答老师的提问。无意记忆是指没有预定目的、自然而然地发生的回忆，如到某地想到某人、触景生情。

上述四个环节彼此联系、相互制约，共同构成消费者完整、统一的记忆过程。消费者在进行商品选择和采取购买行动时，就是通过这一过程来反映过去的消费经历和经验的。

学而思：
你是否利用过艾宾浩斯记忆遗忘曲线进行记忆？是否有效？

【相关链接 3-3】

艾宾浩斯记忆遗忘曲线

德国心理学家艾宾浩斯经过研究发现，遗忘在学习之后立即开始，而且遗忘的进程并不是均匀的。最初遗忘速度很快，以后逐渐缓慢。他认为"保持和遗忘是时间的函数"，并根据他的实验结果绘成描述遗忘进程的曲线，即著名的艾宾浩斯记忆遗忘曲线(见图 3-1)。

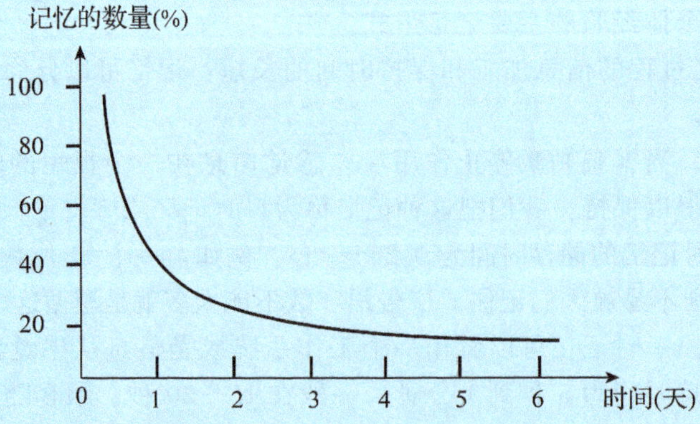

图 3-1 艾宾浩斯记忆遗忘曲线

学习笔记

(三)想象

1. 想象的概念

想象是对已有表象进行加工改造而创造出新形象的过程。想象为思维提供了广阔的空间，但想象并非远离现实的幻想、空想，它应是以一定的现实客观条件为基础的。想象一般具备三个条件：第一，想象的依据必须是过去已经感知过的经验，这种经验可以是个人的感知，也可以是前人、他人积累的经验；第二，想象必须依赖于人的创造性，必须对表面现象进行加工；第三，想象必须是新的形象，是主体没有直接感知过的事物。

2. 想象的种类

(1)有意想象。有意想象是指按一定的目的、自觉地进行的想象。有意想象分为再造想象和创造想象。再造想象是依据语言文字的描绘或条件的描绘，在头脑形成有关事物的形象的过程。比如，根据家具广告的招贴画或广告词，顾客可以想象出温馨舒适的居室。创造想象是不依赖现成的描述，而是独立地创造出新的形象的过程。比如，服装设计师在设计服装时就是一种创造性的想象。

(2)无意想象。无意想象是指没有预定目的、不自觉地进行的想象。它是当人们的意识减弱时，在某种刺激的作用下，不由自主地想象某种事物的过程。例如，人做梦就是无意想象的情况。市场营销人员可以利用无意想象来促进销售，如在商店内部设计好商品的摆放和陈列，可以使顾客接触后产生无意想象而即兴购买。

(四)思维

1. 思维的概念

思维是人脑借助于言语、表象或动作而实现的，对客观事物的一般属性与事物内在联系的概括、间接的反映，是包含知觉、记忆、学习、想象及语言在内的综合性活动，是人们认识的高级阶段。思维是人们从对事物的感性认识发展到理性认识的复杂心理活动。顾客的消费方式与消费行为自始至终都有思维伴随并受到思维的影响与支配。人们不同的思维方式与思维过程常常导致不同的消费理念与消费方式。

2. 思维的分类

(1)动作思维。动作思维也称实践思维，是以实际动作来解决直观、具体问题的思维，它是在实际的活动中进行的。例如，顾客购物时对商品的挑选，要在思维的指导下用手的动作与眼睛的观察及其他感觉器官的协同配合才能完成。

(2)形象思维。形象思维是指利用事物的直观表象来进行分析、比较、综合、抽象、概括等内部的加工，从而解决问题。例如，消费者在购买家具时，会把眼前家具的颜色、款式与自己居室的颜色、摆放位置是否协调等进行形象思维，从而影响其购买行为。

(3)逻辑思维。逻辑思维也称抽象思维，是用抽象的概念和判断、推理的方式解决问题的思维。顾客在购买商品之前，常常对所获得的信息(如看到广告宣传资料、听别人介绍等)先做一个抽象逻辑分析，然后再作出是否应该到商店去看一下的决定，并根据多种信息的分析判断，作出是否购买的决定。

3. 思维的过程

(1)分析与综合。分析是指在头脑中把事物的整体分解为各个部分或各个属性。

学习笔记

比如，把电脑的个别属性，如外观、性能、质量、价格、商标、型号等分解出来。综合是在头脑中把事物的各个部分、各个特征、各种属性结合起来，了解它们之间的联系，形成一个整体。比如，把分解的电脑的各个方面重新构成一个整体，从整体上加以把握。任何一种思维活动既需要分析，又需要综合，两者是彼此相反而又紧密联系的过程。

(2)比较。比较是把各种事物和现象加以对比，确定它们的相同点、不同点及其关系。例如，消费者在购买商品时，总是货比三家后才作出购买决定，因为有比较才会有鉴别，作出决定前的思考过程就是比较过程。

(3)抽象与概括。抽象是在思想上抽出各种事物与现象共同的特征与本质属性，舍弃其个别特征和属性的思维过程。例如，消费者通过对各种服装的观察，把“式样最新”这一概念提取出来作为“时装”共同的、本质的特征。概括是在思想上把抽象出来的本质属性、特征综合起来并推广到同类事物中去的思维过程。例如，当消费者从若干种服装中找出时装“样式最新”这个特有属性之后，就可以把这个特征推广到一切时装中去，得出时装就是“式样最新的服装”这个概念。

(4)分类、系统化与具体化。分类是从比较派生出来的、更为复杂的思维活动，是人脑通过比较，按照事物的异同程度，在思想上加以分门别类的过程。系统化是人脑在分析与综合、抽象与概括的基础上，把事物整体的各个部分归入某种顺序，在这个顺序中，各个组成部分彼此发生一定的联系和关系，构成一个统一的整体。具体化是将抽象与概括出来的一般知识运用到具体对象上去的思维过程。

任务二　洞悉消费者心理活动的情感过程

情感过程包括情绪过程，伴随认识活动和意志行动而出现。它具有独特的主观体验的形式和外部表现的形式，具有极为复杂的神经生理、生化的机制，包括有机体在心理的许多水平上的整合，在人的心理生活中有着广泛的影响。

一、情绪和情感概述

(一)情绪和情感的含义

情绪是指与生理需要相联系的体验，一般带有情景性，不太稳定。在初生婴儿身上明显地表现出单纯的情绪活动。而情感是指与人的社会性需要相联系的体验，是人所特有的，常以社会事件的内容与意义为转移，与情绪相比较为稳定。

(二)情绪和情感的关系

情绪和情感是两个既有区别又有联系的概念。虽然通常将情绪和情感作为一个统一的心理过程来讨论，但从产生的基础和特征表现上来看，二者有所区别。

首先，情绪出现较早，多与人的生理性需要相联系；情感出现较晚，多与人的社会性需要相联系。婴儿一生下来，就有哭、笑等情绪表现，而且多与食物、水、温暖、困倦等生理性需要相关；情感是在幼儿时期，随着心智的成熟和社会认知的发展而产生的，多与求知、交往、艺术陶冶、人生追求等社会性需要有关。因此，情绪是人和动物共有的，但只有人才会有情感。

学习笔记

其次，情绪具有情境性和暂时性，情感则具有深刻性和稳定性。情绪常由身旁的事物所引起，又常随着场合的改变和人、事的转换而变化；情感可以说是在多次情绪体验的基础上形成的稳定的态度或体验，如对一个人的爱和尊敬，可能是一生不变的。正因如此，情感特征常被作为人的个性和道德品质评价的重要方面。

最后，情绪具有冲动性和明显的外部表现，情感则比较内隐。人在情绪左右下常常不能自控，高兴时手舞足蹈，郁闷时垂头丧气，愤怒时又暴跳如雷；情感则是内心的体验，深沉而且久远，不轻易流露出来。

情绪和情感虽然不尽相同，但却是不可分割的。一般来说，情感是在多次情绪体验的基础上形成的，并通过情绪表现出来；反过来，情绪的表现和变化又受已形成的情感的制约。由此可以认为，情绪是情感的基础和外部表现，情感是情绪的深化和本质内容。

(三)情绪和情感对消费行为的作用

简单地讲，情绪和情感对于消费行为的作用既有积极的一面，也有消极的一面。人的情绪本身包含了两极性，即愉快与不愉快，喜欢与不喜欢等。愉快的情绪和对商品所持有的喜欢的体验，都会对消费行为产生积极的作用，推动消费行为进行的速度，愉快的情绪还会增加消费者的勇气，克服购买行为中可能出现的各种困难。而不愉快的情绪和不喜欢的情绪体验，只能对消费行为起消极的作用。如果这种情绪源于商品，消费者会拒绝购买这种商品；如果源于购物场所，消费者会尽快离开这个购物场所；如果源于营业员，有的顾客会尽量躲避这种令他讨厌的营业员，还有的顾客可能会被激发不良情绪而同营业员发生矛盾和冲突。

消费者在购物场所中，一般表现出一些情绪性的反应，而消费者在长期的购物过程中，又会形成一些稳定的情感体验。这些情感体验及相应的态度必然要带到每一次购买行为中，在每一次购买行为中表现为当时的情绪性。商场和营业员应从两个方面来处理顾客的情绪情感问题：一是要尽量创造良好的购物环境，以优良的服务质量和热情的态度来接待每一位消费者，尽量使每一位消费者心情愉快，所谓“乘兴而来，高兴而归”；二是花大力气在消费者心目中树立企业的良好形象，使消费者能够长久地对该企业抱有良好的情感。

【实例分析 3-3】

情感效应：重视客户的情感价值

美国的乔·吉拉德被称为“世界上最伟大的汽车销售员”。

有一天，一位中年女性来到福特车的展销室，说想买一辆白色的福特车。可是那个销售员看她不像买车的人，根本就不理睬她。后来她走到了旁边乔·吉拉德的展销室，他热情地接待了她。中年女性说：“今天是我55岁生日，我想买辆车送给自己当作生日礼物。”“生日快乐！夫人。”乔·吉拉德一边说，一边请她在展销室里到处看看，接着出去交代他的秘书去买束鲜花。然后他对她说：“夫人，您喜欢白色车。我给您介绍一下我们的双门式轿车——也是白色。”

10分钟后，乔·吉拉德的女秘书走了进来，递给他一束玫瑰花。乔·吉拉德把花送给这位夫人：“生日快乐！祝您长寿！尊敬的夫人。”夫人感动得热泪盈眶。

学习笔记

"已经很久没有人给我送礼物了。"她说,"刚才我到对面的福特车行看过车了,那位福特销售员看我开的是辆旧车,以为我买不起新车,就把我晾在一边。现在想想,不买福特也可以。"这位夫人当即买走了一辆雪佛兰。

乔·吉拉德就是凭着他那颗真诚的心,感动了顾客,打开了销路,成为世界上最伟大的销售员。他在 15 年的时间里卖出了 13 001 辆汽车,并创下一年卖出 1 425 辆汽车的世界纪录。

资料来源:蒋先润.销售攻心术:销售中的心理策略[M].北京:新世界出版社,2009.(有修改)

二、消费者情绪和情感的类型

(一)消费者情绪的类型

就情绪表现的方向和强度而言,消费者在购买过程中所形成的情绪,可以分为积极情绪、消极情绪和双重情绪。

积极情绪,如喜欢、满足、快乐等。积极情绪能增强消费者的购买欲望,促成购买行为。

消极情绪,如厌烦、不满等。消极情绪会抑制消费者的购买欲望,阻碍购买行为。

在许多情况下,消费者的情绪并不简单地表现为积极或消极两种,如满意或不满意、信任或不信任等,而经常表现为既喜欢又怀疑、基本满意又不完全称心等双重性。例如,消费者对所买的商品非常喜爱,但价格偏高又感到有些遗憾。双重情绪的产生是由于消费者的情绪体验主要来自商品和售货员两个方面,当二者引起的情绪反应不一致时,就会出现两种相反情绪并存的现象。

(二)消费者情感的类型

1. 道德感

道德感是根据一定的道德标准在评价人的思想、意图和行为时所产生的主观体验。在购物活动中,消费者总是按照自己所掌握的道德标准,按照自己的道德需要来决定自己的消费标准与消费行为。同时,营业人员应有严格的职业道德训练,有高尚的职业道德,热情礼貌地接待消费者,提供良好的销售服务活动,不能通过有失职业道德的手段,如掺假使假、以次充好、短斤少两等去获得利润。

2. 理智感

理智感是人在智力活动过程中,在认识评价事物时所产生的情感体验。它与人的求知欲、好奇心、热爱真理等相联系,是一种热烈追求和探索知识与真理的情感。在购买活动中,消费者对于某些商品的认识过程,需要得到一定的关于商品的信息,如果他们的求知欲得到了满足,就会产生理智感,这对消费者的购买活动起着重要的推动作用。有研究表明,喜欢逛商店的消费者,有相当一部分带着对商品知识的求知欲。因此,营业人员应恰当地给消费者解释商品的特点,充分地展示商品,给消费者当好参谋,消除消费者对商品的疑虑,促使营销活动顺利进行。

3. 美感

美感是根据一定的审美标准鉴赏或评价事物时所产生的情感体验。美感包括自然美感、社会美感和艺术美感三种。游览桂林山水、昆明石林时所产生的美感属于自然美感；感受坚强、勇敢、善良、淳朴、诚实、坦率等行为和品质时所产生的美感属于社会美感(与道德感连在一起)；欣赏绘画、音乐、戏剧时所产生的美感属于艺术美感。人的审美标准反映事物的客观属性，因而具有共性。比如，流行的服饰体现人们共同的美感。同时，人的审美标准又受个人的思想观点和价值观念的影响。因此，在不同的文化背景下，不同民族、不同阶级的人对事物美的评价又有差异性。所谓“穿衣戴帽，个人所好”，即是此理。这种差异性使得人们即使对同一商品，也会由于对美的内涵和形式有不同的理解与体验，从而产生不同的美感和评价。我国以红色作为喜庆、热烈、高贵的色彩，在婚庆时，新娘常穿红色礼服；西方人则以白色象征纯洁、忠贞，新娘的婚纱是白色的。

【相关链接 3-4】

情绪情感的外部表现

伴随情绪情感状态，可以直接观察到人的外部表情的变化，主要表现在面部、姿态和言语等方面。

面部表情、姿态表情和言语表情等，构成了人类的非言语交往形式，心理学家和语言学家称之为“体语”。在许多场合下，人们无须使用语言，只要看看脸色、手势、动作，听听语调，就能知道对方的意图和情绪。比如，当一个人目不转睛地注视着某一商品时，可能是对其感兴趣。一般情况下，消费者在购物过程中，当遇到其满意的商品时，往往会表现出点头、爱不释手、跃跃欲试的动作；反之，则不屑一顾，匆匆而过。

在营销活动中，我们不但要善于观察消费者的“体语”，同时也要掌握好“体语”的运用，以向顾客传达一种积极的情绪和情感。比如，在商店，同样是问顾客：“你买什么?”语调的强弱和语速的不同，可以反映营业员态度是亲切、真诚，还是厌烦、冰冷。

三、消费者购买活动中的情感过程

尽管消费者的情感变化非常微妙复杂，但还是有一定的规律可循。一般而言，消费者的情感体验可以分为以下六个发展变化阶段。

(一)选择阶段

选择阶段是情感的初起阶段。消费者一旦对某种商品或劳务产生了需求，就会萌生出想要满足的愿望，需要和愿望的产生会使消费者情绪不安和有波动；力求对商品进行认识、鉴别和选择，如果需求强烈，情绪就愈加紧张并促使消费者寻找解决问题的途径和具体办法。可见情感的选择阶段与需求密切相关。

(二)定向阶段

定向阶段是情感变化的肯定和否定阶段。这时，消费者已经初步确定了购买地点、时间和商品类型。在进一步地收集信息、观察和思考的过程中产生喜欢或不喜欢，满意或不满意的情感，另外还会产生联想。定向阶段是消费者对商品或服务形

学习笔记

学而思：你对微表情了解多少？

学习笔记

态形成基本态度倾向的阶段。

(三)激情阶段

激情阶段是情感的明朗表现和强化阶段。在这种情绪和情感的引导下，消费者的购买欲望会更加强烈，对他所喜欢和满意的商品非买不可。冲动型的顾客可能马上采取购买行动，大部分消费者虽然处于感情强化过程，但还要考虑和推敲一番。

(四)冲突阶段

在冲突阶段，消费者对商品进行全面的评价。由于多数商品很难同时满足消费者多方面的需求，消费者会产生不同程度体验和情感的矛盾变化。比如，有时对价格满意，对商品造型又不太中意；有时对质量和价格满意，却又为式样过时而感到遗憾；等等。总之，情感的强度变化和矛盾冲突会由于特定的事件或场合反复表现出来。如果是积极的情感支配消费者，最终他还会实施购买。

(五)选定阶段

经过对商品或服务的全面综合评价，消费者的理智和感情逐渐趋于统一，最终作出购买决定，实现购买行为，这就是选定阶段。

(六)评价阶段

评价阶段是消费者在购买商品后所体验的情感过程。如果商品符合消费者购前预想的意愿，得到周围的称赞，消费者必然会处于喜悦满意的情感之中；如果商品出现问题，消费者会后悔、烦恼或懊丧，这种情感体验将促使消费者作出弥补行动，如换货、退货或修理，还会为下次的购买行为做一定的心理准备。

学而思：除了以下这些因素，你认为影响消费者情绪、情感的因素还有哪些？

四、影响消费者情绪、情感的因素

在购买活动中，消费者的情绪、情感的形成与变化都会直接或间接地影响其购买行为，因此，有必要研究影响消费者情绪、情感变化的因素。

(一)商品

商品的价格、包装、商标名称、款式等商品因素对消费者情感的形成与变化有直接作用，进而影响消费者的购买行为和购买决策。当消费者发现某种商品的外观不错时，愉快的情绪就会油然而生。当进一步了解到商品的内在质量有问题时，便会产生失望的情绪。因此，企业应高度重视商品的质量，在竞争激烈的市场上以质取胜，以高质量的产品来吸引消费者，促进商品的销售。同时，在商品命名、包装、装潢等方面精心设计，以诱发消费者的积极情感，促进购买行为的完成。

销售人员的工作态度和服务水准对于消费者的情感影响十分明显。微笑服务使销售人员显得较为亲切，可给消费者留下比较深刻的、美好的情感记忆，还可化解一些顾客的不满，甚至挑剔和刁难，避免双方矛盾的激化。销售人员必须熟悉自己所销售的商品，要善于揣摩顾客的购物心理，为其当好参谋，做好售前、售中服务，让顾客乘兴而来、满意而去。

(二)购物环境

购物环境是购物现场的整体情况和气氛。消费者的情感变化会受购物环境的影响。当消费者步入宽敞明亮、色彩柔和、环境幽雅的商场，营业人员服务周到、彬彬有礼，顾客之间礼貌相让，会使人感觉愉快、舒畅。如果再配轻松愉悦的背景音乐，更能使消费者产生一种轻松美好的情绪体验，取得意想不到的推销效果。反之，昏暗、狭窄、脏乱的环境，以及营业人员冷淡、粗暴的服务，则会给消费者带来压抑、厌烦、失望和厌恶的消极情绪，不利于消费者的消费行为。

学习笔记

【相关链接 3-5】

厌倦情绪从何而来

厌倦是人们对某种事物产生疲惫烦躁的感觉，极易将人的情绪导向消极，会抑制人的潜能发挥，甚至会泯灭人的创造力。人如果被厌倦的情绪左右，就会陷入自己制造的迷茫之中。

我们经常会有这样的感觉：突然对某件事物产生了兴趣，但忙了一阵子，付出一些努力以后，却又失去了兴趣，转而去做其他事情；或者在某一固定时段，从事重复单调的工作，心里就产生了烦躁情绪，没有了热情，于是得过且过。

厌倦与一种称为"心理饱和"的现象密切相关。饱和本来是化学术语。将盐不断加入水中，当它不能再溶解时，就称这个状态为饱和状态。所谓心理饱和，就是人已经处于一种非常厌烦的、不想再继续某项任务的心理状态，是指心理的承受力到了不能再承受的程度。

一般而言，反复虽是增强引导效果的手段，但同样的刺激物在强度过大、刺激时间过长时，容易引起对象反应性质的变化。追求多样性和丰富性是人的先天倾向，呆板单一的方式容易使人产生厌倦和反感情绪。当对接受者的信号刺激达到一定程度，超过接受者的心理承受能力时，接受者就会表现出对信号的抵制。厌倦感就是机体在过度接受某种刺激之后所作出的逃避反应，是人类出于自然本能的一种自我保护性的心理反应。

在营销活动中，一成不变的产品、购物环境和促销手段都容易让消费者产生厌倦感。

资料来源：刘迎泽．心理访谈：听心理学专家讲故事[M]．北京：海潮出版社，2009.（有修改）

（三）营销服务

消费者购物活动的过程也是营销人员与消费者交往沟通的过程。营销服务水平的高低，直接影响消费者的购物情绪。营销人员应从社会角色出发，自发调节心理状态，控制情绪，以饱满的情绪接待顾客、尊重顾客，文明经商，妥善处理顾客纠纷和投诉，使消费者产生信赖、满足的情感。

（四）消费者个人情感

消费者个人情感的倾向性是影响购买活动中情感变化的主要因素之一。性格开朗活泼，总保持心情愉快、奋发向上情绪状态的消费者，往往在购物过程中表现出较高的热情；反之，则会因消极情绪影响购物时的评价、决策及体验等。此外，消费者自身情趣，如兴趣、爱好等，也会影响消费者购物时的情感。

（五）消费者心理准备状态

消费者顾客的心理准备状态对于情绪有直接的激发作用，被激发并兴奋起来的

学习笔记

情绪又反过来影响原来的心理准备，二者相互影响，推动购买行为的进行。消费者的心理准备做得越早，顾客的需求水平越高，则购买动机就可能越强烈，情绪兴奋程度一般也就越高，购买动机转变为购买行为的可能性也就越大；反之，若消费者的心理准备不足，则难以在短时间内调动起购物的情绪，购买行为也就难以实现。因此，企业在新产品上市前，应做好广告宣传，使消费者在购物前做好充分的心理准备，调动他们的购物情绪。

总之，消费者的情绪和情感既有稳定的持续表现，也有冲动、起伏的表现，它可以促进亦可以阻碍消费者购买行为的实现。因此，我们要了解消费者对商品的情绪和情感发展过程及规律，在营销活动中为消费者创造良好的气氛，使商店的商品、服务和设施等有利于激发消费者积极的购买情绪，这对处理好营销人员与消费者的关系，扩大商品的销售具有重大的现实意义。

任务三　洞悉消费者心理活动的意志过程

意志是人自觉地确定目的，并根据目的调节支配自己的行动，克服困难，实现预定目的的心理过程。消费者在购物活动中，既有对商店、商品的认识，也有在认识的基础上而产生的情绪和情感体验，同时还有意志的参与。当消费者在购买商品特别是大宗、耐用消费品时，往往需要用意志去排除各种干扰，从而保证购买活动的顺利进行。意志过程同认识过程、情感过程一样，是心理活动不可缺少的组成部分。

一、意志的特征

(一)意志是自觉地确定目的的行动

人在行动前，行动的目的和结果就以观念的形式存在于人的头脑之中，并能调节和支配人的行动。如果没有自觉的目的，就失去了意志存在的前提，即失去了有意识地、能动地进行改造的前提。所以，有自觉目的的行动才能表现出人的意志。如果说感觉是外部刺激向内部意识的转化，那么意志则是内部意识向外部行动的转化。因此，意志总是表现在人们的实际行动之中，是意识的能动性、积极性的集中体现。例如，消费者购买洗衣机是为了不受洗衣的劳作之苦和节省时间，为了实现这个目的，他就会在经济开支上制订计划，以便能拿出钱去购买洗衣机。

(二)意志行动与克服困难相联系

意志行动是有自觉目的的行动，在目的确立与实现的过程中必然会遇到种种困难，只有那些能够努力战胜一切困难的人才能充分体现出自己的意志。一个人的意志坚强与否，坚强到何种程度，主要以困难的程度而定。意志在人的生活中是非常重要的，有时甚至对人的成就大小起决定作用。

(三)调节行动性

调节行动性是指消费者的意志对其购买行为有发动和制止的双重作用。所谓对购买行为的发动，是指意志可以推动和激励消费者为达到目的而采取计划和行动；所谓对购买行为的制止，是指意志可以阻止和抑制利于消费者实现购买目标的行动，此外，还可指消费者在意志力量的作用下，主动放弃不切实际的需求。意志对行为的发动与制止说明了意志具有高度的支配和调解功能，人们能够以理智战胜情感。例如，有人既嗜烟如命，又喜欢摄影，现在需要一台高档相机，但经济条件所限，二者不可兼得，于是他为了攒钱购买相机而毅然戒烟。再如，某消费者看上了一件高档时装，但其收入不高，购买这件昂贵的时装对其是个沉重的负担，所以尽管他十分喜爱这件衣服，最后理智战胜了情感，没有作出购买决策。

二、消费者购买行为的意志过程

(一)作出购买决策阶段

意志行动是有目的或有目标的活动，因此，活动之前必须先考虑为什么要行动、怎样去行动，这就是意志活动的准备阶段。

消费者的购买活动在此阶段包括购买动机的冲突及取舍，购买目的及购买对象的确定，购买地点、购买方式的选择，购买计划的制订等。这些选择或确定，有时取决于消费者对具体情况的认识和自身的经验，有时取决于不同购买动机之间的矛盾斗争。该阶段是意志开始参与的准备阶段。

由于在意志行动中，常常具有两个以上的目标，而这些目标不可能同时实现，因而促使了意志行动中的目标冲突或动机冲突。在斗争之后，才能确定行动的目标。个体经过动机斗争、确立了目的之后，就需要根据主客观的具体条件来选择达到目的的方式、方法，制订行动计划。在克服了动机矛盾、确立了目的、制订好计划之后，意志行动的准备阶段就已结束，它将过渡到实际的行动阶段。

(二)执行购买决策阶段

执行购买决策阶段是消费者按照预定的决策方案组织实施的过程，是意志活动的高峰。因为这期间有时会碰到种种困难与挫折，商品的质量、价格、式样等有时并不都完全符合消费者的要求。这就要求一个人能够对客观情况作出全面的分析，具有广阔的思维，更要求其努力克服消极情绪，保持冷静的头脑，理智地支配自己的行动，以顽强的毅力克服所面临的困难，矢志不移地执行决定。消费者如果意志薄弱，就可能放弃执行购买决策；如果能有意识地自觉排除外界的干扰因素，战胜所面临的全部困难，才能较好地执行购买决策，完成购买活动。

但是，执行决定并不意味着机械刻板地行动。有时经过实践活动的检验，要求人们必须放弃原来的决定，果断地采取新决定、选择新方法，以符合当前的实际情况。坚定性和灵活性相结合，才能更有效地完成意志行动。

(三)体验执行效果阶段

体验执行效果阶段是意志过程的最后发展阶段。比如，商品在使用过程中是否与预想的一致，是否取得了其他附加效果等，这些都可以检验和评判消费者当初购买决策的正确与否。意志的这种体验是通过思维进行的，如果结论比较满意，消费者就有可能在意志的肯定下再次惠顾；如果在意志的体验阶段遭到否定或产生矛盾时，就会使消费者在今后的购买中考虑回避或减少对该商品的购买。

消费者在购买过程中的心理活动从对某种商品的认识过程开始，经过情感过程和意志过程，就基本结束了一次购买活动。

学习笔记

学而思： 谈谈你对“选择困难症”的理解。

学习笔记

三、消费者主要意志品质及对行为的影响

意志品质是消费者意志的具体体现。在购买行动中，常常可以观察到消费者的购买行为具有各种显著的特征。比如，有的人行为果断、快速、冷静、沉着、独立性强，而有的人则犹豫、彷徨、冲动、草率、独立性差，如果这些行动特点在一个人的行动中具有明确性和稳定性，那就成为个人特有的意志品质。消费者的意志品质对行为的影响主要表现在以下几个方面。

(一)自觉性

意志的自觉性是指消费者能主动地、充分地认识到自己行动的正确性及行动的社会效果，能根据自己的认识与信念，独立地采取决定，执行决定。与目的性品质相反的是受暗示性和独断性。受暗示性表现为缺乏主见，行动易受影响、发生动摇，“人云亦云，人行亦行”。独断性则表现为盲目地做决定并一意孤行，对别人的意见无论正确与否都一概加以拒绝。

富于自觉性的消费者在购买活动中不盲从和鲁莽，因为他们的购买目的、行动计划是在深思熟虑、权衡各种利弊的基础上作出的，因此，购买行动是有条不紊地进行的，在遇到困难时，能理智分析、自觉修改购买方案，以克服困难，最终实现预设目标。相反，自觉性较差的消费者，其购买行为缺乏计划性和条理性，容易盲目地接受别人的暗示或影响，或者是不加分析地接受或拒绝别人的意见，在购买过程中往往表现为依赖、冲动和回避的态度，不愿付出必要的智力、思维和体力，从而影响购买行为的实现。

(二)果断性

意志的果断性是指一种明辨是非、迅速而合理地采取决定并实现所做决定的品质。与果断性品质相反的是优柔寡断和冒失，优柔寡断的人表现为在采取和执行决定时总是前怕狼后怕虎，顾虑重重，不断地修改和推翻决定，甚至“议而不决，决而不行”，这种人尽管考虑很多，却长期处于动摇不决中，所以往往一事无成；冒失的人则是缺乏深思熟虑，不顾后果草率从事，这种人的决断尽管是迅速的，却是缺乏根据的，甚至是凭一时的冲动，所以也往往以失败而告终。

果断性较强的消费者在购买过程中往往善于捕捉机遇，积极、全面思考，正确、迅速作出决策，并坚定地执行决策。果断性差的消费者则常常表现出优柔寡断、犹豫不决，决策过程也容易时断时续，容易受到外界的干扰而发生变化。果断性会给消费者带来一些切身利益；反之，优柔寡断的消费者在不同的购买目的和购买手段之间取舍不定、犹豫不决，往往因此而错过最佳购买时机或者不利于下一步执行决策的顺利实现。

(三)自制性

意志的自制性是指消费者善于支配、控制自己的情感，约束自己言行的能力。在购买过程中，由于消费者心理活动和外界因素的交互影响，常常使购买行为变得十分复杂，发生一些意料之外的事件。例如，消费者与营业员之间发生摩擦，此时，自制性较强的顾客，可以较好地控制自己的情绪，约束自己的过激言行，从而缓和矛盾；而自制性较差的消费者，则可能会与营业员爆发激烈的争吵，这既影响了购

学习笔记

买行为的完成，又会使自己心灵受伤。所以，消费者应很好地培养、锻炼自己的自制性，成为意志坚强的人。

(四)坚韧性

意志的坚韧性是指能够坚持行动的目的，并能在行动中长期保持充沛的精力(紧张度)和毅力(持续度)的品质。与坚韧性品质相反的是顽固性和动摇性，顽固性表现为在计划行不通时仍不能正视现实，我行我素、固执己见；后者则表现为见异思迁、虎头蛇尾，一遇困难就动摇妥协，不能有始有终。一般来说，活动的目的越明确，社会意义越大，则消费者的热情越高，其坚韧性就越好。坚韧性的强弱也与消费者的个性特征有关，做事虎头蛇尾、三分钟热情的人，其坚韧性较差，其购买活动的效率及成功率均较低。

意志的各种品质并不是彼此孤立的，而是密切联系的，其中以目的性为核心和前提，其他品质相互渗透影响。人的意志品质不是永恒不变的，我们应当多参加一些实践活动，加强自我锻炼，培养良好的意志品质，自觉克服不良的意志品质。

综上所述，认识过程、情绪过程和意志过程在人的心理活动过程中是紧密联系、彼此渗透、相互影响的，是人的统一心理过程的不同方面。对客观世界的正确认识是人的情感活动和意志活动的基础；良好的情感又能推动人的认识和意志；而坚强的意志则能促使人们认识活动的深化，也使人的情感服从于人的理智的认识。在消费者的行为活动中，我们可以看到心理活动的认识、情绪、意志这三个过程统一协调、互相作用地影响消费者的购买活动。

思维导图

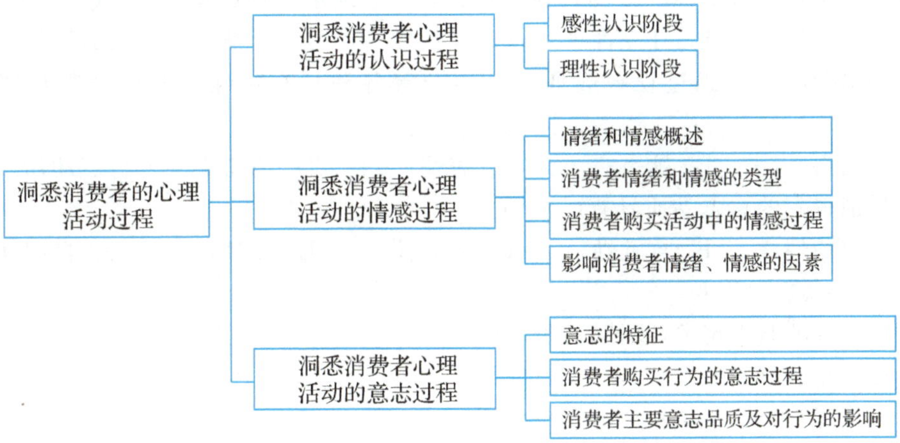

思考与练习

1. 概念理解

感觉　知觉　注意　记忆　想象　思维　情绪　情感

学习笔记

2. 单项选择题

(1)消费者的心理活动过程是指消费者在购买活动中支配其购买行为的(　　)。

A. 心理活动的全过程　　B. 心理活动的部分过程

C. 认识过程　　D. 意志过程

(2)消费者购买商品的心理活动一般是从对商品的(　　)开始的。

A. 情感过程　　B. 意志过程　　C. 认识过程　　D. 感觉过程

(3)对刺激强度及其变化的感受能力称为(　　)，能够引起感觉持续到一定时间的刺激量称为(　　)，其中引起反应最小的刺激称为(　　)。

A. 感觉阈限，感受力，绝对阈限　　B. 感受力，感觉阈限，绝对阈限

C. 感受力，感觉阈限，差别感受阈限　　D. 感受力，感觉阈限，差别感受力

(4)感觉与知觉的关系是(　　)。

A. 感觉与知觉同时发生

B. 感觉是知觉的基础，知觉是感觉的深入

C. 知觉是感觉的基础，感觉是知觉的深入

D. 两者无关系

(5)(　　)是对事物的一般属性和事物内在联系的间接、概括的反映。

A. 感觉　　B. 知觉　　C. 想象　　D. 思维

3. 多项选择题

(1)消费者对商品的认识过程是通过(　　)等心理机能的活动来实现的。

A. 感觉　　B. 知觉　　C. 想象　　D. 意志　　E. 思维

(2)在消费活动中，消费者一般是借助(　　)来接受有关商品的各种信息。

A. 触觉　　B. 视觉　　C. 听觉　　D. 嗅觉　　E. 味觉

(3)由于消费者个性的差异，在思维方式上表现出的特点是思维的(　　)。

A. 间接性　　B. 独立性　　C. 灵活性　　D. 敏捷性　　E. 概括性

(4)消费者的情感过程一般通过(　　)等各种带有特殊色彩的外部形式表现出来。

A. 购买　　B. 神态　　C. 表情　　D. 语言　　E. 动作

(5)消费者的意志品质具有(　　)。

A. 目的性　　B. 自觉性　　C. 果断性　　D. 坚韧性　　E. 自制性

4. 问答题

(1)感觉的基本现象(规律)有哪些?

(2)知觉有哪些特性?

(3)注意有哪些种类?请分别举例说明。

(4)注意的功能有哪些?在营销活动中有哪些作用?

(5)记忆有哪些类型?记忆的过程是怎样的?

(6)想象的类型有哪些?在营销活动中有哪些作用?

(7)思维有哪些类型?简述思维的过程。

(8)情绪与情感的关系是怎样的?它们对消费行为会起什么作用?

(9)情绪与情感有哪些分类?表现的内容有哪些?

学习笔记

(10)消费者购买活动中的情感过程是怎样的？试结合实例进行分析。

(11)消费者购买行为的意志过程是怎样的？

(12)试分析消费者的认识过程、情绪过程和意志过程三者之间的关系。

案例分析

白象食品，为何如此值得期待？

据悉，2020年，白象食品再次获得“国家农业产业化重点龙头企业”称号，这也是其连续第16年被认定该资格。这意味着，白象食品带动国家农业发展的能力及产品的质量均得到了国家权威部门的认可。

外界关心的是，一直低调的白象食品怎么变得如此“高光”？白象食品又凭什么获国家“点赞”？

多举措发力，业绩逆势增长

在过去的一年里，白象食品通过品牌年轻化的营销动作，试图探索年轻人的精神诉求，和他们玩到一起。

2020年，白象食品发布全新的产品品牌Logo，以更具现代审美、更符合品牌定位的形象设计抢占消费者心智。充满活力的新Logo让年轻受众看到白象集团的全新面貌，而焕新Logo的背后，是白象食品的全新营销打法。

去年，白象食品广泛开展线上业务，将备受消费者喜爱的各类面食产品搬到电商、社交平台，打通线上线下的全域消费渠道。在2020年的“双11”，白象食品在天猫、京东、拼多多等社交电商平台总销售额猛增。

在产品层面，白象食品研发了一些具有地域特色的美食，比如河南烩面及四川担担面等，甚至甘肃拉面。白象通过这些地域性风味的面食来补充产品线，开拓面食市场，同时也传播了我们中国的美食文化。

在营销层面，白象食品增加了很多新鲜的玩法，打造与IP的联合。营销方式更加多样化、年轻化，甚至涉及一些二次元圈层，去做相应的文化渗透。

深耕品质，高科技赋能企业成长

一直以来，白象食品都将食品质量与安全视为企业的生命线，以严格的检验标准管控产品的安全是白象食品给予消费者的承诺。

目前，白象食品已构建完备的质量与食品安全管理体系，已获得ISO 22000食品安全体系认证、HACCP体系认证，并于2020年通过食品企业诚信体系认证，在稳固内求(品质提升)的基础上更注重质量与食品安全管理体系的落地。

与此同时，为强大科研力量，白象食品集团技术中心先后与江南大学合作成立“面制品联合创新研究中心”；与浙江工商大学合作成立“白象骨汤研究中心”，共建部级协同创新中心；与中国农业科学院农产品加工研究所等食品领域前沿的研究机构共建战略和业务合作关系。

可以说，企业和院校的合作成为白象食品科技创新的重要路径之一，白象食品不断用科技解密汤系列方便面产品的核心芯片，共同推动食品科学的进步与发展。

学习笔记

向上突围，将创新融入品牌基因

据统计，目前中国的方便面市场体量在六百亿到七百亿元，跟今天中国的十四亿的人口相比，还有非常大的想象空间。

但需要注意的是，当前面食市场同质化严重，品牌间往往靠低价竞争抢占消费市场，面食市场高端化消费认知尚未被培育。

在深刻理解行业、理解消费者之后，白象食品推出慢晒挂面和万年荞挂面。手工挂面，最重要的就是匠心手作，制作挂面的时间长、工序多，整个过程都在考验手艺人的耐心和诚心。经过慢晒完成蜕变，阳光的塑造和时间的等待，让面本身的麦香散发而出，面也因此变得爽滑柔韧，更易保存。真正摆脱如今市面上多数挂面纯工业化的、冷冰冰生产工艺，带给消费者有温度的食品。

凭借着精湛的制造工艺、优秀的产品体验，在2020年9月召开的“第二十届中国方便食品大会”中，“慢晒阳光晾晒挂面”“谷蔬记荞麦面”两款产品双双斩获“2019—2020年度中国方便食品行业最佳创新产品”奖项。

以“人”为核心，成就有温度的品牌

对于一个企业来说，人才是最宝贵、最重要的战略资源，也是企业未来发展的核心资源之一，想要从众多优质的企业中脱颖而出，必然离不开团队的力量和人才储备。

白象食品深谙此道，十分注重企业人才培养和员工的个人成长，在企业内部建立了完善的人才激励体系。

白象食品坚持以至诚之心帮助员工，成就员工，为员工提供了多种专属福利。集团内部设立了员工爱心互助基金，切实关注员工的幸福和个人成长，充分体现出企业一贯“以人为核心”的发展理念。

据了解，目前已经有125名困难员工得到了互助基金的帮助，累计支出将近两百万。

值得一提的是，在假期，集团还会举办亲子夏令营，为员工提供和孩子的共处时间，让员工充分体会到企业大家庭的温暖。

在人才培养方面，在企业外部，白象食品建立了百项人才培养的供给体系，搭建人才招募体系，同时也包含新人融入机制，以做好人员入口工作。在企业内部，白象食品建立了管理者和专业者的双通道晋升机制，以打通企业的人才发展路径。针对每个层级岗位设定了有针对性的人才培养计划和发展计划，配套的有竞聘机制、晋升机制、轮岗机制、激励机制等。

如果说品质是白象品牌发展的驱动力，那企业文化无疑是白象食品的核心竞争力。白象食品走到今天离不开背后团队的支持，产品创新依托的新技术也离不开人才。

企业文化一方面引领着白象战略的发展，另一方面也助力白象战略落地。

为员工创造优质的成长空间，白象食品吸纳了众多优秀人才的加入，企业团队进一步扩大，为企业的长足发展提供了保障。

资料来源：崔元苑，许心怡．不惧疫情逆势上扬，白象食品的2021年为何如此值得期待？[EB/OL]．人民网，2021-02-08.（有修改）

试分析：结合消费者心理活动的三个基本过程，解释白象食品如何得到消费者的认可。

学习笔记

实践与训练

以你最近一次的购买活动为例，总结你购买商品的心理活动过程。

思政案例

鸿星尔克野性消费背后的理性逻辑

2021年河南洪灾之后，鸿星尔克之所以能够在短时间内突然走红，并且在各大平台爆单，主要有三个方面的因素。

一是天时。中美贸易战、东京奥运会等历史大背景和时代大环境下，民众的爱国热情被点燃，支持国货、购买国货，成为人们抒发爱国热情的一种最直接的方式。

二是地利。鸿星尔克成功的品牌人设——“快要倒闭且连微博会员都舍不得续费的中国良心企业”低调捐了5 000万元，让其受到了民众最广泛的尊重、同情和支持。

三是人和。微博、抖音、微信等社交媒体平台、网红及网友的全力推动，让购买鸿星尔克在全民间成为一种时尚潮流和新文化运动。

事实上，在这次河南洪灾中，让消费者“野性消费”的不仅仅有鸿星尔克，还有贵人鸟、汇源果汁、白象方便面等国货品牌。

对比这些品牌的发展历史，我们能发现有一个共同点，就是曾经都很辉煌，但近况不佳。比如，鸿星尔克、贵人鸟这两个国产运动品牌，曾经与李宁、安踏都属于国产一线运动品牌，长期在运动鞋服市场与耐克、阿迪达斯缠斗。如今，李宁、安踏依然处于国产一线阵营，甚至凭借着国潮设计，抢夺了不少Nike和阿迪达斯的市场份额。反观鸿星尔克和贵人鸟，却是近况不佳，举步维艰。汇源果汁的处境就更惨了。自从被可口可乐收购之后，汇源果汁便开始走下坡路，连续数年一直处于亏损状态，2022年1月18日，更是被港交所摘牌，正式退市。而白象方便面虽然近几年业绩回暖，但作为总部在河南郑州的企业，在本次洪灾当中受损严重。

就在这样的艰难的处境下，这些企业却站出来慷慨地为灾区捐款捐物。这不仅赢得了人们的尊重，更唤醒了“80后”和“90后”这两代人对于这些品牌的记忆，激起了人们的同情心。这让人们从情感和道义的角度支持这些新国货品牌，从而引发了“野性消费”的浪潮。

实际上，与消费者建立情感联系，让消费者共情消费，正是新消费时代国货品牌能够崛起的一个重要原因。

试分析：鸿星尔克等一众国货品牌“野性消费”背后的逻辑是什么？这为我们将来从事营销活动带来哪些启示？

学习笔记

项目四　把握消费者的个性心理倾向

知识目标

1. 了解消费者个性心理倾向的基本内容。
2. 掌握消费者需要的含义、类型、特征、影响因素及其变化趋势。
3. 掌握与消费者的购买动机有关的基本内容。
4. 理解有关消费者态度方面的基本知识。

能力目标

1. 能运用消费者需要方面的相关知识分析日常的消费现象。
2. 能针对具体的产品，应用专业的方法，调查消费者的购买动机。
3. 能运用有关态度的知识，尝试调整和改变他人对某一商品的态度。

素养目标

1. 努力学习专业知识，洞悉消费者个性心理倾向的三个方面(需要、动机和态度)，为将来从事营销工作打下扎实的专业知识基础。
2. 恪守社会主义职业道德规范，合理引导顾客需求，帮助顾客摒弃不合理的需求。
3. 践行社会主义核心价值观，将顾客的购买动机和消费态度引向积极正确的方向。

任务一　认识消费者的需要

一、消费者需要的含义和基本内容

(一)消费者需要的含义

需要是指人对某种目标的渴求或欲望。它是机体自身或外部生活条件的要求在脑中的反映，通常以缺乏感和丰富感被人体验。形成需要必须同时满足两个条件：一是个体缺乏某种东西，确有所需；二是个体期望得到这种东西，确有所求。在商品经济条件下，消费者需要表现为购买商品或劳务的欲望或愿望。

消费者个性心理倾向

学习笔记

【相关链接 4-1】

需要与需求的区别

在日常生活中，我们往往不加区分地混用需要与需求。但是，从严格意义上讲，这两个概念还是有所不同的。从营销学的角度看，人的需要是指没有得到某些满足的感受状态，是一种心理活动。这种心理活动会强烈地推动消费者去实现自己的行为，满足自己的需要。而需求一般用于经济学的论述中，是指消费者在某一特定时间内按既定价格且有能力购买的商品数量。也就是说，需求是购买欲望与购买能力的统一，是商品经济条件下人的需要在现实经济生活中的反应。

(二)消费者需要的基本内容

在广泛借鉴和综合前人研究成果的基础上，紧密结合消费者的消费实践，我们可以对消费需要的内容进行如下分析。

1. 对商品基本功能的需要

基本功能是指商品的有用性，即商品能满足人们某种需要的物质属性。商品的基本功能或有用性是商品被生产和销售的基本条件，也是消费者需要的最基本内容。在正常情况下，基本功能是消费者对商品诸多需要中的第一需要。

2. 对商品质量性能的需要

质量性能是消费者对商品基本功能达到满意或完善程度的要求，通常以一定的技术性能指标来反映。但就消费需要而言，商品质量不是一个绝对的概念，而是具有相对性。构成质量相对性的因素包括商品的价格和商品的有用性，即商品的质量优劣是在一定的价格水平下，相对于其实用程度所达到的技术性能标准。与此相适应，消费者对商品质量的需要也是相对的。一方面，消费者要求商品的质量与其价格水平相符；另一方面，消费者往往根据其实用性来确定对质量性能的要求和评价。消费者对商品质量要求的相对性，对于企业正确地进行产品市场定位具有重要意义。

3. 对商品安全性能的需要

消费者要求所使用的商品卫生洁净，安全可靠，不危害身体健康。这种需要通常发生在对食品、药品、卫生用品、家用电器、化妆品、洗涤用品等商品的购买和使用中，是人类追求安全的基本需要在消费需要中的体现。

4. 对商品便利功能的需要

对商品便利功能的需要表现为消费者对购买和使用商品的便利程度的要求。在购买过程中，消费者要求以最短的时间、最近的距离、最快的方式购买到所需商品。如果同类商品的质量、价格相同，其中购买条件便利者往往会成为消费者首选的对象。

5. 对商品审美功能的需要

对商品审美功能的需要表现为消费者对商品在工艺设计、造型、色彩、装潢、整体风格等审美价值上的要求。对美好事物的向往和追求是人类的天性，它体现在人类生活的各个方面。在消费活动中，消费者对商品审美功能的要求，同样是一种普遍存在的心理需要。当然，由于社会地位、生活背景、文化水平、职业特点、个性

学习笔记

特征等方面的差异，不同的消费者往往具有不同的审美观和审美标准。

6. 对商品情感功能的需要

对商品情感功能的需要是指消费者要求商品蕴含浓厚的感情色彩，能够外现个人的情绪状态，成为人际交往中感情沟通的媒介，并通过购买和使用商品获得情感上的补偿、追求和寄托。情感需要是消费者心理活动过程中的情感过程在消费需要中的独立表现，也是人类所共有的爱与归属、人际交往等基本需要在消费活动中的具体体现。

许多商品能够外现某种感情，因而成为人际交往的媒介和载体；或因具有独特的情感色彩，起到传递和沟通感情、促进情感交流的作用。

7. 对商品社会象征性的需要

所谓商品的社会象征性，是指消费者要求商品体现和象征一定的社会意义，使购买、拥有该商品的消费者能够显示出自身的某些社会特性，如身份、地位、财富、尊严等，从而获得心理上的满足。应当指出的是，社会象征性并不是商品本身所具有的内在属性，而是由社会化了的人赋予商品特定的社会意义。出于社会象征性需要的消费者，对商品的实用性、价格等往往要求不高，而特别看重商品所具有的社会象征意义。

8. 对享受良好服务的需要

在对商品实体形成多方面需要的同时，消费者还要求在购买和使用商品的全过程中享受到良好、完善的服务。良好的服务可以使消费者获得尊重、情感交流、个人价值认定等多方面的心理满足。对服务的需要程度与社会经济的发达程度和消费者的消费水平密切相关。从一定意义上讲，服务质量的优劣已成为消费者选择购买商品的主要依据之一。

学而思：你所购买的性价比最低的商品是什么？购买的原因有哪些？

【课堂活动 4-1】

消费者为什么不选择物美价廉的产品

一家瓷器商店正在清仓甩卖，此时有两套样式、材质、价格完全一样的餐具。

第一套包括8个菜碟、8个汤碗和8个点心碟，共24件，每件都完好无损。

第二套有40件，其中24件和第一套完全相同，而且完好无损。但是，这套餐具中还有8个杯子和8个茶托，其中2个杯子和7个茶托都已经破损了。

这时一对夫妻进店想要购置餐具，左右权衡，他们最终选择了第一套餐具。

中欧国际工商学院行为科学中心主任奚恺元教授针对上述问题，做了一个分组实验，实验结果和预期的一样，大部分人选择第一套，只有少数人选择了第二套。

为什么会造成这样的结果呢？如果是你，又会如何选择？

二、消费者需要的分类

(一)按照需要的起源分类

按照起源不同，需要可以分为自然性需要和社会性需要。

自然性需要是指消费者为维持和延续生命，对于衣、食、住、睡眠、安全等基

学习笔记

本生存条件的需要。这种需要是人作为生物有机体与生俱来的，是由消费者的生理特性决定的，因而又称为生理性需要。

社会性需要是指消费者在社会环境的影响下，所形成的带有人类社会特点的某些需要。这种需要是人作为社会成员在后天的社会生活中习得的，是由消费者的心理特性决定的，因而又称为心理性需要。

(二)按照需要指向的对象分类

按照指向的对象不同，需要可以分为物质需要和精神需要。

物质需要是指消费者对以物质形态存在的、具体有形的商品的需要。这种需要反映了消费者在生物属性上的欲求。其中，物质需要又可以进一步分为低级的物质需要和高级的物质需要。低级的物质需要是维持生命所必需的基本对象，高级的物质需要是指人们对高级生活用品及用于从事劳动的物质对象(如劳动工具)的需要。

精神需要是指消费者对于观念的对象或精神产品的需要。这种需要反映了消费者在社会属性上的欲求。

(三)按照需要满足的对象分类

按照满足的对象不同，需要可以分为社会公众消费需要和个人消费需要。

社会公众消费需要是指为实现社会公众或社会集团要求的需要。例如，社会、集体资金用于社会、集体人民福利事业等部分的需要。

个人消费需要是指依靠消费者个人和家庭成员收入而实现的需求。

(四)按照需要的现实程度分类

按照实现程度不同，需要可以分为现实需要和潜在需要。

现实需要是指人们有一定的购买支付能力，又有适合的商品能够满足的需要。

潜在需要是指消费者由于缺乏购买能力或市场上暂时没有消费者满意的商品，因此暂时没有购买愿望的需要。如果受到外界环境的刺激，如新产品开发、广告促销等多方面影响，潜在需要可以转化为现实需要。

【相关链接 4-2】

老龄化加剧，养老经济将成为一个潜在的巨大市场

截至 2020 年年底，我国超过 60 岁的老人数量已达到 2.5 亿。据估算，到 2050 年我国超过 60 岁的老人数量将会达到 5 亿。

毫无疑问，我们在直面养老这样一个社会性问题的同时，也将迎来养老产业带来的巨大机遇和空间。与老年人衣食住行相关的消费品行业和与老年人看护、陪伴、旅游、娱乐、医疗和保健等相关的服务行业，将是一个潜在的巨大市场。

(五)按照需要的效果进行分类

按照效果不同，需要可以分为生存需要、享受需要和发展需要。

生存需要包括对基本的物质生活资料、休息、健康、安全的需要。满足这类需要的目的是使消费者的生命得以维持和延续。

享受需要表现为要求吃好、穿美、住得舒适、用得奢华，有丰富的消遣娱乐活动。这类需要的满足可以使消费者在生理和心理上获得最大限度的享受。

学习笔记

发展需要体现为要求学习文化知识，增进智力和体力，提高个人修养，掌握专业技能，在某一领域取得突出成就等。这类需要的满足可以使消费者的潜能得到充分释放，人格得到高度发展。

(六)按照消费者的购买目的分类

按照消费者的购买目的不同，需要可以分为生产性消费需要和生活性消费需要。

生产性消费需要是指为满足生产过程中物化劳动和活劳动消耗的需要，如企业的生产需要劳动力、厂房、土地和机器设备，以及原材料、水、电等。

生活性消费需要是指为满足个人生活的各种物质产品和精神产品的需要，如人们对衣、食、住、行等物质产品，以及对文化、教育、艺术等精神生活的需要。生活性消费需要是最终的消费需要。

学而思：在你2023年的支付账单中，哪类需要的消费最高？是否符合马斯洛需要层次理论？

【相关链接 4-3】

马斯洛需要层次理论

美国心理学家马斯洛的需要层次理论是在对人的需要研究中影响最大的理论之一，他的研究不仅闻名于心理学界，同时对管理学、营销学等其他学科都产生了深远的影响。

马斯洛把人的需要从低到高分为五个层次，即生理的需要、安全的需要、归属和爱的需要、尊重的需要、自我实现的需要。其中，生理的需要、安全的需要属于物质需要，归属和爱的需要、尊重的需要、自我实现的需要属于精神的需要。一般而言，这五种需要是一个由低到高逐渐满足的过程。这一理论为我们研究消费者的购买动机和购买行为提供了重要的理论依据。

三、消费者需要的特征

消费者的需要有某些共同的趋向性和规律性，这些共性或规律性体现在消费者的基本特征之中，具体表现为以下几个方面。

(一)多样性和差异性

多样性和差异性是消费需要最基本的特性，既表现在不同消费者之间多种需求的差异上，也体现于同一消费者多元化的需要中。

消费需要作为消费者与所需消费对象之间的不均衡状态，其产生取决于消费者自身的主观状况和所处消费环境两方面因素。而不同的消费者在年龄、性别、民族传统、宗教信仰、生活方式、文化水平、经济条件、个性特征和所处地域的社会环境等方面的主客观条件千差万别，由此形成多种多样的消费需要。每个消费者都按照自身的需要选择、购买和评价商品。

就同一消费者而言，消费需要也是多元的。消费者不仅有生理的、物质方面的需要，还有心理的、精神方面的需要；不仅要满足衣、食、住、行方面的基本要求，而且也希望得到娱乐、审美、文化修养、社会交往等高层次需要的满足。

(二)层次性和发展性

消费者的消费需要是有层次的。按照不同的方法，可以把消费需要划分为若干个高低不同的层次。通常，消费者首先要求满足低层次的需要，在低层次需要被满足的基础上才能追求高层次需要的满足。但在特殊情况下，需要的层次顺序也可以改变，即消费者可能跨越低层次需要而先去满足高层次需要；也可能在高层次需要满足之后，转而寻求低层次需要的满足。

就发展性而言，消费者的消费需要是一个由低级向高级、由简单向复杂的不断发展的过程。这一过程与人类社会的历史进程密切相关，是随着满足需要的消费对象在内容、范围、方式上的改变而发展变化的。

【课堂活动 4-2】

消费去过度化渐成趋势

在20世纪八九十年代，日本社会崇尚消费主义。进入21世纪，随着日本社会进入老龄化阶段，主要消费趋势是去过度化，人们追求简单、朴素、休闲、无品牌、本土化的生活方式。

中国前些年的经济繁荣导致消费主义盛行，很多行业的产品性能超过消费需求，导致产品过度营销。近年来，随着中国经济进入新常态，有效需求不足，中国市场进入消费去过度化阶段，消费者回归实用主义，不再铺张浪费，追求简单、理性，注重品质、绿色与健康。这在市场上表现为反消费主义、反"智商税"，"成分党"、性价比、断舍离、极简主义和去品牌化等成为消费新潮流。

（三）伸缩性和周期性

伸缩性又称需求弹性，是指消费者对某种商品的需要会因某些因素，如支付能力、价格、储蓄利率等的影响而发生一定限度的变化，使消费需要有限地得到满足，同时表现出一定的伸缩性，即在需求数量和程度上可多可少、可强可弱。

除了具有伸缩性的特点外，消费需要的变化还具有周期性的特点。一些消费需要在获得满足后，在一定时期内不再产生，但随着时间的推移还会重新出现，并显示出明显的周期性。重新出现的需要不是对原有需要的简单重复，在内容、形式上都有所变化和更新。因此，消费需要的周期性循环出现不仅是需要形成和发展的重要条件，也是社会经济发展的直接推动力。消费需要的周期性主要是由消费者的生理运行机制及某些心理特征引起，并受到自然环境变化周期等因素、商品生命周期和社会时尚变化周期等因素的影响。在不同的情形下，消费需要的周期性呈现出多种不同的表现形式。

（四）可变性和可诱导性

消费需要作为消费者个体与客观环境之间不平衡状态的反映，其形成、发展和变化直接受所处环境状况的影响和制约。客观环境包括社会环境和自然环境，它们处在变动、发展之中，所以消费需要也会因环境的变化而发生改变。也正因如此，消费需要具有可诱导性，即可以通过人为地、有意识地给予外部诱因或改变环境状况，诱使和引导消费需要按照预期的目标发生变化和转移。

学习笔记

学而思：

大数据到底是什么？对于消费有哪些作用？

学习笔记

四、影响消费者需要的因素

(一)个体的生理状态

均衡说认为，有机体生理状态的平衡是维持个体生存的必要条件。如果机体内部缺乏某种东西，就会破坏均衡，使机体产生紧张感，从而产生生理及安全的需要。这个学说能比较清楚地解释人的一些低级需要的产生原因，但不能解释高级需要的产生。比如，饥饿需要的产生，依赖于味觉、胃的收缩、血液含糖浓度、激素状态及神经活动。脑及神经系统的活动等人的生理状态与人的需要产生有关。

(二)个体的认知因素

有关心理学研究表明，人的思想特别是想象和幻想可能使一个人不断地产生某些需要。比如，有些人幻想自己十分富有，其言谈举止、消费等行为都模仿富豪，甚至用非法手段骗取钱财。想象和错觉可以引起需要的产生。

(三)自然环境和社会环境

自然与社会环境因素容易诱发需要的产生或者增加已经产生的需要的强度。在自然和社会环境中产生最强有力的因素是对消费者产生吸引的目标或对象。例如，食品的色、香、味，商品的外观、式样，他人购买的某种产品等。此外，社会的政治、经济、文化等因素也对人的需要产生很大的影响。

(四)个性心理因素

一个人个性结构中占主导地位的是需要结构，是个性倾向性的标志之一。因此，需要不仅影响个性的形成和表现，也同时受到个性的制约。

(五)经济状况和个体素质

经济状况直接制约消费者需要的水平和消费者的需要结构。一般而言，收入较低者的消费需求偏低，更注重产品的价格因素；收入较高者的消费需求较高，更注重产品的质量和品牌，而且会更多地考虑精神方面的因素。

个体的素质集中表现在个体的文化和修养上，由于存在文化和修养上的差异，生活中的个体就会呈现不同的情趣和审美需要。因此，在消费的内容、方式及在产品品位要求上，都有较大的差异。

五、消费者需要的变化趋势

(一)发展化

随着社会经济的发展和人民生活水平的不断提高，消费者对商品和服务的需求不论是从量上还是从质上或品种方面都在不断地发展。一种需要被满足后，又会产生新的需要。总的趋势是由低级向高级发展，由简单向复杂发展，由追求数量上的满足向追求质量上的提高发展。某些现在受消费者欢迎的商品，一定时期以后会变成过时商品而被淘汰；许多潜在的消费需要，不断地变成现实的购买行为；等等。另外，人们的消费结构也发生了很大的变化，主要表现在消费者在食品上的支出比重下降，而在教育、文化娱乐等方面的支出比重上升。

(二)保健化

从饮食上来看，现代人选择食品已不再仅从口味出发，而是更看重其食品安全、营养价值和是否有利于健康。同时，健身器材、运动服饰、家庭保健器具也成了人们争相购买的对象。

学习笔记

(三)方便化

现代社会是一个快节奏的社会，人们在生活、工作过程中越发感觉到时间与效率的重要，从而导致消费需求中方便化趋势的出现。人们希望通过购买并使用某种商品，给自己的生活或工作带来便利，提高时间利用效率。

(四)情感化

现代消费者在注重产品质量的同时，更加注重情感的愉悦和满足。人们购买商品的目的不仅是出于生活必需的要求，也出于对满足某种情感的渴求，或者是追求某种特定商品的象征意义与理想中的自我概念的吻合。人们更关注商品与自己关系的密切程度，偏好那些能与自我心理需求共鸣的感性商品。

(五)个性化

21 世纪是一个竞争异常激烈、物质飞速发展的时代，也是一个崇尚张扬个性、解放个性的时代。过去由于经济比较落后，市场商品缺乏，加之受传统道德、社会规范等因素的影响，在满足自身需要的方式上趋于求同，不敢打破社会上大多数人所认同的规范及行为方式。随着社会的发展，对外交流的加强，人们的思想逐步得到解放，开始寻求能体现时代特征和自己个性的消费方式与消费内容，不再过多地顾及社会规范与周围人的评价。所以，现今的消费者追求满足个性需要尤为突出。

任务二　理解消费者的购买动机

消费者动机理论要研究的中心问题，是消费者行为中的“为什么”问题。例如，消费者为什么需要某种商品或劳务，为什么从多种商品中选购了某种牌号的商品，为什么消费者对商品广告有截然不同的态度，为什么消费者经常惠顾某些零售商店，等等。回答消费者行为的“为什么”的问题，是最重要、最中心的问题，也是最难理解、最难于调查的问题。这个问题解决了，消费者动机的根源就找到了。同时，对消费者行为现象的解释和说明也就有了坚实的基础。

一、购买动机的含义和产生

(一)购买动机的含义

动机的原意是引起动作。心理学将动机定义为“引发和维持个体行为并导向一定目标的心理动力”。

所谓购买动机，是指消费者为满足自己一定的需要，而引起购买某种商品或劳务的愿望或意念。购买动机是在消费需要的基础上产生的，是引发消费者购买行为的直接原因和动力。相对于消费者的需要而言，购买动机更为清晰，与消费行为的联系也更加直接和具体。

(二)购买动机的产生

消费者购买动机的形成主要有需要和刺激两个因素。心理学家认为，人的行为都具有一定的动机，而动机又源于人的各种需要。消费者的购买动机，就是消费者

学习笔记

产生了对某种商品或服务的需要后引起的内在驱动力。所以，购买动机不仅建立在消费需要的基础上，还受到消费需要的制约和支配。刺激也称诱因，是产生动机不可或缺的条件。刺激可以来自个体内部，也可以来自个体外部。刺激物可以是事物的本身，也可以是事物的表象和概念，甚至是人的情感。例如，由于饥饿造成人体的不适，这是一种内部刺激，刺激物是事物本身；寒冬刺骨的西北风是来自外部的刺激，是事物的表象；看到别人非常优秀，十分倾慕，刺激物是人的情感。

总之，需要是产生动机的基础，刺激则是产生动机的必要条件。一个起"推"的作用，一个起"拉"的作用。"推"与"拉"的作用相结合，就形成实际活动的动机。如果有"推"无"拉"，或者有"拉"无"推"，需要或刺激就只能保持原状，不可能形成动机。动机一旦形成，就要寻找行为的目标，产生具体的行动。当需要被满足，原动机也就消失，在新的需要和新的刺激下，又会产生新的动机。

二、购买动机的特征和作用

(一)购买动机的特征

1. 内隐性

动机并不总是显露无遗的。消费者的动机经常处于内隐状态，难以从外部直接观察到。正如弗洛伊德所说，动机犹如一座海中的冰山，显现在海面上的只是很小的一部分，大部分隐藏在看不见的海面下。此外，动机的内隐性还可能由于消费者对自己的真实动机缺乏明确的意识，即动机处于潜意识状态。这种情况在多种动机交织组合、共同驱动一种行为时经常发生。例如，某消费者购买一副高档眼镜的主要动机是保护眼睛，但同时也可能是增加魅力，或者掩盖眼部缺陷等其他潜在动机。

2. 冲突性

当消费者同时产生两个或两个以上互相抵触的动机时，所产生的内心矛盾现象称为冲突或动机斗争。这种动机冲突可分为以下三类。

(1)"趋向—趋向"冲突。"趋向—趋向"冲突动机是指当消费者遇到两个或两个以上都想达到的目标而又不能都达到时所产生的动机斗争。比如，当消费者挑选商品时，面对两种自己所喜爱的产品不能同时都买，选其中的一个又舍不得另一个，难取舍时，他往往要对两种商品反复比较。这时，来自外界的因素可帮助其决策，如售货员或其他消费者说服、暗示等，都可以起作用。

(2)"回避—回避"冲突。"回避—回避"冲突动机是指消费者遇到两个或两个以上不愉快的目标，又必须选择其中一个时所发生的动机斗争。比如，某食品商店售货员的服务态度十分恶劣，使附近居民望而生畏，但油盐等是每天必不可少的、用完就必须及时补充的日常用品，到其他居民区的商店购买十分不便。在这种情况下，本地区居民在购买食品时既不想受附近商店售货员的气，又不愿走许多路去其他居民区的商店购买，因而发生动机斗争。结果是他们宁肯受点累，也觉得比受气强，因而纷纷去较远的商店购买，冲突随即消除。

(3)"趋向—回避"冲突。"趋向—回避"冲突动机是指当消费者同时面临具有吸引力和具有排斥力的两种目标需要做选择时所产生的动机斗争，这是消费决策和购买过程中常见的冲突。比如，消费者想买一台智能音响，但其价格贵；普通音响价格虽便宜，但不够理想。这时，消费者便在质量和价格两者中徘徊。最后，或是选择性能满意的商品，或是选择价格低廉的价格。

3. 主导性

现实生活中，每个消费者都同时具有多种动机，这些复杂的动机之间以一定的方式相互联系，构成完整的动机体系。在这一体系中，各种动机所处地位及所起的作用互不相同。有些动机表现得强烈、持久，在动机体系中处于支配性地位，属于主导性动机；有些动机表现得微弱而不稳定，在动机体系中处于从属性地位，属于非主导性动机。一般情况下，人们的行为是由主导性动机决定的。尤其当多种动机之间发生矛盾、冲突时，主导性动机往往对行为起着支配作用。

4. 可转移性

可转移性是指主导性动机和辅助性动机的相互转移或转化。一个购买行为往往被多种动机所驱使，其中的主导动机起主要作用。但在决策或选购过程中出现了较强的新刺激，如商品质量有问题、价格不理想，或到购物现场看到式样更新、功能更全的商品等，则主辅动机会相互转化。

(二)购买动机的作用

购买动机是消费者需求与其购买行为的中间环节，具有承前启后的中介作用。概括来说，购买动机对购买行为有以下几种作用。

1. 始发作用

动机是人们行为的内部驱动力，具有引发个体活动的作用，驱使消费者产生某种购买行为。这就是动机的始发作用。

2. 指向作用

动机不仅能引发行为，还能使行为指向一定的方向。动机的这种作用在消费活动中表现为：一方面，它使人们的购买行为具有一定的目标和方向，即满足人们某方面的需要；另一方面，它可以促使消费者在购买动机的冲突中进行选择，其结果是最为强烈的动机使消费者的购买行为向着某种预期的目标进行。

3. 维持作用

动机的实现和需要的满足要有一定的时间过程。在这个过程中，动机会贯穿某一具体行动的始终，为人的行动提供动力，直到动机实现。

4. 强化作用

某种动机引发的行为结果对该行为的再生具有加强或减弱的作用，即行为的结果对动机的反馈。满足动机的结果能够保持和巩固该行为，称为正强化；反之，减弱或消退该行为，称为负强化。

三、购买动机的分类

(一)消费者一般的购买动机

1. 生理性购买动机

人类为了维持和延续生命，都有饥渴、寒暖、行止、作息等生理本能。由人们生理本能的需要所引起购买商品的动机即为生理性购买动机，具体表现为以下几种。

(1)维持生命的动机。人们要维持生命，就必须进行一些基本的消费，如吃饭、

学习笔记

学而思：

你认为哪些购买动机起主要作用？

学习笔记

穿衣、居住等。消费者出于维持生命的需要，而产生的购买食品、衣物、家具等商品的购买动机，就是维持生命的动机。

(2)保护生命的动机。人们不仅有维持生命的需要，还有保护生命及个人财产免受各种危险和威胁的需要。因此，人们为了增强体质而购买体育用品或营养品，为了防病治病而购买药品，为了防止意外而参加生命财产保险，等等。引发这一类购买行为的动机，就是保护生命的动机。

(3)延续生命的动机。人的生命是在世代更替中不断延续的，为了延续生命，人们要恋爱结婚，生儿育女，并将子女抚育成人。凡是出于此类需要而引起购买商品的动机，就是延续生命的动机。

(4)发展生命的动机。人们不仅要求自身生命的存在，而且还要求生命的发展，使自己生活得更愉快和更充实。例如，为追求更高的物质享受而购买高档消费品和奢侈品，为增长知识或消遣而购买书刊等。这些购买行为的动机，就是发展生命的动机。

2. 心理性购买动机

心理性购买动机是指人们由于心理需要而产生的购买动机。心理性购买动机比生理性购买动机更为复杂多样。特别是当经济发展到一定水平时，社会信息传播技术越发达，消费者与社会的联系越紧密，激起人们购买行为的心理性购买动机就越占有重要地位。从引起消费者心理性购买动机的主要因素来分析，心理性购买动机又可分为以下三种。

(1)感情动机。感情动机是由消费者的情绪和情感两个方面所引起的购买动机。消费者的需要是否得到满足，会引起他对事物的好恶态度，从而产生肯定或否定的感情体验，如求新动机、求美动机、好胜动机、求名动机等。

(2)理智动机。消费者在对商品进行分析、比较的基础上所产生的购买动机称为理智动机，如求实动机、求廉动机等。在众多消费者中，有相当一部分消费者的购买行为是以理智为主、感情为辅的。这类消费者在采取购买行为之前，喜欢根据自己的经验和对商品的认识，收集商品的有关信息，了解市场行情，经过周密的分析和思考，做到对商品的特性心中有数。在选择商品时，比较注重商品的品质，讲究实用、耐用、可靠、使用方便、价质相宜、设计科学、有效率和辅助服务等。理智的消费者常常具有客观性、周密性和控制性的特点。

(3)惠顾动机。惠顾动机是消费者根据感情和理智上的经验，对特定的商品或商店产生特殊的信任和偏好，形成习惯、重复光顾的购买动机。产生惠顾动机的原因很多，如商店交通便利、售货迅速、服务周到、秩序良好、陈设美观、品种齐全、质量可靠、价格适宜和环境优美等。由于惠顾动机是以信任为基础的，因而其具有经常性和习惯性的特点。

(二)消费者具体的购买动机

在人的购买行为中，往往既有生理性购买动机又有心理性购买动机，两者相互交织在一起，并不好区分。如果光是这两种购买动机就显得非常粗略了，不便于企业制订有指导性的营销方案，这就需要更具体地加以研究。具体说来，消费者的购买动机主要有以下几种。

学习笔记

1. 求新动机

求新动机是以注重商品的新颖、奇特和时尚为主要目的的购买动机。消费者在购买商品时，特别重视商品的外观、造型、式样、色彩、包装、装潢等，追求新奇、时髦和与众不同，而对陈旧落后的商品不屑一顾。在购买时受广告宣传、社会环境和潮流导向的影响很大。具有这种购买动机的消费者一般来说观念更新较快，容易接受新思想、新观念，生活也较为富裕，追求新的生产方式。

2. 求美动机

求美动机是以注重商品的欣赏价值和艺术价值为主要目的的购买动机。消费者购买商品时特别重视商品对人体的美化作用、对环境的装饰作用、对其身体的表现作用和对人的精神生活的陶冶作用，追求商品的美感带来的心理享受。在购买时受商品的造型、色彩、款式和艺术欣赏价值的影响较大。求美动机强调感受，而对商品本身的实用性要求不高。这样的消费者往往文化素质较高，注重生活品质。但从现在的情况看，有这样两个趋势：一是随着人们生活水平的提高、收入的增加和用于非食物方面开支比重的增大，求美动机越来越强烈；二是随着时间的推移和人们休闲时间的增加，越来越多的人开始注重求美的动机。

3. 显耀动机

显耀动机是一种以显示地位、身份和财富为主要目的的购买动机。消费者在购买商品或从事消费活动时，不太重视消费支出的实际效用，而格外重视由此表现出来的社会象征意义，通过购买或消费行为体现出有身份、权威或名流的形象。具有显耀动机的人与具有好胜动机的人相比，通常所处的社会阶层高，而又经常与下一阶层的人在一起，为了与众不同，常常购买具有社会象征意义的商品。

4. 好胜动机

好胜动机是一种以争强好胜或为了与他人攀比并胜过他人为目的的购买动机。具有这种动机的消费者购买商品主要不是为了实用，而是为了表现比别人强，在购买时主要受广告宣传、他人的购买行为影响，对于高档、新潮的商品特别感兴趣。

5. 求名动机

求名动机是一种以追求名牌商品或出于对某种传统名望的仰慕为主要特征的购买动机。消费者对商品的商标、商店的牌号等特别重视，喜欢购买名牌产品，在购买时受商品的知名度和广告宣传等影响较大。一般而言，青年人、收入水平较高的人常常具有这种购买动机。

6. 求实动机

求实动机是以注重商品或劳务的实际使用价值为主要目的的购买动机。消费者在购买商品或劳务时，特别重视商品的实际效用、功能质量，讲求经济实惠、经久耐用，而对商品的外观造型、色彩、商标、包装、装潢等不大重视。在购买时大都比较认真仔细地挑选，也不太受广告宣传的影响。一般而言，消费者在购买基本生活资料和日用品时，求实动机比较突出；而在购买享受资料、较高档次的、价值大的消费品时，求实动机不太突出。此外，也要看消费者的消费能力和价值观念。

7. 求廉动机

求廉动机是以注重商品价格低廉，希望付出较少的货币而获得较多的物质利益

学习笔记

为主要特征的购买动机。价格敏感是这类消费者的最大特点。在购买时不大看重商品的外观造型等，而是受处理价、优惠价、大特价、清仓价、“跳楼价”等的影响较大。一般而言，这类消费者收入较低或者经济负担较重，有时也受对商品的认识和价值观的影响。

近年来还有一种趋势，就是在目标市场营销中，较低档次的消费者对于较高档次的消费品而言，往往是求廉购买。比如，在一线城市有不少的时装专卖店，本来是面向高收入者的，他们讲究时装的质地、款式、服务、购物环境等，普通大众一般的时候是不会光顾的，但在换季时专卖店减价清仓处理一些衣物，普通消费者此时会去抢购，就是求廉动机被激发。

8. 求同动机

求同动机是一种以求得大众认可的购买动机。消费者在购买商品时主要以大众化为主，跟上潮流即可，不求创新，也不要落后。求同动机在购买时受购买环境和别人的经验、介绍推荐的影响较大。

9. 求便动机

求便动机是一种以方便购买、便于使用和维护为主的购买动机。在购买价值不高的日用品时，消费者常常具有这种购买动机。对于这类日用消费品，消费者经常购买、经常使用，购买时也不太认真挑选，讲求便利是其主要特征，但对服务也有一定的要求。

10. 偏爱动机

偏爱动机也称惠顾动机，是一种以某种商品、某个商标和某个企业为主的购买动机。消费者由于经常地使用某类商品中的某一种，渐渐产生了感情，对这种商品、这个商标的商品或这个企业的商品产生了偏爱，经常指名购买。再广泛一点说，有人喜欢购买A品牌的商品，有人喜欢购买B品牌的商品，这就属于偏爱动机。企业注重服务，善于树立产品形象和企业形象，往往有助于培养、建立消费者的偏爱动机。

学而思：你认为还应该建立哪些公共设施？

【实例分析 4-1】

博物馆＋文创，以趣味体验吸引年轻人

近日，光明日报官方微博发起“#快来pick惊艳你的博物馆文创#”话题小调查，吸引了8万多名网友阅读。在参与投票的网友中，美食文创与盲盒类文创获得了约26%的投票，生活家居类文创和文创节目获得了约13%的投票，文具类文创和数字藏品获得了约7%的投票，文创游戏则获得了约8%的投票。从投票结果看，消费者偏爱美食、家居、文具等轻型文创产品，注重文创产品的“美、趣、品”；盲盒类文创凭借参与性、互动性特点受到消费者追捧；文创节目、游戏和数字藏品等“科技＋文创”的形式也受到了部分网友的喜爱。

网友纷纷留言：“敦煌研究院的文创真的绝！”“喜欢传统风味的，易保存、有创意、老少皆宜”……

资料来源：杜克成，徐梦玲．博物馆＋文创，以趣味体验吸引年轻人[EB/OL]．光明网，2022-05-18.（有修改）

试分析：年轻人对博物馆文创的偏好体现了哪些购买动机？

学习笔记

四、购买动机的调查方法

动机调查是指把行为科学通常使用的方法用于解决市场营销问题，涉及消费者需求和动机心理研究。购买动机的调查主要是商家或企业分析研究影响消费者购买心理变化的各种因素，把握消费者购买动机的变化方向，从而生产适合消费者心理需求的商品或服务，引领消费。常用的购买动机的调查方法有问卷法、观察法、实验法和投射法等。

任务三　把握消费者的态度

一、消费者态度概述

(一)消费者态度的含义

态度是指人们对客观事物或观念等社会现象所持有的一种心理反应倾向。反应方式可以是良好的反应，如赞成、支持、欣赏等；也可以是不良的反应，如反对、拒绝、厌恶等。态度总是针对客观环境中某一具体对象而产生，如对某一助人为乐事例的态度。消费者通常以某类可供消费的商品或劳务作为具体接触对象，如华为手机、格力空调等。因此，消费者态度就是消费者在消费过程中对商品或劳务表现出的心理反应倾向。

Z世代消费动机调查

态度作为一种心理倾向，通常有语言形式或非语言形式，如动作、行为等作为表现形态。因此，通过对语言和行动的了解、观察，可以推断出人们对某一事物的态度。同样，通过消费者对某类商品、劳务的意见和评价，以及积极、消极乃至拒绝的行为方式，也可以了解其对该类商品、劳务的态度。

(二)消费者态度的构成要素

1. 认知成分

认知成分由消费者关于某件商品或服务质量的信念所构成。例如，大多数消费者认为咖啡能够刺激人的神经系统，使人兴奋、不易疲劳，这就是态度的认知成分。这种认知有可能是正确的，也有可能是错误的。对商品或服务质量的正面评价，有利于商品的销售和良好企业形象的树立；错误的、怀有偏见的认知，对于商家而言就不是什么好事了。

2. 情感成分

消费者对于商品或服务质量的感情或情绪性反应就是态度的情感成分。例如，某消费者认为B公司生产的系列洗发水对自己的头发有良好的护理作用，并产生强烈的喜爱之情，这便是此消费者对于商品的情感上的评价。这种情感上的评价，一般与特定的情境是分不开的。

3. 行为倾向

行为倾向是消费者对某商品作出特定反应的倾向。例如，某消费者向周围的同事、朋友介绍他所喜欢的某种商品，或者重复购买某件商品。

学习笔记

(三)消费者态度的一般特性

1. 社会性

态度的社会性是指消费者对某类商品或劳务的态度并非与生俱来，而是在长期的社会实践中不断学习、不断总结，由直接或间接的经验逐步积累而成。离开社会实践，特别是消费实践活动，离开与其他社会成员、群体、组织的互动，没有将社会信息内化的过程，则无法形成消费者的态度。例如，消费者对可乐的态度绝对不是天生就有的，只有当他消费了、饮用了可乐，才有可能形成对可乐的态度。

2. 价值性

消费者态度的价值性是指在消费活动中，消费者之所以对某类商品或劳务持有这样或那样的态度，无不取决于该商品或劳务对自己具有的价值大小。实现价值大的，消费者就持积极态度；实现价值小的，消费者就持消极态度。例如，沙漠中一瓶水和在一般正常生活环境里的一瓶水对于同一消费者而言，其价值有天壤之别。沙漠中那瓶水对于消费者而言，就是他的生命，其价值无法用金钱衡量，消费者对这瓶水一定持异常积极的态度。

3. 稳定性

消费者态度的稳定性是指消费者的态度是在长期社会实践中逐渐积累形成的，因此，某种态度一旦形成，便保持相对稳定。例如，某消费者对W牌隐形眼镜特别偏爱，他在佩戴W牌隐形眼镜的十几年里，从未更换过其他品牌。态度的稳定性使消费者的购买行为具有一定的规律性和习惯性，从而有助于某些购买决策的常规化和程序化。

4. 差异性

消费者态度的差异性是指态度的形成受多种主客观因素的影响和制约。由于各种因素在内容、作用强度及组合方式上的差别，消费者的态度也存在众多差异。不仅不同消费者对待同一商品可能持有完全不同的态度，而且同一消费者在不同年龄阶段和生活环境中，对同一商品也可能产生截然不同的态度和感受。例如，消费者在炎炎夏日对空调的态度和在凉爽的秋天对空调的态度是完全不同的。

(四)消费者态度的基本功能

在学术界存在不少关于态度功能的理论，但其中受到广泛注意的则数卡茨(D. Katz)的四功能说。所谓“四功能”，是指适应功能、防御功能、认知功能和表现功能。

1. 适应功能

适应功能也称实利功能，是指态度能使人更好地适应环境和趋利避害。人是社会性动物，他人和社会群体对人的生存、发展具有重要的作用。只有形成适当的态度，才能从某些重要的人物或群体那里获得赞同、奖赏。例如，销售人员如对顾客的购买行为表示赞美，进而使顾客形成正面的态度和好感，销售过程可能会比较容易，而且消费者在下次遇到这些产品或服务时，也会作出一致的反应。

2. 防御功能

防御功能是指当消费者的个体行为与所属群体的行为相左，或与社会通行的价值标准发生冲突时，消费者可以通过坚持固有态度以保持自身个性的完整；或者适当调整和改变态度，求得与外部环境的协调，从而减少心理紧张，保持心理平衡，同时增强对挫折的容忍力与抗争力。

学习笔记

3. 认知功能

认知功能是指消费者通过形成某种态度，更有利于对事物的认知和理解，并评价其对自己价值的大小，从而为正确制定与实施购买决策奠定基础。例如，某消费者对音响感兴趣，他就可能阅读关于音响方面的杂志，与朋友们讨论，从而确定购买什么款式、什么颜色、什么品牌、什么价位的音响。

4. 表现功能

表现功能是指通过态度可以将消费者的性格、兴趣、文化修养、价值观念及生活背景等表现出来，同时消费者可能选择的决策方案和即将采取的购买行动也能得到体现。例如，某消费者对名牌衬衫持积极态度，平日非名牌衬衫不穿。据此，我们可以推测该消费者的价值观念是“名牌能体现他的身份和地位”。今后该消费者若再买衬衫，我们也可断定他一定会购买名牌衬衫。

二、消费者态度的形成

(一)消费者态度形成的概念

消费者态度的形成是指在一定的消费环境中不断接触消费品而逐渐形成对消费品的态度。人的态度形成的基础是经验。

态度的形成方式一般有两种：一种是在与对象的直接接触中形成的。就消费者而言，对象指某种产品或某个零售商店。消费者直接地购买、比较、评价某些对象并由此形成态度。态度形成的过程一般是从第一次接触开始，然后是随之而来的体验，如购买和使用。另一种是在与对象的间接接触中形成，如受与其有着相互联系、对这个对象抱有一定态度的人们的影响，如家庭成员、亲朋好友等；还包括外部环境，如广告的影响等。

(二)消费者态度形成的过程

态度不同于一般的认知活动，它的形成需要较长的时间。1961 年，凯尔曼提出了态度形成或改变的三个阶段，即服从、同化与内化。

1. 服从

服从是指人们为了获得某种物质和精神上的满足，服从于外部的压力或约束而不得不采取的一种态度。服从的特征主要表现为本身的行为和观点是受外部的影响。

2. 同化

在同化阶段，态度不再是被迫或不得已而形成的，而是表现为个体自愿接受他人的观点、价值观、行为，与外界要求保持协调与一致。

3. 内化

进入内化阶段，个体的内心已真正发生了变化，曾经属于别人的信念、价值观、行为方式等均已被纳入自身的价值体系之中，成为自己态度体系的有机组成部分。此时，个体形成了新的态度。

态度形成的三个阶段是一个复杂的过程，但并非所有的人对所有事物的态度都完成了这一全部过程。有时停留在某个阶段而不再发展，有时由于受到外界因素的

学习笔记

影响还会出现倒退的情况。因此，态度的形成是一个相当复杂的过程。

(三)影响态度形成的因素

1. 消费者需求及对象

消费者对某种商品有强烈的需求欲望，并购买和使用该品牌商品，使自己的需要得到了满足。如果消费者使用该品牌商品或享受某种服务能够满足自己的某种需要，那么他就会产生对这种商品或服务的积极的情感，并可能再次购买；反之，他对此种商品或服务的态度就必然是消极的、否定的。

2. 消费者信息的接受程度及信任

消费者对商品的态度与他所接收的信息数量、种类及可信度有关，并且受到广告宣传的影响，同事、朋友、家人的购买行为和消费体验对其也有直接的影响。当他人告知商品的好处，如果他认为信息可信，就会产生积极肯定的态度。比如，有的消费者看到周围的同事购买的都是同一品牌的电脑，并大都反馈良好，从而自己也产生了对于该品牌电脑的积极态度。

3. 消费者的消费经验及人格特点

个人能力和自尊心强的人，往往有自己的主见，不易受他人影响，在长期的消费中善于总结体会，有丰富的消费经验，对某种商品从质量到使用都满意，就形成肯定的态度并长期坚持这种态度。而自尊心弱的人，则容易被他人所左右，缺乏消费经验，容易产生怀疑态度。

4. 社会环境和知识的影响

消费者一生都在接受教育、学习知识，受周边环境的熏陶。因此，社会环境和知识对消费者态度的形成也有一定的影响。消费者接受教育越多，知识越丰富，获得的信息越多，就越能客观地评价消费对象，建立起正确的消费态度。

三、消费者态度的改变

态度受内外因素的影响，并在众多社会实践中形成。当影响因素变化，态度就会发生变化，因此态度是可以调整和改变的。

(一)消费者态度改变的方式

1. 性质的改变

性质的改变是指态度发生方向性的变化，即由原来的倾向性转变为相反的倾向性。例如，消费者对某品牌冰箱一直有好感，但购买后频频发生质量问题，从此对该品牌失去信任，即由积极肯定的态度变为消极否定的态度。

2. 程度的改变

程度的改变不发生方向性的变化，而是在原有倾向上呈现增强或减弱的变化。例如，通过实际使用，消费者对微波炉由一般兴趣发展为大加赞赏，并极力向他人推荐，即态度的积极程度加强。

肯定的态度对消费者的购买行为有积极的推动作用，而否定的态度则会阻碍人们的购买行为。企业应当采取各种有效的措施，改变消费者态度的方向，并使消费者对商品肯定的态度得以加强。

学习笔记

咖啡态度调查

(二)消费者态度改变的途径

由于消费者态度是在诸多影响因素的共同作用下形成的，当影响因素发生变化时，消费者态度也将随之改变。因此，凡是促成影响因素发生变化的措施，都可以成为改变消费者态度的途径。但是，要改变消费者态度，不能采取强制、压服的方式，而只能通过说服诱导，促使消费者自动放弃原有态度，接受新观念。

按照方式的不同，说服可以分为直接说服与间接说服两类。

1. 直接说服

直接说服是指以语言、文字、画面等为载体，利用各种宣传媒介直接向消费者传递有关信息，以达到改变其固有态度的目的。在运用这种方式时，其信息传递可能会受到以下几方面的影响。

(1)信息源的信誉和效能。信息源的信誉是指信息的可信程度，信息源的效能是指信息是否清晰、准确、易于理解和记忆。

(2)信息传递的媒介和方式。在现代信息社会，传递消费信息的媒介渠道多种多样，企业需要灵活运用，才能获得比较理想的宣传效果。例如，当初百事可乐为了扩大销路，在很多大城市的公交车车身上做巨幅广告，给消费者强大的视觉冲击力，这为该公司保持良好的销售业绩立下了“汗马功劳”。

(3)消费者的信息接收能力。消费者由于在动机、个性、文化水平、知觉、理解、判断等方面存在差异，所以在面对相同的商品信息时，其接收能力也相应呈现出显著的个体差异。

2. 间接说服

间接说服又称间接影响。它与直接说服的主要区别在于，间接说服是以各种非语言方式向消费者施加影响，潜移默化地诱导消费者自动改变态度。间接影响可以通过以下几个途径。

(1)相关群体的影响。一般而言，消费者总是力求与所在群体保持态度一致，遵从群体规范，以求得群体的承认、信任和尊重，满足其归属的需要。而当群体的态度及行为方式发生变化时，消费者也会自觉对原有态度进行相应调整，使之与群体相统一。因此，利用上述关系可以推断出，某一群体改变原有消费方式，可以有效地促使消费者自觉地改变其态度。

(2)亲身实践体验。针对消费者对产品缺乏了解，而又不愿轻信广告宣传的情况，企业应积极提供必要的条件，给消费者以亲自尝试和验证商品的机会，通过第一手资料的获得达到让消费者自己说服自己的目的。实践证明，亲身体验，对于迅速改变消费者态度有着其他方式所达不到的效果。

从以上方面可以看出，直接说服与间接说服对于消费者态度的改变具有不同的作用方式和效果。在实践中，为了诱导消费者态度向预期的方向转化，应当恰当选择改变途径，并酌情使用各种方式。

学习笔记

学而思：

当前数字人民币有哪些功能？它将如何改变我们的生活？它将如何促进消费？

【实例分析4-2】

数字人民币改变传统消费支付习惯，打开消费新蓝海

"上滑付款码，下滑收款码!"2022年年初，在安卓、苹果应用商店中，一抹"中国红"下载火爆，它就是数字人民币应用程序。

数字人民币是由中国人民银行发行的法定数字货币，英文简称为"DC/EP"，即数字货币和电子支付工具。它定位于小额、零售、高频使用场景，将从根本上改变原有的消费支付习惯。

自2019年以来，数字人民币试点已在北京、天津、河北、福建等省份和地区落地实施。央行数据显示，截至2021年年底，数字人民币试点场景已超过808.51万个，累计开立个人钱包2.61亿个，交易金额875.65亿元。

数字人民币的深入推广使用，将与实体经济融合，服务经济大循环，极大改变传统消费支付习惯，改善消费体验。

数字人民币的推出，使企业、政府间的经济活动成为社会数据资源的一部分，与消费支付场景所产生的数据相结合，可实现数据交互价值的爆发式增长，进一步提升数字经济背景下的社会生产力。而随着数字人民币的不断普及，数字人民币将会迎来更多样的应用场景，并将与乡村振兴、拉动消费等国家大政方针产生越来越紧密的关联。

试分析：数字人民币的推广使用将如何拉动消费？

思维导图

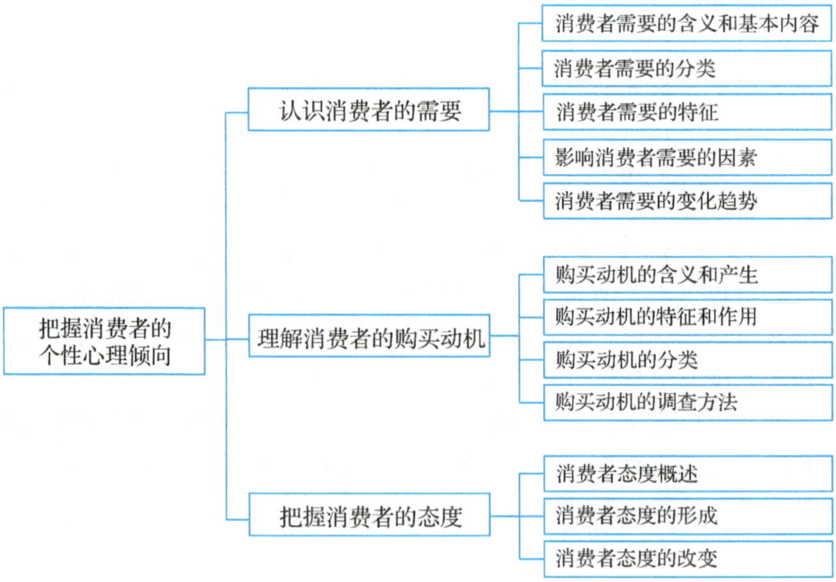

学习笔记

思考与练习

1. 概念理解

需要　消费者需要　动机　购买动机　态度

2. 单项选择题

(1)(　　)是指在先天素质基础上，在社会条件的影响下，通过个人的活动形成稳定的心理特征的总和。

A. 个人倾向　B. 个性心理特征　C. 个性　D. 性格

(2)(　　)鲜明地显示出人对现实的态度及其习惯化了的行为方式。

A. 气质　B. 性格　C. 能力　D. 兴趣

(3)(　　)是消费行为的决定性因素。

A. 消费需要　B. 消费动机　C. 消费知觉　D. 消费态度

(4)(　　)是引起和维持个体活动并使之朝向一定的目标与方向进行的内在心理动力，是引起行为发生和结果产生的原因。

A. 需要　B. 动机　C. 知觉　D. 态度

(5)消费者的态度并不是天生形成的，而是在后天的环境中形成的。这表明态度具有(　　)。

A. 对象性　B. 习得性　C. 调整性　D. 差异性

3. 多项选择题

(1)一般认为个性包括(　　)。

A. 个性倾向　B. 个性　C. 个性心理特征　D. 气质　E. 能力

(2)个人倾向主要指个人的(　　)等。

A. 情感　B. 需要　C. 理想　D. 动机　E. 兴趣

(3)个性心理特征包括(　　)等方面。

A. 气质　B. 兴趣　C. 性格　D. 动机　E. 能力

(4)依据马斯洛的需要层次理论，下列需要中属于低级需要的是(　　)。

A. 社交和归属的需要　B. 尊重的需要

C. 生理的需要　D. 安全的需要

E. 自我实现的需要

(5)心理性购买动机的具体类型包括(　　)。

A. 情绪动机　B. 情感动机　C. 理智动力　D. 惠顾动机

E. 社会性购买动机

4. 问答题

(1)消费者需要的基本内容有哪些?

(2)消费者需要的分类是怎样的?

(3)影响消费者需要的因素有哪些?

(4)简述消费者需要的变化趋势。

(5)购买动机是如何产生的？它有什么作用？如何调查消费者的购买动机?

(6)消费者具体的购买动机有哪些?

学习笔记

(7)消费者态度的构成要素有哪些?

(8)消费者态度的形成过程是怎样的?

(9)改变消费者态度的途径有哪些?

案例分析

"国潮热"彰显文化创造力

在不久前举办的首届中国(澳门)国际高品质消费博览会上，一款国产腕表将生肖虎、动画名作《大闹天宫》、上海豫园"九曲映月"等内容融入时尚设计，备受好评。近年来，从"冰墩墩""雪容融"迅速走红，到故宫文创产品大受欢迎，再到老字号品牌不断推陈出新，文韵悠长的"国潮"，带动一款款产品销售火爆，一个个品牌发展壮大，成为拉动消费、扩大内需的重要力量。

国风流行、国货热销、"国潮"涌动，折射中国消费者的喜好之变，越来越多的年轻人开始欣赏传统文化、国产品牌。相关报告显示，2011 年至 2021 年，"国潮"热度增长超 5 倍，78.5%的消费者更偏好选择中国品牌，"90 后""00 后"贡献了 74%的"国潮"消费。

"国潮"迅速兴起，并不仅仅因为简单的市场偏好，还在于具有优良品质的国货与源于传统文化的时尚相结合，让年轻消费群体产生了强烈的情感共鸣和价值认同。一方面，国产品牌质量有显著提升，工艺设计更贴近国内消费者喜好，售后服务保障持续改善，产品性价比不断提高。另一方面，经过一段时间的发展，从一开始加入传统文化元素作为商品卖点，到如今把传统美学融入产品内核，"国潮"已变成一种极具文化创造力的时尚符号。从小就通过互联网了解世界、在中国经济腾飞背景下成长起来的年轻人，民族自豪感与文化自信心更强，对兼具设计与质量的国货认同感更高，推动"国潮"成为一股不可忽视的消费新潮流。

"国潮"是年轻人带动的时尚潮流，但反映了更普遍的文化需求。随着时代发展进步，生活水平不断提升，人们开始追求审美表达上的丰富性，比如通过"物"来传达精神旨趣和审美态度。从这个角度看，"国潮"产品受青睐，是因为作品中蕴含着丰富的文化创造力，涌动着将传统文化之美和当下生活之用结合在一起的文化生命力。近年走红的"国潮"作品，往往超越了对传统文化元素的简单拼贴，结合当代审美习惯进行创造性转化、创新性发展，为消费者带来了更丰富的审美体验、更深层的精神满足。

当前，"国潮热"方兴未艾，给国货品牌带来了难得的机遇。重视精神价值、分享表达的年轻人，不仅是"国潮"产品的主要消费群体，而且愿意通过社交媒体等分享自己喜欢的"国潮"产品，这为国产品牌转型升级创造了良好的消费生态。面对消费者的情感认同，"国潮"品牌也应着眼长远发展，在改善产品和服务质量方面下更大工夫。以更稳定的质量、更周到的服务、更有创意的产品，带给消费者更多惊喜，才能打造持久的竞争力，让"国潮"成为一股长盛不衰的热潮。

"国潮热"既是经济现象，也是文化现象。"国潮"的流行，不仅彰显着中国制造

学习笔记

水平的提升，更体现出当代中国旺盛的文化创造力。春节假期，春联福袋、“国潮”盲盒等年货新品销售火爆，多地举办的“国潮”演出精彩纷呈，古风主题集市提供吃住行游购娱等周到服务……越来越多的“国潮”产品，找到现代生活中的接入点并更深地融入日常生活。回望历史，立足当下，坚定自信，不断创新，打造更多体现当代中国人审美趣味、文化精神的“国潮”产品，就能让我们的生活更有文化气息，也让中华优秀传统文化得到更好传承。

资料来源：石羚.“国潮热”彰显文化创造力[J]. 人民日报，2023-02-06.(有修改)

试分析：

(1)结合消费者个性心理倾向的三个方面(需要、动机和态度)，解释国货消费热潮形成的原因。

(2)“国潮”品牌应如何建立长久的品牌影响力？

(3)该案例给你带来哪些启示？

实践与训练

以某一品牌产品(如手机)为例，对其目标消费群体的需求心理、购买动机和消费态度进行分析。

思政案例

比亚迪“天神之眼”，解决出行焦虑

随着科技的飞速发展，智能出行已成为汽车行业的发展趋势。作为新能源汽车领域的领军者之一，比亚迪品牌不断探索和创新，致力于为用户带来更便捷、更智能的出行体验。其中，比亚迪高阶智能驾驶辅助系统“天神之眼”以其卓越的性能和前瞻的设计理念，成为市场上备受瞩目的焦点。

展现实力，引领智能出行

“天神之眼”系统不仅实现了对车辆行驶状态的精准监控和智能辅助，更通过不断的技术升级和优化，为用户带来了更加多样化、个性化的驾驶体验。从纯电到插电混动，从城市通勤到长途旅行，“天神之眼”都能为用户提供全方位、全天候的智能驾驶支持。

无缝互联，智能交互系统

比亚迪在本次车型配置升级中，首次搭载了全新系统，实现了手机与车机的无缝对接。无论是通过手机端启动导航，还是将车机端的信息送至手机端完成“最后一公里”导航，都能轻松实现。此外，比亚迪还对UI界面和交互进行了视觉感官升级，支持个性化定制，让每次驾驶都成为一次独特的体验。

专属娱乐，尽享出行乐趣

为了满足用户对娱乐体验的更高要求，比亚迪车机系统进一步向智能手机操作

学习笔记

系统看齐，增加了应用商店，提供了多种应用选择。无论是听音乐、看电影还是玩游戏，都能在车机系统上轻松实现。

低电量提醒，解决续航焦虑

针对纯电模式车型，比亚迪在本次升级中还新增了低电量提醒功能。当电量值低于一定水平时，系统便会自动提醒并提供充电按钮，一键查询附近充电设施，让用户无需再为续航而焦虑。

品牌矩阵，引领智能出行

在比亚迪的品牌矩阵中，仰望和腾势扮演着重要角色。仰望品牌以其优越的性能和前瞻的设计理念，成为新能源汽车领域的新标杆；而腾势品牌则凭借其卓越的品质和创新的智能科技，赢得了市场的广泛认可。

未来，比亚迪将继续以用户需求为导向，不断优化和创新，为广大消费者带来更加美好的出行体验。

试分析：比亚迪引领智能出行的秘诀是什么？这为我们从事营销活动带来哪些启示？

学习笔记

项目五　把握个性心理特征与消费行为的关系

知识目标

1. 了解消费者个性心理特征(包括气质、性格、能力和兴趣)的基本内容。
2. 理解消费者个性心理特征对消费行为的影响。
3. 理解个性心理特征在营销活动中的应用价值。
4. 掌握消费者个性心理特征的变化规律，以及对应的营销策略。

能力目标

1. 能结合消费者的个性心理特征解释一些常见的消费现象。
2. 能列举某消费场所把握消费者个性心理差异的成功实例。
3. 能就某个品牌或产品，简单分析其目标消费者的个性心理特征。
4. 能通过分析消费者的个性心理特征，设计某类产品或服务，使其较好地满足消费者需求。

素养目标

1. 努力学习专业知识，洞悉消费者个性心理特征与消费行为的关系，为将来从事营销工作打下扎实的专业知识基础。
2. 树立“以人为本”的营销观念，尊重并满足消费者的个性化需求。
3. 践行社会主义核心价值观，公平、诚信、友善地对待具有不同个性心理特征的消费者。

任务一　把握气质与消费者行为的关系

一、气质的概念与特征

(一)气质的概念

在心理学中，气质是指一个人在心理活动和行为方式上表现出的速度、强度、稳定性和灵活性等动态方面的心理活动特征。简单地说，气质是个体心理活动典型的、稳定的动力特征。这些动力特征主要表现在两个方面：一是个体心理过程的动力性(包括速度、强度和稳定性)，如大脑皮质的兴奋与抑制过程的强弱、情绪体验

学习笔记

的强弱、相互转换速度的快慢；力量对比是否平衡，知觉是否敏锐，思维是否灵活；对事物注意力集中时间的长短，转移注意力的难易；意志努力的程度与耐久性；言语的速度；等等。二是个体心理活动的指向性，即倾向于外部事物，从外界获得新的印象；或是倾向于内部，经常感受自己的情绪，分析自己的思想和印象等。人们的气质不同就表现在这些心理活动的动力特征的差异上。

(二)气质的特征

理解气质的概念，可以从以下五个方面的特征来把握。

第一，气质是表现个人在心理活动的速度、强度和灵活性方面的动力特征。在速度方面，如有的人思维敏捷、伶牙俐齿，有的人则三思而行、慢声细语；在强度方面，有的人性情暴躁，有的人不紧不慢；在灵活性上，有的人随机应变、察言观色，有的人则固执己见、不撞南墙不回头。

第二，气质是表现个人在心理活动指向性的动力倾向，即心理活动是倾向体察外部事物，善于从外界获取信息；还是倾向于个人内心感受，分析自己的思想。

第三，气质具有天赋性。气质是在先天生理素质的基础上，通过生活实践，在后天条件的影响下形成的。比如婴儿出生后，有的总是哭闹，有的则比较安静。

第四，气质具有稳定性和可塑性。正是由于气质的某些特征是与生俱来的，具有天赋，因此，气质一经形成便会长期保持下去，并对人的心理和行为产生持久影响。它有稳定、不易改变的特点，俗话所说的“江山易改，禀性难移”就是这个意思。但是，气质又不是固定不变的，它会随着年龄的增长、生活的磨砺、社会和环境的变化，特别是在教育的影响下发生不同程度的变化，因此它又具有可塑性。

第五，作为一种心理动力特征，气质可以影响个体活动的效率和效果。因此，在招聘过程中，人力资源部门常常通过心理测评(包括性格测试、气质测试、职业兴趣测验等)来测试候选人与职位的匹配度。

二、主要的气质类型学说和四种基本气质类型

(一)主要的气质类型学说

人类对气质的研究，可谓源远流长，成果丰硕。在长期的研究过程中，以下几种有关气质类型的学说比较有影响力(具体见表5-1)。

学而思：你最认可哪类气质类型学说？

表5-1　主要的气质类型学说

学说名称	创立者	主要内容
阴阳五行说	孔子等人(中国)	孔子将人分为“狂者”“狷者”和“中行者”三类。“狂者”是指积极进取，言行强烈表现于外的人；“狷者”是指拘谨、遇事谨畏不为的人；“中行者”是指言行中庸，介乎“狂者”和“狷者”之间的人。 在春秋战国时期的一些医书中，根据阴阳五行说，按照强弱将人分为太阴、少阴、太阳、少阳、阴阳和平五种类型，以及金行、木行、水行、土行、火行“五行”，各类型的人有不同类型的肤色、体型和气质

学习笔记

续表

学说名称	创立者	主要内容
体液学说	希波克拉底（古希腊）	希波克拉底认为，人体内有四种体液，即血液、黄胆汁、黏液和黑胆汁。根据每种体液在人体内的情况，把人的气质分为多血质、胆汁质、黏液质和抑郁质。 血液是温与湿的配合，因此多血质的人是温与湿的配合，好似春天一般；黄胆汁是温与干的配合，因此胆汁质的人热而燥，其气质犹如夏天；黏液是冷与湿的配合，因此黏液质的人比较冷酷，似冬天一般；黑胆汁是冷与干的配合，因此抑郁质的人比较冷而燥，就像秋天一样
血型学说	古川竹二（日本）	人的四种血型分别对应四种气质类型，O 型气质的人意志坚强、志向稳定、独立性强、有支配欲、积极进取；A 型气质的人性情温和、老实顺从、孤独害羞、情绪波动、依赖他人；B 型气质的人感觉灵敏、胆大好动、能言善辩、爱管闲事；AB 型气质的人兼有 A 型和 B 型的特点
体型学说	克瑞奇米尔（德国）	人的气质与体形有关。细长体形的人具有分裂气质，表现为不善交际、孤僻、神经质、多思维；肥胖体形的人具有狂躁气质，表现为善于交际、表情活泼、热情；筋骨体形的人具有黏着气质，表现为迷恋、一丝不苟、情绪具有爆发性
高级神经活动类型学说	巴甫洛夫（俄罗斯）	将人的高级神经活动划分为四种基本类型，分别是强而不平衡型（兴奋型）、强平衡灵活型（活泼型）、强平衡而不灵活型（安静型）和弱型（抑制型）。 强而不平衡型（兴奋型）的人神经素质反应较强，但不平衡，兴奋过程和抑制过程都很强，兴奋过程比抑制过程相对占优势，容易兴奋而难以抑制，表现为情绪易激动，暴躁而有力，言谈举止有狂热表现。 强平衡灵活型（活泼型）的人神经活动过程平衡，强度和灵活性都高，兴奋与抑制之间转换快，对环境适应性强，既易形成条件反射，也容易改变条件反射，行动迅速灵活，一旦缺乏刺激就很快无精打采。 强平衡而不灵活型（安静型）的人神经活动过程平衡，强度高但灵活性较低，反应较慢而深沉，不易受环境因素的影响，容易形成条件反射，难以改造，是一种行动迟缓而有惰性的类型。 弱型（抑制型）的人兴奋过程和抑制过程都很弱，抑制过程更弱一些，难以接受较强刺激，兴奋速度慢，是一种胆小而容易伤感的类型，也是一种行动迟缓而有惰性的类型

（二）四种基本气质类型

人们将希波克拉底的体液说与巴甫洛夫的高级神经活动类型学说结合起来，以体液说为气质类型的基本形式，以高级神经活动类型学说为气质类型的生理学依据，将人的气质划分为以下四种基本类型。

1. 胆汁质型

胆汁质型主要表现为性情暴躁、动作迅猛。其具体表现如下：①强兴奋，弱抑制，精力充沛，热情，易激动，反应迅速，行动敏捷，暴躁有力；②言行上蠢蠢欲动、跃跃欲试，有一股强烈而迅速燃烧的热情；③决策果敢，坚韧不拔，但往往不考虑后

气质与四季

学习笔记

果(鲁莽)；④性急，易被煽动；⑤工作表现上常有明显的周期性。

2. 多血质型

多血质型主要表现为性情活跃，动作灵敏。其具体表现如下：①强平衡，高灵活；②敏捷好动，易适应环境；③善交际，不拘束；④富有精力，工作能力强，能从事多样化、多变性的工作；⑤在集体中，精神愉快，朝气蓬勃；⑥兴趣广泛而多变，感情丰富、不专一，浮躁轻率，好大喜功。

3. 黏液质型

黏液质型主要表现为性情沉静，动作迟缓。其具体表现如下：①强平衡，弱灵活；②缄默、沉静、稳重、专一；③交际适度，不爱空泛的清谈；④不易激动，不易发脾气，不易流露感情，不故意显露才能；⑤惰性而不灵活，因循守旧，不善创新。

4. 抑郁质型

抑郁质型主要表现为性情脆弱、动作迟钝。其具体表现如下：①强平衡，弱灵活；②弱兴奋，强抑制，不平衡；③表情呆板而羞涩，动作迟缓，扭捏、怯懦、腼腆、迟疑、孤僻；④性格脆弱，感受能力强，常为微不足道的事情动感情；⑤困难面前优柔寡断，危情面前胆小如鼠；⑥心思细密，感情细腻，做事小心谨慎，对人关怀备至。

应当指出，上述四种类型是气质的典型形态，在现实生活中具有某种典型气质特征的消费者总是少数，大多数消费者的气质往往介于这四种类型之间，或以某种气质特征为主，兼有另一种气质的特点，即属于混合型气质。气质类型本身并没有什么好坏之分，每一种气质类型都有积极的一面，也有其消极的一面，它对人的心理过程和个性品质的形成都有着积极或消极的作用。所以，了解人的气质类型，有助于根据消费者的各种购买行为，发现和识别其气质类型，注意利用消费者气质特征的积极方面，抑制其消极方面，提高营销效率。

【实例分析 5-1】

开口之前先观察顾客

小刘是某服装店的新进员工，对新工作充满了热情，对过往来客都十分热情，总想把店里的精美服装全部介绍给顾客认识。令她苦恼的是，一直以来她的业绩似乎并没有与她工作的热情成比例。

这天，一位衣着时尚的女士哼着歌悠闲地走进了她工作的服装店，小刘像往常一样十分热情地迎了上去。

"您想买什么款式的衣服?"小刘赶忙上前走到这位时尚女士的身旁。不料，这位衣着时尚的女士刚刚还充满笑意的脸一下子阴了下来，瞪了小刘一眼，撇下一句"我随便看看不行吗?"继而转身离开了服装店。

试分析：该消费者属于哪种气质类型？假如你是小刘，你将如何促成这笔生意？

三、不同气质类型消费者购买行为的特点及营销策略的选择

不同气质类型的消费者往往表现出不同的行为特征，进而直接影响和反映到他们的消费行为中，使不同的消费者显现出不同的甚至截然相反的行为方式、风格和特点。

学习笔记

在营销活动中，要善于根据不同消费者的气质类型及其购买行为特征，采取不同的营销策略(见表 5-2)。

表 5-2 消费者气质类型与购买行为的特点及营销策略的选择

气质类型	行为特点	购买行为表现及类型	营销策略
胆汁质型	情绪兴奋性高，抑制能力差，反应速度快但不灵活，直率，热情，精力旺盛，脾气暴躁，容易冲动，心境变化剧烈	易冲动，忍耐性差，对销售人员要求高，容易发生矛盾。 购买行为属主动型、冲动型、果断型、粗放型	态度和善，言行举止礼貌友好，注意服务细节，尽量不要让其有被怠慢的感觉
多血质型	情绪兴奋性高，外部表露明显，反应速度快而灵活，活泼好动，动作敏捷，喜欢交往，乐观开朗，兴趣广泛但不持久，注意力易转移，情感丰富但不够稳定	活泼热情，容易沟通，容易作出购买决定，但改变主意也快，易受环境和他人影响。 购买行为属主动型、冲动型、果断型、粗放型	态度热情，积极主动，多介绍商品知识，敏锐观察其兴趣点，然后重点推销
黏液质型	情绪兴奋性低，外部表现少，反应速度慢，沉静安详，少言寡语，动作迟缓，善于克制、忍耐，情绪不外露，做事踏实、慎重细致，但不够灵活，易固执己见	内向，购买态度认真、谨慎，喜欢独立挑选，不易受暗示及他人影响，动作慢条斯理，有耐心。 购买行为属被动型、理智型、犹豫型、敏感型	态度友善，言行举止礼貌友好，服务到位但又保持适当距离，耐心服务，有问必答
抑郁质型	情绪兴奋性低，反应速度慢且不灵活，行为刻板，敏感细腻，脆弱，多疑，孤僻寡欢，对事物的反应较强，情感体验深刻，但很少外露	多疑，对推销人员的建议持怀疑和抗拒态度，动作迟缓，反复挑选。 购买行为属被动型、理智型、犹豫型、敏感型	态度友善，言行举止礼貌友好，注意用积极的话语，给予其赞美和鼓励，耐心服务，多介绍以消除其疑虑，对其优柔寡断的购买行为予以宽容和理解

【课堂活动 5-1】

气质与购买行为的模拟练习

请五位同学模拟某种商品的销售现场，一位同学扮演销售人员，另外四位同学分别扮演不同气质类型的消费者(事先商量好，但不对全班公布)。其他同学根据每位同学的行为表现猜测其气质类型。

四、气质类型与营销人员的自我修炼

如前文中所述，销售人员的心理素质及心理活动对消费者购买行为的实现至关重要。通过学习消费心理学，我们在把握消费者个性心理特征(如气质类型、性格特点、能力结构等)的同时，也可以对自己的个性心理特征有一个全面清晰的了解，从而扬长避短，培养与消费者心理相适应的行为方式。表 5-3 说明了不同气质类型的营销人员

学习笔记

的个性弱点及其自我修炼要点。

表 5-3　气质类型与营销人员的自我修炼

气质类型	气质弱点	自我修炼要点
胆汁质型	散漫，自制力差；做事粗放，不注意细节；坚持力不持久，情绪波动大	养成敬业的习惯； 养成惜时如金的好习惯； 学会制订工作计划； 学会把小事做细，把简单的事情做到极致
多血质型	目标变换快，做事情容易半途而废；缺乏持久力和专注精神	坚持做工作计划，并严格按计划行事，每晚睡觉前自我反思； 可活跃，戒浮躁； 懂得选择，懂得放弃，明白“选择的浪费是最大的浪费”
黏液质型	缺乏激情，环境适应能力差；凡事循规蹈矩，缺乏创新精神；过于注重自己的感受	学会鼓励和赞美他人； 学会以包容的心态对待周围的人和事； 尝试打乱自己的生活规律，拓展自己的生活空间； 将思考和做事的速度提高 25%
抑郁质型	缺乏自信，不愿交际；自我保护意识太强，缺乏热情；环境适应能力差	每天早晨起床时进行心理暗示，培养良好的工作情绪； 养成微笑的习惯，即使是在打电话时； 消除踌躇不决的习惯； 学会尊重他人； 克服自卑，培养自信

任务二　把握性格与消费者行为的关系

一、性格的概念与特征

（一）性格的概念

在现代心理学中，性格是指个人对现实的稳定态度和与之相适应的习惯化的行为方式。它是人的个性心理特征中最重要的方面，是个体本质属性的独特组合，也是一个人区别于其他人的具体表现。它通过人对事物的倾向态度、意志、活动、言语、外貌等方面表现出来，如有人对工作勤勤恳恳，有人则敷衍了事；对他人有的热情慷慨，有的冷漠吝啬；有人谦逊，有人高傲等。借助这些性格表现可以区别人群中不同的个体。

学而思：根据书中的分类，分析自己属于哪种类型性格的消费者。

（二）性格的特征

性格的特征是指构成性格统一整体的各个方面的特点，包括以下四个方面。

1. 性格的态度特征

态度特征即表现个人对现实的态度倾向性特点，如对社会、集体、他人的态度；对劳动、工作、学习的态度；对自己的态度等。

2. 性格的理智特征

理智特征即表现人在认识过程中的个体差异的特点，一般表现在感知、记忆、思维、想象四个方面。在感知方面，有人主动观察，有人被动感知；在记忆方面，有人博闻强记，有人过目就忘；在思维方面，有人喜欢形象思维，有人喜欢逻辑思维；在想象方面，有人丰富，有人贫乏等。

3. 性格的情绪特征

情绪特征即表现个人受情绪影响或控制情绪程度状态的特点，通常表现在情绪活动的强度、稳定性、持久性和主导心境四个方面。比如，有人乐观，有人悲观；有人情绪反应强，有人情绪反应弱等。

4. 性格的意志特征

意志特征即表现个人自觉控制和调节自己的行为方面的特征，表现为是否有明确的行为目的，能否坚持自己的信念，能否自觉控制自己的行为。比如，有人有自觉性，有人则无自觉性；有人主动，有人被动；有人坚韧顽强，有人意志薄弱等。

【相关链接 5-1】

性格与气质的关系

由于性格与气质相互制约、相互影响，因此在实际生活中，人们经常把二者混淆起来，把气质特征说成性格，或把性格特征说成气质。例如，有人常说某人的性格活泼好动，有的人性子太急或太慢，但这其实是讲气质的特点。性格与气质是既有联系又有区别的两种不同的个性心理特征。

1. 性格与气质的区别

气质更多地受个体高级神经活动类型的制约，主要是先天的；而性格更多地受社会生活条件的制约，主要是后天的。气质是表现在人的情绪和行为活动中的动力特征(即强度、速度等)，无好坏之分；而性格是指行为的内容，表现为个体与社会环境的关系，在社会评价上有好坏之分。气质可塑性极小，变化极慢；性格可塑性较大，环境对性格的塑造作用较为明显。

2. 性格与气质的联系

性格与气质的联系是相当密切而又相当复杂的。相同气质类型的人可能性格特征不同，性格特征相似的人可能气质类型不同。具体地说，二者的联系有以下三种情况。

其一，气质可按自己的动力方式渲染性格，使性格具有独特的色彩。例如，同是勤劳的性格特征，多血质的人表现出精神饱满、精力充沛，黏液质的人会表现出踏实肯干、认真仔细；同是友善的性格特征，胆汁质的人表现为热情豪爽，抑郁质的人表现出温柔内向。

其二，气质会影响性格形成与发展的速度。当某种气质与性格有较大的一致性时，就有助于性格的形成与发展；相反，会有碍于性格的形成与发展。例如，胆汁质的人容易形成勇敢、果断、主动的性格特征，而黏液质的人就较困难。

其三，性格对气质有重要的调节作用，在一定程度上可掩盖和改造气质，使气质服从于生活实践的要求。例如，飞行员必须具有冷静沉着、机智勇敢等性格特征，在严格的军事训练中，这些性格的形成就会掩盖或改造胆汁质者易冲动、急躁的气质特征。

资料来源：李晓霞，刘剑，赵仕红．消费心理学[M].3 版．北京：清华大学出版社，2022.(有修改)

学习笔记

学习笔记

二、性格的分类及性格理论对营销活动的意义

消费者的性格是在购买行为中起核心作用的个性心理特征。消费者不同的性格特点，反映在对待商品的态度和购买行为上，就形成了千差万别的消费性格和消费行为。比如，在消费观念上，有的俭朴节约，有的追求奢华；在消费倾向上，有的求新，有的求旧；在消费情绪上，有的乐观冲动，有的悲观克制；在购买决策上，有的独立，有的依赖；在购买行动上，有的坚定明确，有的动摇盲目等。这些差异都表现出不同的消费性格。性格理论对于营销活动的意义，主要是有助于营销者了解性格与人们的消费行为之间的内在联系，以及不同性格的消费者及其消费行为的特征和具体表现，从而提高营销活动的针对性和营销效果。

(一)不同性格的消费者分类及其消费行为特征

性格在消费行为中的具体表现可以从不同角度进行多种划分。

1. 按消费态度的不同划分

(1)节俭型。节俭型消费者在消费观念和态度上崇尚节俭，讲求实用，以物美价廉作为选择标准，注重商品的质量、性能、实用性，不在意商品的外观造型、包装、装潢、品牌时尚，不喜欢过分奢华、高档昂贵、无实用价值的商品。

九型人格说

(2)保守型。保守型消费者在消费态度上较为严谨，生活方式刻板，怀旧心理较重，习惯于传统的消费方式，推崇传统商品，对新产品、新观念持怀疑、抵制态度。在选购商品时，喜欢购买传统的和有过多次使用经验的商品，不愿冒险尝试新产品。

(3)随意型。随意型消费者在消费态度上比较随意，没有长久稳定的看法，经常根据实际需要和商品种类的不同，采取不同的选择标准和要求，受外界环境及广告宣传的影响较大。

(4)怪癖型。怪癖型消费者的消费态度傲慢，有与常人不同的特殊思维方式和行为方式，选购商品时不愿听别人的意见和建议，自尊心强且敏感，消费倾向不稳定。

(5)顺应型。顺应型消费者的消费态度随和，生活方式大众化，购买行为受所在群体和家庭影响较大，倾向与同类消费者群体保持一致的消费水平。

2. 按购买行为方式划分

(1)习惯型。习惯型消费者一旦对某些商店或商品熟悉并产生偏爱后，便会形成定式，长期惠顾某商店或长期使用某品牌的商品，从而产生习惯型购买行为。这类消费者的特点是比较主观，购买目的明确，决策比较果断，速度快，受社会风尚、潮流影响较小，不轻易改变自己的观念和行为。

(2)慎重型。慎重型消费者在性格上大都沉稳、持重，做事冷静、客观，情绪不外露。这类消费者通常根据自己的实际需要并参照以往的购买经验，进行仔细、慎重的比较权衡，然后作出购买决定，购买过程中受外界影响小，不易冲动，具有较强的自我抑制力。这类消费者善于思考，进行各种权衡后才作出决策。

(3)挑剔型。挑剔型消费者在性格特征上表现为意志坚定，独立性强，不依赖他人。这类消费者在选购商品时强调主观意愿，自信果断，很少征询或听从他人意见，对营业员的解释说明常持怀疑和戒备心理，观察商品细致深入，有时甚至过于挑剔。

(4)被动型。被动型消费者在性格特征上比较消极、被动、内倾。由于缺乏商品知识和购买经验，在选购中往往犹豫不决，缺乏自信和主见，对商品的品牌、款式等没有固定的偏好，希望得到别人的建议，购买行为也常处于消极和被动状态。

3. 按个体心理活动的倾向性划分

(1)外向型。外向型消费者性格开朗、外露、善于交际，在消费活动中愿意表达自己的要求，喜欢与营业员交谈，易受周围环境、其他顾客和营业员的态度影响。在购物时容易冲动，购买商品往往带有浓厚的感情色彩。

(2)内向型。内向型消费者沉静、内向，少言语，感情不外露，丰富的思想集中于内心，在消费活动中往往要反复权衡利弊后才作出购买决策。

当然，在现实消费活动中，由于受周围环境的影响，消费者的性格经常难以按照原有面貌表现出来。因此，在观察和判断消费者性格时，应特别注意其稳定性，而不应以一时的购买表现来判断其性格类型。

(二)性格理论在营销中的应用

性格理论在营销实践中具有重要的应用价值。针对不同性格的消费者，营销人员应采取不同的营销策略，以影响消费者的消费行为，促进销售。

1. 根据消费者不同的性格表现采取不同的策略

有经验的销售人员往往能够根据顾客的衣着、言行、表情等来确定其性格特点，并适当调整自己的接待方式，以使买卖活动顺利进行，避免因对顾客性格把握不当而在言行中无意得罪顾客的事情发生。

对待外向型的顾客，由于他们一般会主动交谈并询问，销售人员比较容易把握其态度，在应对时应掌握分寸，应答得体，多用业务性的语言，营造一个活泼融洽的销售气氛。对待内倾型的顾客，由于他们一般不愿和销售人员交谈，销售人员就要靠自己敏锐的判断力来把握其心理，一般可以从其不太明显的动作、表情和眼神等来判断顾客的喜好和注意对象。有的内倾型顾客自己不爱说话，但喜欢听别人讲，销售人员应态度热情，主动对商品进行介绍，然后谨慎地询问顾客的意见。有的顾客自己不爱说话，也不喜欢别人多讲话，更讨厌别人询问，销售人员对此类顾客可采取“关注你，但你不问我也不主动”的态度，让他们在轻松的氛围中购买商品。

由于性格不同，消费者在购买速度上也有很大差别。对待慎重型、挑剔型等购买速度慢的顾客，销售人员要有十足的耐心，千万不能表现出不耐烦的情绪，应提供条件让其仔细比较、考虑，可以在接待他们的同时接待其他顾客，他们不但不会感到被怠慢，反而可以更轻松地选择商品。但对待敏感型的顾客，销售人员应注意自己的言行，既不能因态度平淡而让其感到被怠慢，又不能因过于热情让其产生疑虑，最好是顾客需要什么就提供什么，没有必要过多介绍商品。对待购买速度快的顾客，销售人员应主动为其把握好商品质量关，对那些明显是仓促中作出的决定，更应慎重对待，及时提醒顾客，以免其后悔退货。

不同性格的消费者在购买决策中受外界信息影响的程度也有很大不同。随意型顾客对目标不执着，往往会在广告宣传的作用下，因一时兴起而产生购买行为。被动消极型顾客的购买行为能否实现，同销售人员的行为态度有极大关系。对此类顾

学习笔记

客，销售人员应积极主动地接待，态度要热情，要善于利用一些广告宣传手段激发他们的购买冲动，适时推荐商品，引发购买行为的实现。而理智型、保守型等顾客在购买中不易受他人干扰，目标不容易改变，临时的推荐和广告对其影响甚微。

2. 根据消费者不同的性格因素来制定营销策略

不同性格的消费者可能在不同的产品领域形成各自的偏好，从而在特定产品的使用程度上表现出明显的行为差异。因此，企业在制定整体营销策略时，在广告宣传、商品定位、市场细分等方面，都要充分考虑目标人群的性格因素，以促进销售。

比如，在广告和信息传递方面，理智型、慎重型的消费者有较强的求知欲，爱思考，对他们进行营销时要注意信息的质量；冲动型消费者往往凭直觉购买，易受广告等边缘刺激的影响；被动型、疑虑型消费者在购买决策过程中总是犹豫不决、患得患失，对他们可采取诸如“选择我们的产品是正确的”“精明的消费者才选择我们的产品”之类的广告主题，来消除他们的疑虑和担心。

学而思：你现在用的是哪款手机？当初购买这款手机的原因有哪些？

在商品定位方面，为商品披上性格的“外衣”，适当地赋予商品某种特色，是促进销售的一种有效手段。不同的消费者会选择不同的商品，这不仅与他们的需要、动机、兴趣、爱好等有关系，而且与商品反映的性格特点大有关系。许多商品都有自己的品牌个性，如某一品牌服装可能突出青春和冒险，而另一品牌的服装可能显得庄重和典雅，这些具有不同个性的商品，会被不同性格类型的消费者购买或在不同的场合使用。消费者倾向于选择与自己具有相似个性的产品或使他们感到能让自己某些弱点得到改善的商品。

任务三 理解能力与消费者行为的关系

一、能力的概念与种类

(一)能力的概念

心理学研究成果表明，人的直觉、思维等心理机能是在从事各种实践活动的过程中实现的。为了顺利、成功地完成这些活动，人们必须具备相应的能力。能力通常是指个体完成某种活动的本领，包括完成某种活动的具体方式及顺利完成某种活动所必须具备的个性心理特征。例如，从事音乐活动，既需要掌握歌唱、演奏等具体活动方式，又需要形成曲调感、节奏感和音乐听觉表象等心理特征；从事绘画活动的具体活动方式是调色、运笔等，其所需要的心理特征则是色调感、浓度感、线条感和形象感等。

能力是在人的生理素质的基础上，经过后天的教育和培养，并在实践活动中形成和发展起来的。

(二)能力的种类(见表 5-4)

表 5-4　能力的种类及特征

种类	特　征
一般能力	各种活动中均表现出来的能力
特殊能力	某种专门活动中表现出来的能力
认知能力	个体接收信息、加工信息、运用信息的能力
操作能力	操纵、制作和运动的能力
社交能力	人们在社交活动中表现出来的能力
模仿能力	通过观察别人的行为、活动来学习各种知识，然后以相同方式予以表现的能力
创造能力	产生新思想，发现和创造出新事物的能力

二、能力的作用

能力的作用主要体现在以下四个方面：第一，能力是个体顺利完成某项活动所必备的心理条件；第二，能力是影响组织成员行为绩效水平的关键因素；第三，能力是一个综合的概念，要完成一项工作仅靠某一方面的能力是不够的；第四，能力总存在于人的活动之中，只有通过人的活动才能表现出其作用。

【实例分析 5-2】

不能让农村地区成为山寨货的“天堂”

去亲戚家做客，桌上摆着“小百兔奶糖”“奥密奥饼干”等零食，临走时，亲戚拿出一盒“六个甄核桃”作为回礼……这是今年春节期间某网友回乡走亲访友时遇到的情景。据《法治日报》报道，春节期间，在一些地方尤其是农村市场，山寨食品、山寨烟酒屡见不鲜。

而前不久，重庆一女士发视频称过年收到“六个石磨”“养生核桃”“新六纯核桃”，4 件礼品中 3 件是假货。这让农村山寨食品现象再次引发关注。

有农村生活经验的人，相信对农村市场上山寨货的身影不会太陌生。实际上，这一现象近年来也引发不少关注和讨论。如在前几年，就有大学生在春节期间，“发现家乡已经被山寨年货包围”，并向相关部门写信反映。

农村山寨货频频亮相，难道是山寨货更多了吗？答案是未必。要知道，近些年无论是对假冒伪劣产品的打击治理力度，还是消费者的权益意识和法律意识都在提升。再加之电商和连锁超市不断普及，应该说，假冒伪劣产品的整体市场空间是越来越小了。可以佐证的一点是，如今很多人应该都有一个直观感受，那就是在城市里已经越来越难看到山寨货的身影。

然而，由于消费水平、市场监管水平的落差，以及农村消费者的自我保护意识和法律意识相对薄弱，山寨货在农村市场的存在感仍比较突出。事实上，近年来从国家到地方，针对农村市场假冒伪劣产品都开展过专项治理，但从现状看，这种规范治理还需要强化和常态化。

学习笔记

学而思：

你是否读过《世界上最伟大的推销员》一书？有何感想？

学习笔记

山寨货“下乡”，背后确实有很多复杂的因素。比如，山寨产品大多价格低廉，本身就利用了农村下沉市场消费水平较低和消费者鉴别能力不强的空子；再比如，农村地区普遍存在市场监管执法力量不足的情况。

但这并不意味着农村山寨货横行的局面可以被“无视”。要知道，很多正品在农村市场没人买，未必是因为农村消费者接受度不高、消费不起，而是市场长期被山寨货攻占后“劣币驱逐良币”的结果。

更进一步说，对于山寨货带来的弊端，不能仅看到与消费者权益保护和食品安全的冲突，也要看到它对于公平市场竞争环境的破坏。一定程度上说，农村市场山寨货横行，实际上也损害了市场公平竞争。

如今，全国范围都在推进构建统一大市场，缩小城乡市场在监管水平、执法力量、市场标准等方面的落差，应该是统一大市场的内在要求。这背后既涉及更合理平衡城乡之间的市场监管资源投入，也包括继续推进完善农村下沉市场的基础设施。比如，加速农村地区电商网络、物流设施的完善，就可以帮助更多物美价廉的正规商品直达农村，弱化山寨产品的存在空间。

当然，农村地区山寨货横行，源头可能仍在城市。像一些假货生产小作坊、假货批发商家还是盘踞在城市或城乡接合部，这就要求市场监管执法部门要深入违法生产的源头，让那些违法工厂、三无商家无处遁形。

下沉市场，不该是产品质量的等而下之，更不该是山寨产品的集散地和流通“特区”。让山寨产品在农村下沉市场消失，从长远看，也是乡村振兴过程中的一道必答题。

资料来源：朱昌俊．不能让农村地区成为山寨货的“天堂”[EB/OL]．澎湃网，2022-05-18.(有修改)

试分析： 山寨货“下乡”背后的原因有哪些？

三、消费者的消费能力

(一)从事消费活动所需要的基本能力

1．感知能力

感知能力是指消费者对商品的外部特征和外部联系加以直接反映的能力。感知能力是消费行为的先导。消费者感知能力的差异主要表现在速度、准确度和敏锐度方面。

2．分析评价能力

分析评价能力是指消费者对接收到的各种商品信息进行加工整理、综合分析、比较评价，进而对商品的优劣、好坏作出准确判断的能力。分析评价能力的强弱主要取决于消费者的能力强弱。

3．选择决策能力

选择决策能力是指消费者在充分选择和比较商品的基础上，及时、果断地作出购买决定的能力。

4. 记忆力、想象力

记忆力、想象力是消费者必须具备和经常运用的基本能力。

(二)从事特殊消费活动所需要的特殊能力

特殊能力首先是指消费者购买和使用某些专业性较强的商品所应具有的能力，通常表现为以专业知识为基础的消费技能。例如，对高档照相器材、专用体育器材、古玩字画、钢琴、电脑、轿车及音响等高档消费品的购买和使用，就需要相应的专业知识及分辨力、鉴赏力、检测力等特殊的消费技能。倘若不具备这些特殊能力而购买专业性商品，则难以取得满意的消费效果，甚至无法发挥这些商品应有的使用效能。

由于特殊能力是针对某一类或某一种特定商品的消费而言的，而商品的种类成千上万，因此，消费者的特殊能力也有多种多样的表现形式。有的人精通电脑，有的人擅长摄影，有的人熟悉汽车专业知识，有的人则对古玩字画具有极高的鉴赏力等。无论具备何种特殊能力，都有助于消费者取得满意的消费效用。

(三)消费者对自身权益的保护能力

保护自身权益的能力是现代消费者必须具备的一项重要能力。在市场经济条件下，消费者作为居于支配地位的买方主体，享有这方面的天然权利和利益。这些权利和利益经法律认定，成为消费者的合法权益，是消费者从事正常消费活动、获得合理效用的基本保证。为了保证消费者的权益不受侵害，除了依靠政策法令、社会舆论、消费者组织的约束监督外，客观上要求消费者自身应具备一定的自我保护能力。

四、消费者能力的形成与培养

消费者能力是在先天遗传因素的基础上，通过生活实践，在后天环境的影响下形成的。先天遗传因素会造成消费者能力结构和能力水平的差异。例如，消费者的决策能力直接受个人气质类型的影响，有的消费者在购买现场大胆果断，决断力强，决策过程迅速；有的消费者则常常表现出优柔寡断、犹豫不决，易受他人态度和意见左右，决策结果反复不定。但是，通过生活实践和学习，消费者的能力结构和能力水平都是可以改变的。

(一)影响能力发展的因素

1. 素质

素质是有机体天生具有的某些解剖和生理的特征，主要是神经系统、脑的特征及感官和运动器官的特性，如智力和体力。素质是能力形成和发展的自然基础。

2. 知识和技能

知识是人脑的经验系统，以思想内容的方式被人掌握；技能是操作的技术，是对具体动作的掌握，以行为方式的形式被人掌握。知识是能力形成的理论基础，技能是能力形成的实践基础。知识和技能是能力形成、发展的体现与源泉。

3. 教育

教育是掌握知识和技能的具体途径，也是有效开发人的潜能的重要方法。教育是能力形成和发展的途径与方法。

学习笔记

“霸王条款”

学而思：回忆你经历过的“霸王条款”。

学习笔记

4. 社会实践

社会实践是教育的一种替代方式，它能促进与从事复杂性工作相关能力的全面发展与完善。社会实践是对能力的检验、丰富和提高。

5. 勤奋

俗话说，“勤能补拙”“天道酬勤”，说的就是勤奋对能力形成的动力作用。

6. 兴趣

兴趣是人们力求认识某种事物或喜欢某种活动的倾向。俗话说，“兴趣是最好的老师”，足见兴趣对能力形成和发展的催化作用。

(二)培养自身消费能力的途径

1. 生活实践

一般地讲，消费者对商品特征越熟悉、参与程度越深、使用经验越丰富，其消费能力也越强。例如，对于布料和服装，消费者在日常穿着和使用过程中，通过手的触觉、眼睛的观察及与其他品种的比较，就形成对商品主要特征的印象，在购买同类商品时其感知能力、分析能力也会有所增强。

2. 专业知识的学习

对于购买和使用某些专业性较强的商品需要的特殊能力，以及消费者对自身权利的保护能力，需要通过对相应专业知识的学习来培养。

另外，消费者能力的培养与提高，也与销售人员的服务密切相关。消费者能力是一种潜在的东西，并不是都能得到充分体现的，能力发挥到多大程度还取决于条件的限制，取决于受激励的大小。在销售服务中，销售人员应懂得如何吸引顾客的注意力，唤起其兴趣和购买欲望。例如，酒店服务员将“您喝点什么?”改为“您要喝点鸡尾酒还是喝点开胃酒?”这样更能增加酒的消费量，因为这样降低了消费者作决策的难度，有利于消费者轻松地作出决定。

【相关链接 5-2】

对待中国消费者，奢侈品牌是时候拿出真正的诚意了

今天的中国消费者不再那么容易被说服了。外资品牌多年对市场的教育，本土新消费品牌的快速崛起，给中国消费者更多元化的选择和比较。

他们对奢侈品牌不再是盲目崇拜和追捧，对于自我价值与品牌理念是否高度契合越来越重视。他们也比上一代的奢侈品消费者更加精明，会借助短视频平台和社交媒体充分获取产品信息和资讯，在多方比较之下，作出最符合他们利益的购买决策。当品牌犯错的时候，他们也会毫不留情地奋力维护自身利益。

资料来源：黄姗．对待中国消费者，奢侈品牌是时候拿出真正的诚意了[EB/OL]．界面新闻，2021-12-22.(有修改)

学习笔记

任务四　理解兴趣与消费者行为的关系

一、兴趣的概念与特征

(一)兴趣的概念

兴趣是人对客观事物特殊的、积极的认识倾向。一个消费者的兴趣，是指其在认识过程中对某些行为和商品表现出来的稳定的、持续时间较长的趋向。当一个人经常主动地认识某种事物，并以全部精力去观察、研究它的时候，就反映出这个人对某种事物带有稳定的指向或趋向，构成了对事物的兴趣。

兴趣是一种特殊的需要，也是产生动机最活跃的因素，是个体对客观事物的一种选择性态度。消费者的兴趣是在其需要的基础上发生和发展的，是对客体需要的一种情绪性表现。在人们的日常生活中，兴趣是推动心理活动进行的一种力量，按照自己的兴趣所完成的事情会最令人愉快。

(二)兴趣的特征

1. 倾向性

倾向性是指兴趣总是指向某种客观事物，有具体内容和对象。例如，消费者穿衣戴帽各有所好；口味上有“南甜北咸、东辣西酸”之说；有人对体育运动有浓厚的兴趣，有人对植物花草有着强烈的兴趣等。这些被指向的客体内容及对象均通过人们各自不同的兴趣表现出来，使人们的行动轨迹和方向不偏离客体目标。倾向性是兴趣最为重要的特点，关系事物的性质区别。

2. 稳定性

稳定性是指兴趣在个体身上持续时间的长短。有的人的某些兴趣经久不衰，一辈子喜欢某种事物；有的人的兴趣变化无常，指向对象经常改变，一会儿喜欢垂钓，一会儿喜欢读书，一会儿喜欢花鸟鱼虫。体现在消费者身上，有的消费者对某一品牌的兴趣可能经久不变，长期、习惯性地购买使用该品牌的商品；而有的消费者对某一品牌只是使用一段时间后就更换另一种品牌。

3. 差别性

差别性是指人们兴趣倾向范围有大小、对象、内容的区别。例如，有的人兴趣爱好广泛，对文学、美术、音乐、体育都有涉足；有的人则兴趣单一，只对体育感兴趣，或只对体育中的球类运动感兴趣。一般来说，兴趣广泛，学习的知识就较多，经验就比较丰富；兴趣狭窄，就会缺乏掌握信息、知识和经验的机会。

4. 效能性

效能性是指兴趣对个体实际活动所能达到的效能的大小。兴趣在人们身上发生后，所起的作用因人而异。有的人的兴趣很容易使之付诸行动，越做越有兴趣；有的人则“只说不练”，兴趣逐渐消退。

二、消费者兴趣的主要类型

消费者兴趣是指消费者在购买行为过程中对商品或劳务所产生的情绪和认识倾

学习笔记

向。消费者兴趣存在的前提是某种需要或动机的产生，是由客观事物引起消费者肯定性的情绪和态度而形成的。影响消费者兴趣的客观因素很多，对同一商品，消费者会有不同的兴趣表现。一般来说，消费者在购买行为中表现出兴趣的类型主要有以下几种。

(一)商品型

商品型是指消费者兴趣表现在商品的有关属性方面，如商标、质量、外形、色彩、装潢、价格等。不同类型消费者的不同消费需求使其在商品属性方面的侧重点也有所差别。例如，老年消费者买鞋时关注的是舒适耐用，要求质量好，对鞋的包装则不太感兴趣；而年轻消费者追求新颖、时尚，他们首先对鞋的款式、色调、鞋面装饰等感兴趣。

(二)服务型

服务型是指消费者兴趣表现在社会服务的质量及范围上。随着经济的发展和生活节奏的加快，消费者不仅关心购买商品的售前、售后服务及家务劳动社会化等措施，还对应运而生的搬家公司、快餐店、上门直销、电话服务等现代化社会综合性服务感兴趣。

(三)情调型

情调型是指消费者的兴趣表现在与商品和服务有关的环境布局上。在购物、进餐、娱乐环境中，不同建筑风格、装饰布局，以及色调、声音、温度、气味等均可形成某种独特的情调渲染，使消费者感兴趣。例如，有的餐厅从食品、装潢到服务均突出了异域风格或地区特色，使消费者颇感兴趣。

(四)节日型

节日型是指消费者兴趣在节日期间集中而明显地表露出来。例如，春节期间消费者在吃、穿、用、娱乐等方面的兴趣一般高于其他时间，消费支出也高于平时；儿童节时，消费者的购物兴趣又集中在儿童服装、玩具、文具等与儿童有关的方面。

(五)时尚型

时尚型是指消费者兴趣反映在社会的趋时消费或特殊性消费上。这不仅受社会风气及消费流行的影响，还取决于消费者的个人收入。这类消费者对各种新颖时髦的中高档商品极感兴趣，勇于在社会消费浪潮中标新立异，其中有的人已达到“贵族消费”的水平，对一般人不敢问津的特殊性消费感兴趣，并以此为时髦。

(六)娱乐型

娱乐型是指消费者在物质生活基本满足后，其兴趣开始倾向于精神生活方面。例如，有的消费者对电影、戏剧、音乐、电视等兴趣浓厚，有人甚至痴迷神往。近年来，高消费的娱乐活动引起越来越多消费者的兴趣，体现出人们在解决了温饱问题后对精神生活方面的追求。

应当指出，消费者兴趣受到消费者个体条件和客观条件的制约。在消费行为中，消费者兴趣不是单一的，而是互相纵横交错的。

三、消费者兴趣对消费行为的影响

兴趣是人们从事各种活动的重要推力。在现实生活中，消费者对某种商品发生兴趣，会激发他们积极的情感，并促使他们采取购买行为。总的来讲，兴趣对消费者行为的影响体现在以下几个方面。

(一)有助于消费者积极认识商品

人们很多活动的进行是为了满足自己的兴趣。他会积极寻找自己感兴趣的东西，看见感兴趣的东西就心情愉快。消费者在购买其感兴趣的商品时，情绪高涨，注意力集中，态度积极，能够缩短决策和挑选过程，促进购买行为的完成。同时，某件商品与消费者心中的兴趣相投，就会很容易地唤起消费需要。

【实例分析 5-3】

中国兴趣消费潮流涌动 年轻人月支出占比近三成

2022 年 9 月，艾媒咨询针对中国“90 后”“00 后”等一批新青年消费群体进行研究，发布了《2022 年中国兴趣消费趋势洞察白皮书》。研究显示，近两年来，“兴趣消费”已形成一定产业规模，七成以上消费者的主要消费诉求为社交需求，蕴含着社交、悦己等情感属性的兴趣消费平均月支出占比为 27.6%。

在兴趣消费的影响下，线下消费场景也在不断创新，气味图书馆、POP MART 城市旗舰店、APEDE MOD 色彩概念店等与多元兴趣文化进行创新融合的线下体验店，正悄然成为年轻人打卡的“心头好”，在激烈市场竞争中占得一席之地。

资料来源：周驰．中国兴趣消费潮流涌动，年轻人月支出占比近三成[EB/OL]. 中国新闻网，2022-10-15.(有修改)

试分析：从本案例中，企业可以获得怎样的启示？

(二)刺激消费者对某种商品的重复购买或长期使用

消费者由于对某种商品产生持久性的兴趣，就会形成一种消费习惯和偏好。因此，兴趣可以刺激消费者对某种商品重复购买或长期使用。这种长期的偏好往往促使消费者在长期生活中习惯地使用某种商品，从而形成重复性、长期性的购买。例如，使用化妆品的女士往往出于化妆效果、品牌知名度、价格等因素的影响，平时总购买和消费某种品牌的化妆品，不轻易更换品牌。再如，20 世纪 80 年代“新可乐”的失败，就是因为消费者对“老可乐”已经形成了消费习惯和偏好。

(三)有助于诱导消费者消费的多样化

在购买活动中，由于消费者兴趣指向的对象及兴趣的广度与深度各不相同，消费者对商品的造型、式样、颜色、用途等方面的爱好、追求强度与持久性也有所不同。例如，有的消费者情感作用于兴趣的结果，对商品常常是受其某种因素诱发，发生短暂的兴趣而极力追求，但一般都较快地消失或转换；有的消费者由于意志作用于兴趣的结果，对某些适合其创造性活动或有研究目标的商品有极大的偏好，形成浓厚的兴趣，往往能持久地影响其购买倾向。

(四)有助于消费者为未来的购买活动做准备

消费者如果从生理上或心理上对某种商品发生兴趣，往往会注意收集和积累有关这类商品的资料和知识，从而为未来的购买行为打下基础。例如，对电脑爱好者来说，他们在平时就会注意收集各种电脑硬件方面的性能、价格、兼容性、维修与

学习笔记

学而思：谈谈一些人花“重金”购买游戏道具的原因。

学习笔记

使用成本等方面的信息，进而在合适的时机购买。兴趣与消费者的购买活动有着密切的关系，研究消费者的兴趣，有助于企业更好地了解消费者的消费心理，从而掌握消费者的购买心理的活动规律，利用各种促销手段引起消费者对企业产品的注意力与兴趣，促进企业产品的销售。同时，消费者可以更好地利用兴趣的积极性的一方面，自觉地调节自己在购物活动中的心理，实现自己的购买目标。

思维导图

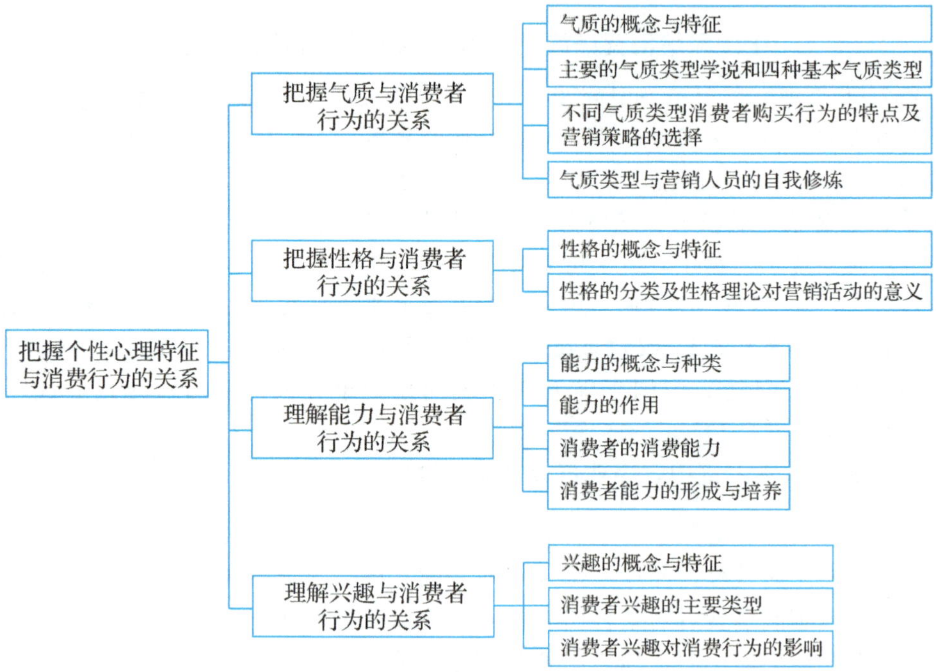

思考与练习

1. 概念理解

个性心理特征　气质　性格　消费心理　能力　兴趣

2. 单项选择题

(1)心理学研究认为，人的个性是在(　　)基础上，在一定社会历史条件下通过社会实践活动逐步形成和发展起来的。

A. 受教育程度　B. 生理因素　C. 家庭环境　D. 心理倾向

(2)个人对现实的态度倾向性反映了性格的(　　)特征。

A. 态度　B. 理智　C. 情绪　D. 意志

(3)个人对自身行为的调节方式和控制程度反映了性格的(　　)特征。

A. 态度　B. 理智　C. 情绪　D. 意志

(4)人们在感知、记忆、想象、思维等心理活动过程中所表现的个体差异反映了

学习笔记

性格的(　　)特征。

A. 态度　　B. 理智　　C. 情绪　　D. 意志

(5)(　　)是指一个人积极探究某种事物的认识倾向。

A. 兴趣　　B. 能力　　C. 态度　　D. 习惯

3. 多项选择题

(1)个性是指个人在先天素质的基础上，在社会条件的制约影响下，通过人的活动表现出的(　　)心理特征的总和。

A. 经常的　　B. 稳定的　　C. 本质的　　D. 可变的

(2)古希腊著名医生希波克拉底根据人体内体液所占比例不同，将人的气质类型分为(　　)。

A. 胆汁质型　　B. 多血质型　　C. 黏液质型　　D. 抑郁质型

(3)生理学家巴甫洛夫根据人体大脑皮层细胞活动的(　　)两个基本过程，以及这两种神经过程具有的三大基本特征，划分出高级神经活动的基本类型。

A. 平衡　　B. 兴奋　　C. 抑郁　　D. 抑制

(4)性格的机能类型说主张根据(　　)三种心理机能在性格结构中所占的优势地位来确定性格类型。

A. 态度　　B. 理智　　C. 情绪　　D. 意志

(5)消费者从事各种消费活动所需要的基本能力包括(　　)。

A. 感知能力　　B. 分析评价能力　　C. 选择决策能力　　D. 自身权益的保护能力

4. 问答题

(1)什么是气质？基本的气质类型有哪几种？不同气质的人在行为表现上有何差异？

(2)试述不同气质类型消费者购买行为的特点及营销策略的选择。

(3)什么是性格？了解消费者性格对营销活动有何现实意义？

(4)影响消费者购买行为的能力因素有哪些？它们是如何影响消费者购买行为的？

(5)试述消费者兴趣对其消费者行为的影响。

(6)在营销活动中，如何激发消费者兴趣从而促使其作出购买决定？

案例分析

性格如何决定消费

“一个人的性格就是他的命运。”这是古希腊哲学家赫拉克利特的经典之句。这句话道出的是性格对于人的根本性影响。

当我们把这句话放到逐渐年轻的消费市场中时，会发现“性格”的概念开始变得标签化。叛逆、理性、冲动……一个人只要有独特的性格，就容易在众人中被看到，同样，一个品牌拥有了独特的性格，也会被消费者很快记住、喜爱。

无论是消费者还是品牌自身，性格的标签似乎都成为影响消费行为的关键。

学习笔记

何为品牌"性格"?

性格，是指一个人的性情品格，是一个人的行为方式中表现出来的人格特征。性格一旦形成就会比较稳定，但并非一成不变，而是具有可塑性。品牌性格，则是针对目标人群的喜好，在产品、理念、营销方式等层面进行人格化的定制，赋予品牌生命。

品牌性格的设定要基于品牌的价值观、定位和消费者特性。确定品牌的形象不难，难的是打造品牌人设。

品牌人设在一定程度上与它的"掌舵人"密切相关。无论是活跃在社交平台的小米"形象代言人"雷军，还是在综艺节目中频繁"刷脸"的格力董事长董明珠，都是通过自身的性格传达品牌理念的代表。因为他们自身的个人魅力，使小米的"接地气"和格力的"耿直"深入人心。

然而，并不是所有的企业家都想、都适合出现在大众的视野里，对于大部分品牌而言，打造一个虚拟、有性格的品牌IP，是抓住消费者心理的重要方式。

不只品牌，消费者也有性格

正所谓"知己知彼，百战不殆"，只有了解了目标用户的性格、心态，品牌才能更好地"对症下药"，打造适合自己的营销方式。

从消费行为来看，消费者的性格可大致可分为实用主义、兴趣主义、分享主义三类。

1."我买它是因为有用"

产品性价比、价格、原产地、材料……在实用主义的消费者眼中，各项与产品相关的信息都是影响他们决策的关键。

这类消费者不容易被其他人说服，想要"忽悠"他们，几乎是不可能的，他们具备说服、影响其他人的能力。对于品牌而言，或许可以尝试引导这类消费者去发掘产品的实用性与价格优势，通过分享、转发等行为提高品牌的平台声量。

2."我买的是喜欢"

这类消费者的消费能力较强，容易产生消费行为，但他们有着自己的逻辑与理由。他们往往认为购物这件事是与自身喜好相关，实用性是次要的。当有吸引他们的产品亮点出现时，他们会很快说服自己下单购买。

对于这类消费者而言，品牌的性格尤其重要。有趣、吸引眼球的品牌和产品往往是他们酝酿消费冲动的开始，品牌或许可以把握营销环节中的"猎奇感"，在适度的前提下创造独一无二的产品属性。

3."快看，我买了这个"

喜欢分享的消费者也会重点考虑产品的性价比，但他们的性价比在于商品"可能具有"的社交功能，他们更多的是关注"别人看到我使用产品时的看法"。当他们购买了一个非常喜爱的产品时，往往会第一时间拍照发布在社交媒体上，和朋友分享自己的喜悦，希望引起其他人的共鸣。

在这样的特质影响下，消费者本身就成了品牌重要的营销资源。品牌可以尝试引导这类消费者进行营销内容的二次创作，双方的相互引领和传播或许能够成为品

学习笔记

牌打破圈层的助推器。

如今的消费者早已不是单一的内容接收者，创造内容、制造话题和自发扩散等行为使得他们成为品牌的"推广大使"，能够放大品牌本身的性格特征与社会影响力。

结语

品牌的性格需要走进消费者的精神需求中，以性格力量征服他们。

品牌和消费者都是"活"的，和交朋友一样，性格合适、有共同话题的双方才会有往来，形成自己的社交圈子。

只有当品牌真正有了生命，才会让产品和营销变得有血有肉，用户才会真诚地听你讲故事，从而在潜移默化中接收营销内容。当用户愿意信任和依赖品牌的时候，品牌才真正做到了留得下来、卖得出去，收益才会实现长效的增长。

试分析：

(1)结合案例材料，你认为消费者性格如何影响其消费行为？

(2)在营销实践中，如何实现品牌性格与消费者性格的相融？

(3)该案例给你带来哪些启示？

实践与训练

以你最近在某卖场或餐饮企业的一次经历为例，总结不同气质类型和不同性格的顾客的消费行为特点。

思政案例

特斯拉风波：多一些规则意识，少一些诛心之论

继19日上海车展上演特斯拉维权风波后，22日夜，特斯拉公司二度发文称，"完全接受国家市场监督管理总局和郑州市市场监督管理局的决定""积极配合相关所有调查工作"，同时表示，"已提供事故前半小时完整行车数据，并多次主动与相关方联系沟通并汇报相关情况"。

尽管目前维权车主对特斯拉提供的数据本身、数据的公开方式仍存在质疑，但当事各方已趋于理性冷静，事件也在回归依法依规解决的正途。

一起维权事件酿成轩然大波，固然与维权车主的过激表现不无关系，但特斯拉高管在没有拿出任何真凭实据的情况下，直指消费者"诉求不合理""背后有人"，这番诛心之论成为事态升级的导火索。

对于企业经营者而言，尊重消费者本身就是遵守市场规则的应有之义。何况特斯拉生产的是关乎消费者生命安全的新技术产品，面对投诉，更应该一方面认真倾听、真诚协商，给予合理解释和有效解决方案，另一方面严格自查，不能让技术优势成为解决问题的阻碍。

学习笔记

值得警惕的是，就在包括监管部门在内的各方努力平息风波的同时，部分外媒也不忘发出“撮火”的诛心之论：路透社22日称，“媒体的口诛笔伐和监管者的责骂凸显出中国对于外国大品牌能有多危险”。

事实上，中国从未因特斯拉的外企身份对其“另眼相看”。正是由于中国政府越发尊重市场规则，对内外资企业更加一视同仁，特斯拉才成为首家在中国拥有全资生产基地的外国汽车制造厂商。然而也正是由于对内外资企业一视同仁的市场规则，中国监管部门不会无视特斯拉的产品缺陷。

这场特斯拉风波，消费者记住的可能是适度维权的规则，特斯拉记住的应该是摆正位置、尊重客户的规则，多方正在呼吁的还有尽快明确数据权属的规则。唯独不知，风波平息后，外媒能否重拾公正客观报道的规则。

资料来源：王焕君．多一些规则意识，少一些诛心之论[EB/OL]．光明网，2021-04-24.(有修改)

试分析：在目前的市场环境下，企业在进行危机公关时应该注意哪些问题，才能避免类似特斯拉的维权风波？

学习笔记

项目六　把握生理因素与消费心理的关系

知识目标

1. 掌握不同年龄段消费者的心理特点及消费方式。
2. 掌握男性和女性消费者购买行为的特点及二者的区别。
3. 理解健康状况与消费心理的关系。
4. 了解机能结构与消费心理的关系。

能力目标

1. 能根据不同年龄消费者在消费心理上的差异，运用不同的临场接触技巧。
2. 能根据男女消费者不同的消费心理，运用不同的沟通策略。
3. 能根据消费追求健康的心理，设计一款新产品，使其能较好地满足消费者需求。
4. 能列举某运动品牌通过组织某项极限运动赛事来进行“事件营销”的实例。

素养目标

1. 努力学习专业知识，洞悉消费者生理因素(包括年龄、性别、健康状况和机能结构)与消费心理的关系，为将来从事营销工作打下扎实的专业知识基础。
2. 作为当代中国青年，培养积极向上的消费观念和生活方式，引领社会主义消费新风尚。
3. 践行社会主义核心价值观，公平、诚信、友善地对待不同年龄、性别的消费者，做到童叟无欺。

任务一　把握年龄与消费心理的关系

处于不同年龄阶段的消费者，由于生理、心理状况和生活阅历的不同，形成了各自特有的消费心理与消费行为。同一年龄段的消费者在相互接触的过程中，通过相互学习和影响，会形成一些相似的消费观念、态度和行为。因此，对不同年龄段的消费者进行细分和研究，对企业开展营销活动具有非常重要的意义。

生理因素

按照一般的分类方法，消费者在年龄上可以分为儿童、少年、青年、中年和老年五个阶段。

学习笔记

符号消费

一、儿童的消费心理与行为

儿童时期是人的心理发展的重要阶段，我们传统上将儿童的年龄段界定为0～14岁。如果将儿童期进一步细分，可分为婴儿期(0～3岁)、幼儿期(4～7岁)和童年期(8～14岁)。

在人的一生中，儿童时期无论是在生理上还是心理上，都是一个迅速发展的时期。在生理上，从完全依靠大人到学会自己照顾自己；在心理上，有了一定的分析和解决问题的能力，并形成最初的个性倾向，行为上逐渐由被动变为主动。儿童期的消费心理与行为呈现以下几个方面的特点。

(一)需求内容从纯生理性需求逐渐发展为带有社会性的需求

儿童在婴幼儿时期的需要主要以生理需要为主，随着年龄的增长，不断接触到外界环境的各种刺激，消费欲求开始逐渐向带有社会内容的需要发展。虽然儿童主要是商品的使用者而非购买者，但其常常能对父母的购买决定产生决定性影响。

(二)消费行为从模仿性消费为主逐步向个性化消费发展

模仿是儿童的天性，特别是学龄前儿童，在言谈举止、穿着打扮等方面都爱模仿成人或其他同龄小朋友。但随着年龄的增长和自我意识的增强，儿童的模仿性消费行为逐渐被个性化消费行为所取代。

【实例分析6-1】

儿童产品应以儿童为本

加好友、线上支付、益智游戏、运动PK、心率监测……随着可穿戴智能设备的兴起，儿童手表的功能日趋丰富，成为不少孩子的生活伙伴。不过，有调查显示，41.95%的家长担忧儿童手表的复杂功能会分散儿童的注意力。如何引导儿童合理使用儿童手表等产品，引发社会关注。

最初，儿童手表主要为了方便父母随时了解孩子位置，具有定位和通话功能。随着技术进步，如今有的儿童手表预装了聊天软件、故事歌曲、字典题库等应用，有的还具备社交功能，一定程度上满足了孩子们在学习、社交、娱乐等方面的需求。同时要看到，手表功能越多、使用频次越高，其隐匿危害也越明显。有专家认为，儿童时期是身心发展的关键期，过多使用智能产品会引起专注力降低、视力下降、睡眠质量下降等问题。儿童长时间使用手表聊天、社交，还容易沉迷、成瘾等。因此，无论出于隐私保护还是身心健康考量，引导儿童适度使用智能手表十分必要。

近年来，不少与儿童有关的产品都曾引发讨论。其中，有虚拟产品，如网络游戏；有实体产品，如宣称让头型变美的“矫正头盔”。这些产品，从某方面满足了儿童及家长的需求，但也对儿童成长产生了不良影响。这提醒我们，儿童产品基于儿童、为了儿童，应始终以儿童为本位，以健康、安全为原则。

我国未成年人保护法规定，智能终端产品的制造者、销售者应当在产品上安装未成年人网络保护软件，或者以显著方式告知用户未成年人网络保护软件的安装渠道和方法。从监管层面看，多部门已开展专项行动，强化对专门供未成年人使用的智能手表等智能设备信息内容监管。下一步，相关部门应继续加强行业审核与监管，规范健康指引标准，并根据新情况不断完善相关制度。持续推动产品整改、引导产品设计、加大监管力度，这样才能全方位织紧织密保护网，让孩子在清朗的环境中健康成长。

监管之外，提高孩子们正确使用网络产品的能力同样重要。家长要关注孩子的使用频率和身心健康状况，教他们识别并抵御风险。学校也应加强网络素养教育，增强孩子科学、安全使用网络产品的意识。更重要的是，全社会应共同营造良好氛围，当好孩子健康成长的护航者。用心、用情为儿童打造合适、优质的产品，引导儿童科学合理使用相关产品，孩子们成长路上的“好帮手”才会越来越多，作用才会越来越大。

资料来源：周山吟．儿童产品应以儿童为本[EB/OL]．光明网，2023-02-13.（有修改）

试分析：如何根据儿童的消费心理与行为特征合理引导其消费？

(三)消费心理从不稳定发展到比较稳定

儿童时期，在模仿心理的作用下，特别是在广告的诱导下，儿童的消费心理很不稳定，表现为一会儿喜欢这个、一会儿又喜欢那个。随着年龄的增长和情绪控制能力的增强，儿童的消费偏好逐渐形成，消费心理也逐步趋于稳定。

(四)玩具和其他益智类的娱乐产品所占消费支出比重比较大

好玩也是儿童的天性之一，为了满足这种天性，儿童及其父母会在玩具和其他益智类的娱乐产品的消费上花费较多资金。

二、少年的消费心理与行为

少年时期是由儿童向青年过渡的时期，从年龄上来讲，一般在15～17岁。从学龄来看，少年主要处于初中后期和高中阶段。虽然高中后期可是看作青年前期，但由于这一时期的孩子在经济上还没有独立，在心理上还没有完全成熟，所以我们可以将高中后期的孩子也算入少年期。

处于少年期的个体不仅在生理上发育比较快，生理特征变化明显，其在心理上也是变化非常大的时期，是处于独立与依赖、成熟与幼稚、自觉性与被动性交织在一起的比较特殊的时期。少年的消费心理特征与行为表现在以下几个方面。

(一)喜欢与成年人比拟

少年期是自我意识发展最快、变化最大的时期，突出的表现就是少年主观上认为自己已经长大成人，应该有像成年人一样的地位和权利，渴望像成年人那样独立地处理自己的事情，不希望家长过多干涉。因此，少年消费者在消费品的选择上存在着与成年人比拟的心理，希望按照自己的个性和爱好来选购商品。

(二)消费行为从受家庭影响逐步转向受社会群体的影响

儿童的消费心理主要受家庭的影响，尤其是父母的消费观念和消费行为对他们的影响很大。但到了少年时期，由于自我意识和自理能力的增强，他们有了一定的独立性，特别是在集体学习和集体活动中，通过与其他人的经常接触，使得他们的

学习笔记

学而思：回忆自己少年时期的消费行为，分析有哪些特征。

学习笔记

消费观念和消费行为不断由受家庭影响逐渐转向受集体或群体的影响。

(三)购买的倾向性开始确立，购买行为趋向稳定

处于少年期的消费者，知识不断丰富，对社会环境的认识不断加深，兴趣趋向稳定，有意识的思维与行为增多。随着购买活动次数的增加，感知经验越来越丰富，对消费品具备了初步的判断、分析和概括能力，购买行为趋于习惯化、稳定化，购买的倾向性也开始确立，购买动机与现实条件的吻合度有所提高。

三、青年的消费心理与行为

从生理学的角度讲，青年时期通常是指18～35岁这一年龄段。由于青年消费者人口众多，消费能力和潜在购买能力都很大，使得青年消费者在整个消费活动中处于重要的地位。因此，了解青年人的消费心理与行为特点，对从事市场营销工作来说是非常重要的。一般来讲，青年消费者在消费心理与行为方面具有以下特点。

大学生贷款消费，拿什么还?

(一)追求新颖与时尚

大多数青年富有想象力，容易接受新事物，喜欢猎奇。他们购买的商品要求先是“新、奇、美”，然后才是实用。他们往往是某些新产品的首批购买者和消费带头人。为了追求时新，他们会模仿所崇拜的人，也会相互观察、议论、模仿，使得在消费流行中能尽量走在前头。

(二)追求个性化

学而思：身边的人曾购买过哪些你认为不实用但很时髦的物品？试分析其消费心理。

青年的自我意识加强了，有他们自己的性格、志向、兴趣等，在各类活动中都会有意无意地表现他们的特殊性。因此，青年不仅仅是追逐新异，而且要求在消费中反映他们的个性，喜欢购买能反映其个性的商品。当然，单个商品是很难反映各类青年的不同个性，因此青年是在他们全部消费活动中来表现其个性的。为了在消费活动中反映自己的个性，他们不只是简单的模仿，还具有独创性。

(三)注重感情和直觉，冲动性购买色彩浓烈

青年虽然已有较强的思维能力和决策能力，但仍然容易感情用事。他们特别看重商品的外形、款式、颜色、品牌、商标。当直觉告诉他们商品是好的，他们就会产生积极的感情，从而迅速作出购买决策，较少考虑商品的内在质量、价格、是否会很快过时等问题。

四、中年消费者的消费心理与行为

中年时期一般指36～60岁这一年龄段。中年人是社会的中坚力量，他们阅历广、生活经验丰富，老练而稳重。但中年人的社会负担和家庭负担都比较重，如工作上要出成果，要做好青年的表率；家中上有老下有小，家庭消费支出比较大。中年人在消费心理与行为方面主要有以下特点。

(一)理智性购买多于冲动性购买

中年人经验丰富，比较理智，会控制自己的情绪，很少感情用事。在购买活动中，从购买欲望的形成到购买行为的实施，都是深思熟虑的，很少出现像青年人那样冲动买回家后又后悔的情况。

学习笔记

(二)计划性购买多于盲目性购买

大多数中年人既要赡养老人，又要负担子女的生活和教育费用，家庭经济负担比较重。特别是近几年来我国家庭用于子女教育的费用不断提高，子女受教育的费用已经成为很多家庭一笔不小的开支。因此，很多中年人不得不精打细算，量入为出，在实施购买行为前就要计划好所购买商品的价格、数量、质量、用途等。中年消费者计划外购买和即兴购买的现象要比青年人少得多。

(三)注重商品的实用性与便利性

由于经济条件的限制及繁重的工作压力，中年消费者在购买商品时更注重商品的实用性与便利性。他们对华而不实的商品不感兴趣。因此，他们选择商品时着重考虑其内在质量(特别是功能、使用寿命、操作的方便性等)和价格，然后才是款式和颜色等。就拿服装来说，中年人不会像青年人那样追求时尚和个性，但对服装的质量、质地等比较挑剔，希望穿着体面。

【实例分析 6-2】

中年消费者，从“空间消费”到“时间消费”

有人说，目前我国中年消费者的消费方向已经从“空间消费”转向“时间消费”。也就是说，对我国的中年消费者而言，用来填充生活空间的消费需求(即实物消费)在逐渐减少，而对充实时间的消费需求(包括旅游、高品质社交、休闲、健身等)在逐渐增加。

试分析：我国中年消费者的消费方向从“空间消费”转向“时间消费”的原因是什么？

五、老年消费者的消费心理与行为

老年市场细分

老年消费者一般指年龄在 60 岁以上的人。随着社会生活环境的改善和卫生、保健事业的发展，世界人口出现老龄化的趋势，老年群体在社会总人口中所占的比例不断增加。老年人是一个特殊的消费群体，老年消费市场是一个全世界都在关注的市场。老年消费者在生理和心理上同青年消费者、中年消费者相比具有明显的变化。老年消费者在消费心理与行为方面主要有以下特点。

(一)对商品的种类和结构有特殊要求

老年人对消费品的种类有特殊的需求：在吃的方面，要求食品松软易消化，并富有营养价值；在穿的方面，要求穿着舒适、保暖、透气，以及穿脱方便的服装；在需求结构方面，老年人的支出大部分用于食品、医疗及保健用品，而穿和用的支出相对减少。

学而思：你认为未来哪些针对老年人的商品将逐步占领老年消费品市场？

(二)有比较稳定的消费习惯和品牌忠诚

老年消费者在几十年的生活实践中，已经形成一定的生活习惯，并且不容易改变，比较留恋过去的生活方式，对消费有一定的怀旧心理和保守心理。因此，老年消费者的消费兴趣和爱好比较稳定，对老品牌有特殊感情，而培养新的消费习惯和喜好相对较难。

学习笔记

(三)购买商品讲求方便

一般来说，老年人的体力、精力与青年人和中年人相比，都有不同程度的减弱，行动也变得不方便。因此，老年消费者希望能有方便、良好的购物环境。比如，购物场所交通便利，店内有供消费者休息的设施，商品陈列便于挑选，购买程序比较简单等。

(四)部分老年消费者具有补偿性的消费行为

当老年人从繁忙的工作和家庭负担中解脱出来后，就会迸发出强烈的补偿要求，希望自己的老年生活能过得幸福、洒脱。这部分消费者大多认同“退休才是新生活的开始”这种提法，解脱了工作负担并完成了养儿育女的任务以后，他们更愿意“换一种活法”，享受生命、享受生活。因此，这部分老年人是很有潜力的消费者，是企业不可忽视的一个日益重要的消费者群体。

【相关链接 6-1】

接轨潮生活，“新老人”释放新需求

相关数据显示，1962年后我国进入了一个长达十多年的出生人口高峰期。这就意味着从现在开始至未来10年间，我国将迎来“退休潮”。受教育程度高、接受能力强的“60后”群体逐渐进入退休生活，他们也被称为“新老人”。近年来，我国人口老龄化进程不断加快。据测算，“十四五”时期，60岁及以上老年人口总量将突破3亿，占比将超过20%。

眼下，上网冲浪、运动健身、美容美体等原本是年轻人喜欢的项目，正成为越来越多“60后”新老人的选择。许多“60后”新老人的追求已从单纯的老有所养、老有所依、老有所医，扩展为老有所乐、老有所学、老有所为。养老产业也迎来新的发展契机。

资料来源：蔡佳文．接轨潮生活，“新老人”释放新需求[EB/OL]. 中国商报，2022-10-18.(有修改)

任务二　把握性别与消费心理的关系

男性和女性由于在生理和心理上存在的差异，以及各自在社会中的地位、责任和义务的不同，形成了各自不同的消费心理与行为模式。这种差异直接表现在男性和女性在需求结构、购买动机和购买决策过程中。

一、男性消费者的消费心理与行为

男性消费者购买商品的范围较窄，他们的购买目标明确，一般不轻易逛商场。男性消费者在购买商品时的消费心理和行为主要有以下特点。

(一)购买行为的目的性与理智性

与女性相比，男性很少去“逛”商店，他们常常是在感到缺了什么的情况下才产生购买动机。因此，他们购买的目的性很强，而且是到了目的地(商店)后买完就走，

学习笔记

很少在不同的商店之间反复比较和选择。另外，大多数男性善于控制自己的情绪，在购买活动中心境变化小，很有理性。特别是在购买一些高档或大型商品方面，男性消费者的购买决策过程较少受感情支配，他们注重商品的性能、质量、品牌及维修等。

（二）购买动机形成的迅速性与被动性

男性消费者一旦认识到了某种需要，就很快能转化为购买动机，进而产生购买行为。男性购买动机的被动性主要体现在购买动机的形成往往是由于外界因素的作用，如家人的嘱咐，同事、朋友的委托等。

（三）购买过程的独立性与缺乏耐性

对熟悉的商品或已经决定要购买的商品，男性消费者在购买时表现出更多的自信，不易受外界的影响。与此同时，他们在购买过程中缺乏耐性，表现为对商品挑选较迅速，很少讨价还价，也很少在商店或柜台之间进行比较和衡量等。

二、女性消费者的消费心理与行为

在我国，绝大部分女性都有自己的工作收入，而且由于她们承担了大部分家务（也包括购买活动），所以已婚女性在家庭中有很高的消费地位，也有很强的购买力。女性消费者在消费心理与行为方面主要有以下特点。

（一）购买行为的主动性与购买目标的模糊性

与男性消费者购买动机的被动性相比，女性消费者的购买行为具有较大的主动性。由于大多数的女性都要料理家务，她们更能及时地知道和预测是否应该添加新的用品，所以她们的购买行为更具主动性。女性消费者的很多消费行为是在逛商场的时候发生的，因此，女性的购买目标具有一定的模糊性。

（二）购买行为受环境因素的影响较大

由于女性消费者具有较强的自我意识与敏感度，她们在选购商品时，比较容易受购物环境因素的影响。这里的购物环境主要指的是商店物理环境、购物现场气氛、营业员的态度及其他消费者的意见等。在这些环境因素的影响下，女性消费者在购买中容易出现从众行为。

（三）注重商品的具体利益与实用价值

女性消费者更关注所买的商品能给她带来什么好处，商品的具体利益越突出，越能吸引她们。另外，由于在我国一般家庭的生活消费都由女性负责，因而她们更能深刻体会到“当家知道柴米贵”，从而更注重商品本身的实用价值。这表现为女性在购买过程中反复挑选，比较细心和求全。

（四）具有浓厚的情绪、情感色彩

女性消费者的心理特征之一就是感情丰富、细腻，富于幻想，因此，女性消费者的购买行为具有较强的感情色彩。特别是在逛商店的时候，如果一些商品的品名、款式、环境气氛等符合她们的心理需要，就能激发起她们的购买动机。

（五）消费倾向的多样化和个性化

当今我国的女性，在经济收入和在家庭中的地位提高的同时，自我意识也在不断提高。越来越多的女性开始关注自己的社会形象，希望自己与众不同。特别是在穿着

学习笔记

打扮方面，既希望跟上社会潮流，又不愿意与别人相同，年轻的职业女性更是如此。

【相关链接 6-2】

表 6-1　女性消费的基本类型

消费类型	消费特征描述
F1 类（家庭自我/family）	体现家庭生活质量，体现贤妻良母形象的家庭公共物品或服务
F2 类（情感自我/feeling）	表达女性情感，抒发情感的家庭和个人消费品或服务
F3 类（心灵自我/freedom）	展示个性独立、内心强大、有主见、果断的消费品或服务
F4 类（表现自我/fashion）	张扬外表形象，满足交际和追求时尚的个人消费品或服务
F5 类（发展自我/fervor）	表现事业成功的职业女性形象的家庭或个人消费品或服务

资料来源：卢泰宏等．中国女性消费角色 5F 模型实证研究[M]．北京：中国社会科学出版社，2005.(有修改)

任务三　理解健康状况与消费心理的关系

随着生活水平的提高，人们越来越关注自身健康。围绕健康而展开的生活方式逐渐流行，也因此催生出巨大的保健养生市场。健康不仅仅是指身体没有疾病，也包括精神上的健康和良好的社会适应能力。

当下，环境污染、肥胖、过度吸烟和饮酒、食品卫生、生活压力的增加等诸多因素叠加在一起，使得人类的健康状况变得日益严峻。与此相适应，当前对健康的关注也达到了前所未有的高度，由此催生出巨大的消费市场。

健康标准

亚健康

一、健康与消费心理

具体来讲，围绕人们健康和养生需求的消费心理具有以下几个方面的特点。

(一)在“病急乱投医”的心理驱使下，常常导致冲动性消费行为

普通的消费者，由于医学卫生知识的缺乏，在患病时常常会感到恐惧，加上目前一些营利性医疗机构或媒体的鼓吹，更是容易加重患者的这种恐惧心理，从而作出冲动性消费行为。另外，目前一些医疗机构为满足消费者求美、求健康的心理，常常夸大宣传某种产品(如保健品)或某项服务(如医疗美容)的作用，从而诱导消费者进行非理性消费。

学习笔记

【实例分析 6-3】

魏则西留下的生命考题

大学生魏则西因罹患滑膜肉瘤，辗转多家医院治疗，病情不见好转。最后通过百度搜索到武警北京市总队第二医院，在花光了家里筹来的 20 多万元后，仍不幸去世。此事引发全社会热议，掀起了一场舆论风暴。

魏则西的遭遇的确令人同情。父母倾其所有，四处奔波，为儿子治病，最终人财两空。类似的悲剧屡屡重演，发人深思。假如一个人得了绝症，究竟该作出怎样的选择？是不惜一切代价治疗，还是顺应自然规律？这是每个人都无法回避的生命考题。

大自然有春夏秋冬，人有生老病死。医生无法阻止生老病死，就像无法阻止春夏秋冬一样。医生是生命花园里的园丁，只能让花朵开得更好看一点，仅此而已。事实上，人体是一个极其复杂的"黑箱"，恰如神秘而浩瀚的宇宙，人类对自身的认知尚处于初级阶段。尽管现代医学发展突飞猛进，但依然无法解决大多数疾病，尤其是恶性肿瘤。医生所有的努力都是在和"死神"讨价还价，力求延缓死亡的进程。医学是有限的，也是不完美的。

虽然医者的技术追求是永不言弃，但这并不代表医者具有起死回生之力。因此，尊重自然规律，放弃不切实际的幻想，坦然地面对生与死，是最理性的选择。

医学本无"神话"，但偏偏有人编造"神话"，有人相信"神话"，甚至不知不觉扮演"神话"中的主角。例如，很多身患绝症的病人，由于缺乏科学认知，总是希望抓住一根救命稻草，创造生命"奇迹"。而这种"有病乱投医"的心理，恰恰让医疗骗子钻了空子。他们把生命当成生意，不惜重金占领搜索引擎入口，以精心炮制的虚假宣传为诱饵，大肆吹嘘"神奇技术"与"惊人疗效"，句句戳中患者痛点，使患者甘愿押上身家性命"赌一把"。这些医疗骗子往往证照齐全、资质合法，更具有隐蔽性和欺骗性。医院是真的，医生是真的，圈套当然也是真的。一旦有人上钩，他们便会假戏真做，把骗术演到极致，直到榨干油水为止。

有的把小病说成大病，一周能治好非要拖一月；有的把不治之症说成可以根治，"病很重，能治好，得花钱"成为标准的欺诳用语。在环环相扣的医疗"陷阱"中，很少有人侥幸逃脱。如此骗术充斥江湖，不仅损害了患者的利益，也吞噬了医疗行业的公信力。

魏则西，一个年轻生命的逝去，唤醒了整个社会的省思，这是不幸中的万幸。亡羊补牢，犹未为晚。

资料来源：白剑峰．不吐不快：魏则西留下的生命考题[N]．人民日报，2016-05-06.(有修改)

试分析：魏则西事件折射出人们怎样的求医心理？

(二)易受广告或专家意见的影响

面对众多的信息，普通消费者在缺乏必要的鉴别能力的情况下，往往倾向于听从广告宣传或专家意见。"没有人知道的产品一定不是什么好产品"，这是消费者普

学习笔记

遍的心态，这也是为什么商家不惜血本投放广告的原因。而当消费者无法从纷繁复杂的广告信息中甄别出有用的信息时，他们往往倾向于听从专家的意见，甚至“迷信”专家。

(三)在“花钱买健康”的心理驱使下，常常为健康不惜血本，对价格敏感度低

“留得青山在，不怕没柴烧。”人们在健康受到威胁时，往往会不惜血本进行医治，对价格敏感度低。这种心理的存在，也可以用来解释天价药费、天价诊疗费和天价医疗费大行其道的原因。

【实例分析 6-4】

“网络神医”如何卷走 1.9 亿元?

广告引流至私人微信，销售员按“话术”模板隔空问诊

相比电视广告，近年流行起来的私域营销成为假医生和假专家的“沃土”。北京青年报记者据中国裁判文书网梳理发现，2019 年以来，国内法院终审宣判的在微信端冒充医学专家卖假药、销售“医疗服务”且被定性为诈骗罪的案件共 22 件，其中涉及“假医生”328 人，2.9 万余人受害，涉案金额高达 1.9 亿元。

14 名“销售员”共用一个虚假 IP

隔空问诊的“老中医”，怎么让近 3 000 人上当破财？中国裁判文书网披露了一起特大诈骗案二审判决书，涉案金额 600 余万元。广州盛通传媒有限公司是“许某怀”的创造者。法院查明后发现，“许某怀”是很多“销售员”一起共用的虚假个人 IP。

太原市中级人民法院认定，罗某为团伙负责人，他为团伙成员注册微信、统一使用虚构的微信昵称“许某怀”及头像，由专人负责在网上发布广告诱骗被害人添加微信号，之后由丁某等 14 人分别以虚构的中医世家传承人“许某怀”本人或其学生名义，根据“话术”模板，使用微信等方式“问诊”，诱骗被害人高价购买“排毒贴”等不具有药品功效的产品。

针对一些尖锐的问题，比如定金不想交、质疑定金、担心效果等，他们也有相对应的“话术”模板：“相互信任是第一步，如果一分钱的诚意金不愿意支付，老师担心配方被浪费”，“老师八十高龄了，在乎的不是你的钱，在乎的是效果、是口碑”。其中，仅丁某在 2019 年 5 月至 10 月的诈骗事实就有 347 起，金额近 45 万元。

网络上，“名医”胡某平自称是湖北中医药大学教授，湖北中医院返聘专家，擅长熬制最低价 1 980 元的“千金妍膏滋”。而实际上，她只是个负责扎针灸的退休厂医，根本不会熬膏药，她是被诈骗团伙头目肖某“策划包装”出来的。此外，肖某还雇用员工，共同冒充“老中医”接诊，不管得了什么病，都按照话术说是“典型的气血亏虚”，然后售卖膏药，共骗走 900 多名被害人 348 万余元。

资料来源：朱健勇，杨阳．“网络神医”如何卷走 1.9 亿元？[EB/OL]. 北京青年报，2021-04-05.(有修改)

试分析：从消费心理学角度分析“网络神医”能频频“得手”的原因。

学习笔记

二、健康与健康产业

“珍视生命，关爱健康”是人类的第一需求，在此需求得到优先满足之前，人们不会有其他需求产生。因此，围绕健康的产业链也随着人们生活水平的提高而“水涨船高”。这一方面表现在健康产业产品线越来越宽，链条越来越长；另一方面表现在每一个细分市场的规模越来越大。具体来讲，涉及生命健康的产业有以下几大类。

(一)基本医疗服务

我国的基本医疗卫生制度包括四大体系，即覆盖城乡居民的公共卫生服务体系、医疗服务体系、医疗保障体系和药品供应保障体系。

随着民众收入水平的提高、财富的积累及健康观念的转变，将持续推动医疗消费需求向多元化、多层次的方向发展。

近年来，国家不断出台利好医疗行业的政策。例如，为深入贯彻“十四五”规划和 2035 远景目标纲要，全面推进健康中国建设，进一步优化医疗资源配置，加快建成优质高效的医疗卫生服务体系，国家卫生健康委印发《医疗机构设置规划指导原则(2021—2025 年)》(以下简称《指导原则》)，进一步实现医疗服务体系协调发展，医疗服务能力全面增强，医疗服务公平性与可及性有效提升。

随着我国人口老龄化程度加深，庞大的老年人口对基本医疗服务的需求也将与日俱增，这将极大推动我国生物制药、医疗设备、医疗器械、康养服务等行业的发展。

学而思：试分析健康食品与保健品在宣传上，各抓住了消费者的哪些消费心理。

(二)健康食品

我国古代伟大的医学家孙思邈曾指出：“上医治未病之病，中医治欲病之病，下医治已病之病。”近年来随着我国大众保健意识的逐年增强，“有健康才有未来”“有健康才有幸福”“有健康才能长寿”的保健理念日益深得人心。由此，有机蔬菜、无公害蔬菜、非转基因食品、绿色食品等健康食品逐渐成为一种消费时尚，有着巨大的发展空间。

(三)保健品

20 世纪 90 年代以来，全球居民的健康消费逐年上升，对营养保健品的需求十分旺盛。在按国际标准划分的 15 类国际化产业中，医药保健是世界贸易增长最快的五个行业之一，保健食品的销售额每年以 13%的速度增长。

自 20 世纪 80 年代起步的中国保健品行业，已经迅速发展成为一个独特的产业。保健品产业之所以蓬勃发展，主要原因是人民生活水平的明显提高、人民生活方式的改变及多层次的社会生活需要，为保健品产业的发展提供了广阔空间。

我国保健品行业

(四)家用康复医疗设备

目前，我国医疗方式已经开始从单纯对疾病的院内治疗，逐步转向院前预防、急救，院内诊断、治疗，院外监测、康复，以及日常家庭医疗保健等多元化、多层次的现代化医疗保障体系。因此，适于基层社区医生应用的，可以面向家庭的便携式监测和治疗装置，将成为市场需求最多的医疗器械产品。比如，在家用医疗康复器械方面，有功能椅(床)、支撑器、医用充气气垫、家用颈椎腰椎牵引器、牵引椅、理疗仪器、睡眠仪、制氧机、煎药器、助听器等。在家用检验检测和卫生耗材用品

学习笔记

方面，有体温计、血压计、血糖仪、家用纱布、卫生棉签、一次性卫生用品等。此外，还有家庭保健仪器、电动按摩产品系列、家庭急救护理设备、生殖健康用品、口腔护理用品、牙齿护理用品等。

(五)养生保健服务

随着生活节奏的加快，人们的生活压力也在加大，养生保健作为一种释放压力的方式，已逐渐被人们所接受。养生保健行业作为一个新兴的主流行业，得到国家相关部门的高度重视，已成为与房地产、IT、汽车、旅游并列的五大最具发展潜力的行业之一，并被专家界定为第五大经济，成为国家经济支柱之一。

(六)健康和医疗保险

随着人们生活的日益富裕，投资理念和保险意识也在逐步增强，“为健康投保”“为未来投保”成为人们的一种生活理念。由此，人们在健康和医疗保险上的投资也日益增长。

任务四　理解机能构造与消费心理的关系

身体机能是指人体的各组成器官及构造整体、系统所表现的生命活动能力，也是反映人体健康水平或体质强弱的一个重要标志。不同身体机能水平的人，出于兴趣、爱好或健康需要，会产生不同的需求。比如，肥胖的人热衷于减肥运动，爱冒险的人喜欢从事户外运动或探险活动等。由此，一些新的细分市场(或行业)也应运而生。

一、以减肥、健身为目的细分市场

在我国，随着人们生活水平的改善，肥胖也日益成为威胁人们生命健康的主要因素之一。出于减肥、健身、改善身体机能的目的，各种各样的减肥健身运动会所、俱乐部等在国内一些大中城市遍地开花。减肥形式也从饮食减肥、瑜伽减肥、减肥体操到舞蹈减肥、走路减肥等。在百度搜索栏中输入“减肥运动”，弹出来的信息就有上千万条。当然，其中不乏减肥食品、减肥瘦身俱乐部、健身机构的广告。

【实例分析 6-5】

全民健身日：云健身“出圈”后体育数字化正当时

后双奥时代，全民健身进入加速模式，让运动健身不仅只局限于运动场，更成为一种新的生活方式。2022年上半年，直播间数百万人齐跳“毽子操”，奥运健儿成为网民“私教”，明星VLOG教做减脂餐……云健身开启居家健身新模式。

目前，“云健身”已由简单记录健身活动，发展到线上跟练、训练计划、互动指导、线上赛事体系等体育产业新模式，实现线上健身“全服务”。《抖音运动健身报告》显示，2021年运动健身视频数量同比增长134%，健身类主播涨粉同比增加208%，直播收入同比增长141%。

跟着视频、直播云健身已经成为不少年轻人的生活方式。通过百度指数线上健身关注者的TGI分布来看，“Y世代”和“Z世代”扛起宅家健身的大旗，对线上健身

学习笔记

的喜爱程度明显高于其他年龄层。

国家统计局数据显示，2020 年全国体育产业总规模为 27 372 亿元。根据《全民健身计划(2021—2025 年)》，我国体育产业规模到 2025 年将达到 5 万亿元，体育产业正成为国家经济发展的重要引擎。2021 年，云健身市场占比提升至 47%。

从线上健身装备的热度来看，健身爱好者对穿戴设备和健身装备的需求标准越来越高，更加关注运动耳机、运动镜子、运动手环、体感设备、筋膜枪等电子科技类产品，掀起居家健身智能化浪潮。功能方面，筋膜枪超越拉筋板，成为用户拉伸放松的首选。拥有智能计数和无绳功能的跳绳也深受消费者喜爱。此外，消费者对跑步机的静音功能最为关注，关注度达 59%，折叠、减震功能关注度分别为 15%、14%。

资料来源：全民健身日：云健身“出圈”后体育数字化正当时[EB/OL].“人民网舆情数据中心”微信公众号，2022-08-09.(有修改)

试分析：从消费心理学的角度分析“云健身”受“Y 世代”和“Z 世代”追捧的原因。

二、极限运动及其衍生行业

“极限运动”一词来源于英语中的 extreme sports，是指一些近年流行的惊险刺激的另类体育运动项目，包括蹦极、攀岩、悬崖跳水、高山滑翔、滑板、平地花式、单车越野、野外攀岩、山地速降、冲浪、极限漂流、沙漠穿越等。它除了追求竞技体育超越自我生理极限“更高、更快、更强”的精神外，更强调参与和勇敢的精神，追求在跨越心理障碍时所获得的愉悦感和成就感。

我国的极限运动发展较晚。从 20 世纪 90 年代末开始，陆续举办了多项极限运动赛事，如中国极限运动精英赛、湖州全国极限运动大赛、深圳欢乐谷国际极限运动挑战赛等。与此同时，热爱这一运动的极限运动族的队伍也在日渐扩大。据《环球》杂志报道，目前国内发展较好的极限运动都已拥有比较固定的组织，这些组织往往以俱乐部的形式存在，许多已经有了良好的盈利前景。

极限运动及其衍生行业虽然是个小的细分市场，但其市场容量不容小觑。极限运动一族为满足个人生理和心理需要，往往在专业装备的投资上不惜血本，也因此催生出巨大的消费市场。

三、户外探险运动及其衍生行业

户外探险一般包括户外活动、自助旅行和登山探险三大内容。其中，户外活动又包括野外露营、登山、滑雪、自驾车、骑马、潜水等活动；自助旅行则根据个人的偏好，或侧重于比较新奇或时下比较热门的自助旅游线路，或侧重无人涉足、比较惊险的原始地带；登山探险则更强调活动的探险性和科学性，或探究探险胜地的自然原始风貌，或亲历探险家惊险的探险经历。

跟极限运动一样，户外探险运动也是近年来兴起的一项活动，主要参与者为一些挑战自身生理机能和智力的人。户外探险运动的兴起，同样也催生了一个个潜力

学习笔记

巨大的分众市场。

(一)户外探险运动服装市场

户外探险运动服装包括冲锋衣裤(户外活动必备，防风、防水、透气、耐磨)、抓绒衣(主要用来防风、保暖)、排汗内衣(户外运动后保持身体干爽)、快干衣裤(夏天出行必备，裤管、袖管一般是可以脱卸的)、羽绒衣裤(冬天出行或者去高原地带的保暖必备)、其他个人衣物(一次性内裤、汗衫、T 恤)等。

(二)户外探险运动鞋袜市场

户外探险运动鞋袜包括徒步登山鞋(耐磨、防水，一般为中高帮，可保护脚踝)、轻便运动休闲鞋(适合一般的郊游活动，或开车时穿)、运动凉鞋(可当拖鞋穿，夏天徒步时也可直接穿)、排汗袜子(热天可排脚汗，冬天可防冻伤)、普通运动袜、雪套(可以穿着在雪地或者泥泞路段)等。

(三)户外探险运动帽子、手套、眼镜市场

这类装备包括遮阳帽、抓绒帽(主要用于保暖)、薄手套(主要为了活动方便，比如可以拍照时用)、厚手套(主要用来保暖和保护双手)、眼镜(运动型为主，主要功能是遮阳)等。

(四)其他户外探险运动设备

其他户外探险运动设备包括背包、刀、火种、手表、指南针、头灯、手电筒、急救箱、睡袋、帐篷等。

思维导图

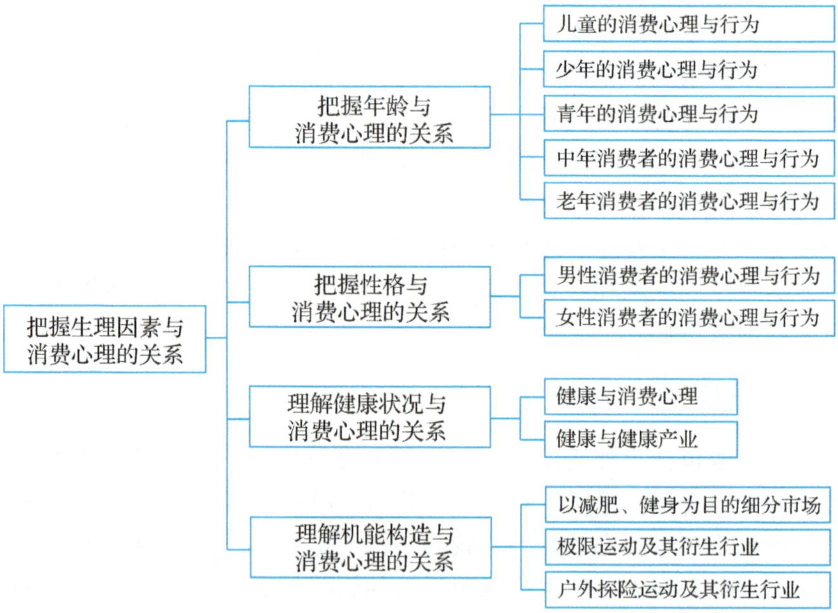

思考与练习

学习笔记

1. 概念理解

生理因素　健康产业　身体机能

2. 单项选择题

(1)下列关于少年的消费心理与行为特征的描述，不正确的是(　　)。

A. 喜欢与成年人比拟

B. 消费行为从受家庭影响逐步转向受社会群体的影响

C. 追求个性化

D. 购买的倾向性开始确立，购买行为趋向稳定

(2)下列关于中年人的消费心理与行为特征的描述，不正确的是(　　)。

A. 理智性购买多于冲动性购买

B. 计划性购买多于盲目性购买

C. 注重商品的实用性与便利性

D. 有比较稳定的消费习惯和品牌忠诚

(3)下列关于男性消费者的消费心理与行为特征的描述，不正确的是(　　)。

A. 注重商品的具体利益与实用价值

B. 购买行为的目的性与理智性

C. 购买动机形成的迅速性与被动性

D. 购买过程的独立性与缺乏耐性

3. 多项选择题

(1)下列关于儿童的消费心理与行为特征的描述，正确的是(　　)。

A. 需求内容从纯生理性需求逐渐发展为带有社会性的需求

B. 消费行为从模仿性消费为主逐步向个性化消费发展

C. 消费心理从不稳定发展到比较稳定

D. 儿童消费支出中玩具和其他益智类的娱乐产品占的比重比较大

(2)下列关于青年的消费心理与行为特征的描述，正确的是(　　)。

A. 追求新颖与时尚

B. 追求个性化

C. 注重感情和直觉，冲动性购买色彩浓烈

D. 理智性购买多于冲动性购买

(3)下列关于女性的消费心理与行为特征的描述，正确的是(　　)。

A. 购买行为的主动性与购买目标的模糊性

B. 购买行为受环境因素的影响较大

C. 注重商品的具体利益与实用价值

D. 具有浓厚的情绪、情感色彩

4. 问答题

(1)试述不同年龄阶段的消费者的消费心理特征及可采取的营销策略。

学习笔记

(2)试述不同性别的消费者的消费心理特征与购买行为特点，以及可以采取的营销策略。

(3)试述人们在追求健康时的消费心理及由此产生的需求内容。

案例分析

“00后”生活方式报告

不知不觉，“00后”已经长大。在不久前的奥运赛场上，“00后”撑起了“半边天”，也让我们了解到他们奥运之外丰富、时尚、个性的生活。他们为我们打开了一个了解“00后”的窗口，折射出“00后”的共同特质。他们有实力又有生活，活跃在各个领域，不断地开辟独属于他们这一代的生活方式。他们的态度与决断也将影响潮流与商业的创新迭代。

人民网研究院携手腾讯营销洞察(TMI)、腾讯用户研究与体验设计部(CDC)，对“00后”再次展开深入调查研究，发布《消费态度家，潮流推波者：2021“00后”生活方式洞察报告》，与社会各界一道，深入了解这一代年轻人的生活方式、选择偏好与消费行为。

在本次研究中，“00后”的样本主体聚焦成年人群。小部分未成年群体信息来源于监护人，或在明确信息收集目的、规范并征得监护人授权的情况下进行采集。

一、要人生精彩，也要生活好看

成长在物质生活与文化生活愈加丰富年代的“00后”，其消费选择更加多元，这群“小大人”早已形成了自己对待消费的看法。理解“00后”的消费诉求，可以通过八个字来概括：增长底气，享受生活。

对“00后”来说，学习是件正经事。他们当中的59%会在文化教育领域自主消费，进行自我投资。不仅为学业而努力，也乐于为丰富多元的文化体验付费，实现全面的发展。学习之外，“00后”在“吃、穿、用”上的消费也各有讲究，他们甚至赋予了服饰精神与文化的意涵，借由汉服、COSPLAY服装等特殊服饰体会文化、彰显兴趣。

由此可见，相比满足基本的生活需要，“00后”更倾向于生活品质的提升与追求美好生活。他们更看重消费中的个人感受，乐于尝试有故事、有灵魂的小众品牌。

对于“00后”来说，人生要精彩，生活要漂亮。

二、“曹县”的崛起，有“00后”的几分力？

1. 国风热潮，文化劲风

今年，一个小县城——曹县火出了圈。作为鲁西南服装制造基地，曹县的出圈离不开拥有百亿市场的汉服产业，而在这一市场背后，活跃着众多“00后”的身影。

前不久，一个“国风彩色墨水”品牌也在“00后”中掀起热潮。这个系列的墨水每款颜色与名称都源于诗词意象，或包含历史典故。兼具颜值与内涵的国风彩色墨水一经推出，便吸引了50多万“00后”粉丝关注与购买。

报告显示，26%的“00后”醉心国风，像汉服这样散发着古风气质、流淌着文化底蕴的产品，已经成为他们的“心头好”。

2. 动漫破圈，IP成势

“00后”是动漫圈坚实的“粉丝基础”。报告显示，37%的“00后”对动画、动漫怀有浓厚兴趣，对动漫IP的优质合作带有天然的好感。动漫营销中，“IP商品化”程度更高，移情营销效果也更显著。

新鲜有趣的动漫产品永远是“00后”的“宠儿”，兴趣驱动下，泛动漫文化将引领市场消费，成为“00后”不断追逐的潮流。

3. 娱乐畅玩，追求体验

电影、音乐、综艺、网络游戏等泛娱乐类兴趣是“00后”在学习与工作之外，渗透率最高的活动类型。对“00后”而言，他们乐于在线上展开丰富的泛娱乐类活动，也乐于为了更高品质的内容、提升自己的体验感而付费。

4. 理念创新，品类裂变

近年来，新兴品类市场也出现了更多天然爱尝鲜的“00后”。在采访中，不少“00后”表示跟着热点尝新、品鉴新产品对自己和身边的小伙伴而言，已是日常社交的一部分。

在“00后”的簇拥下，新理念、新品类必将迎来更宽广的前景。在这一路线下，健康软饮、国货美妆、营养代餐等品类品牌大放异彩，收获无数拥趸。这些新品牌强大的产品力叠加品牌故事、营销传播等软实力，完美邂逅更包容、尝鲜意愿更强的“00后”群体，创造了一股势头正猛的新品类、新理念流行热潮。

三、“00后”怎样作出消费决策？

1. 一边社交娱乐，一边种草消费

作为互联网原住民，“00后”在线上畅游的同时，也通过丰富的触点与外界相连。广义来看，对于“00后”而言，社交、娱乐早已不止于聊天，它们既是娱乐平台，也是“00后”的种草平台。

2. 熟人驱动消费，亲友是主力

除了丰富多元的线上节点，在线下关系的众多节点中，“00后”认为亲友类强关系群体最值得信赖，熟人驱动消费现象显著。

报告显示，“00后”的消费最容易受到熟人圈子的影响。日常生活中身边人的推荐或支持，仍是“00后”消费的主要动力。

当然，这一切都以他们的独立判断和思考为前提。“00后”在为自己消费时，产品的价格与质量难逃他们的“法眼”。当然，与其他代际相比，“00后”消费者也更挑“颜值”。总的来说，“00后”期待以最便宜的价格，为自己挑选到质量最好、“颜值”最高、口碑最佳的上乘产品。

四、让营销打法成为“吸粉”行为

1.“玩”在一起，备受青睐

理解“00后”的第一法则，是“买”与“玩”的深度捆绑。老套说教早已无法触发“00后”的共鸣，只有和“00后”“玩”在一起，才能叩响他们的心门。

学习笔记

怎样才能玩得默契，玩得精彩，玩出成效？第一招，联动国风、动漫兴趣圈层，打造符合这一群体审美兴趣与价值认同的产品，得到高效转化。第二招，扎根产品品质，注重物“美”价廉，以高性价比获得“00后”青睐。第三招，赋予品牌趣味人格与当代网感，通过年轻人最爱用的渠道，让“00后”乐见品牌，接纳品牌。

2. 标新立异，打造新宠

在“00后”的消费市场，潮流更迭前所未有的迅速。在“玩”的基础上，品牌必须标新立异，这样才能站稳脚跟。产品红利期也不可“躺平”，需不断探索新细分领域、打造生活方式新理念、快速迭代产品、打磨漂亮包装，才能有机会成为“00后”的“新宠”。

“00后”在成长，他们逐渐释放出难以估量的势能。

“00后”正崛起，他们的兴趣偏好将创造全新的商业与营销机遇。

未来属于年轻一代，一起持续关注这一富有活力的未来消费主力，陪伴他们的成长，理解他们的诉求。期待“00后”引领属于他们的新风潮！

资料来源：“00后”生活方式报告，信息量很大！[EB/OL]. 人民网，2021-11-02.(有修改)

试分析：

(1)结合案例材料，你认为“00后”的消费者行为呈现出哪些特点？

(2)在营销实践中，怎样根据“00后”的消费心理开展营销活动？

(3)该案例给你带来哪些启示？

实践与训练

根据消费追求健康的心理，设计一款新产品，使其能较好地满足消费者需求。

思政案例

医疗机构违规收费为何屡禁不止

2021年4月23日，海南省医疗保障局曝光台发布了2021年第二期曝光典型案件。

本次通报的五家医院，全部存在超疗程用药、超适应证用药、超医保限制范围用药、过度检查、重复收费、串换收费和虚计多计医用一次性耗材费用等违规使用医保资金行为，违规使用医保资金总计达7 500万元。其中，以海南省人民医院为典型，该院违规使用的医保资金高达5 399.90万元。2019年12月，国家医疗保障局飞行检查组对海南省人民医院组织开展了“飞行检查”，检查结果移交海南省医疗保障局进行复核处理。经复核，该院存在虚计多计医用耗材费用，过度检查、重复收取医疗服务项目费用、串换医疗服务项目收费、超医保支付范围用药等严重违规使用医保资金行为。据悉，该院违规使用的医保资金高达5 399.90万元，目前已全部追回。

对于这起违规行为，海南省医疗保障局依据《中华人民共和国社会保险法》《海南省定点医疗机构协议管理》等规定，对该院进行了处理，除了追回该院违规使用的医保资金外，还对该医院院长、分管医保工作副院长及科室负责人进行约谈，责成该院对违规问题进行全面整改。同时，还将该院违规问题情况通报给省医保服务中心处理。

除了海南省人民医院之外，还有四家医院被通报，分别为海南省中医院（三甲）、三亚中心医院（三甲）、海南现代妇婴医院和海南爱尔新希望眼科，涉及的医保违规金额分别为 1 000 万元、744.59 万元、95.43 万元和 267.5 万元，均已被追回。

海南省医疗保障局曝光的这几起案例并非个例，违规收费、乱收费现象在全国医疗机构中普遍存在。如何治理医疗机构乱收费现象，除了立法机构加强立法，监督检查机构加强监管外，病患的“病急乱投医”心理和维权意识也应该逐步纠正和提高。

资料来源：这家大三甲医院违规收费高达 5 400 万！医保局：全部整改！[EB/OL]. 健康界，2021-04-28.（有修改）

试分析：从消费心理学的角度解释医疗机构违规收费屡禁不止的原因。

学习笔记

学习笔记

模块四 掌握影响消费心理的外部因素

项目七 洞悉社会因素与消费心理的关系

知识目标

1. 了解不同国家(或地区)经济发展水平和消费者个人收入对其消费行为的影响。
2. 理解社会群体因素，如消费者所属社会阶层、行动群体和职业群体对其消费行为的影响。
3. 理解社会文化对消费者行为的影响，掌握中国传统文化影响下独特的消费行为模式。
4. 掌握家庭环境对消费者行为的影响。

能力目标

1. 能运用社会经济状况对消费结构和消费层次的影响，分析某一区域市场的机会和潜力。
2. 能列举社会群体因素对消费者行为的影响。
3. 能根据中华优秀传统文化对消费行为的影响，设计一款新产品，使其能较好地满足消费者的需求。
4. 能就某款家庭用品，策划一个促销方案，使其能较好地满足目标消费者的需求。

素养目标

1. 将党的二十大精神与专业学习相结合，深刻理解全面建成小康社会和实现共同富裕对我国消费升级的重要意义。
2. 深入贯彻以人民为中心的发展思想，将建设物质文明和精神文明相协调的现代化作为营销工作的指导方针。
3. 在营销活动中积极融入中华优秀传统文化元素，增强中华文明传播力影响力。

学习笔记

任务一　理解经济状况与消费心理的关系

经济状况是指企业从事市场营销活动时其所面临的目标市场的经济状况及其发展趋势，包括经济总量、经济发展水平和消费者个人收入等因素。目标市场经济发展状况影响商品的需求规模、需求结构、分销体系及整个营销过程。

一、经济总量与消费者行为

经济总量包括社会总需求和社会总供给两方面。社会总需求是指社会总的购买力——买方，社会总供给是指社会商品和服务的总供应量——卖方。衡量社会总需求的因素包括国民总收入或国内总收入、人均收入及收入分配等。

(一)国民总收入和国内总收入

国民总收入(gross national product，GNP)是指一个国家的国民在国内、国外所生产的最终商品和劳务的总和。国内总收入(gross domestic product，GDP)即国内生产总值，是指在一定时期一个国家的国土范围内，本国和外国居民所生产的供最终使用的商品和劳务的总和。国民总收入(或国内总收入)是衡量经济发展规模的重要指标。从国民总收入的增长幅度，可以了解一个国家经济发展的状况和速度。从宏观上来说，国民总收入越高，说明该国的市场规模越大；反之则越小。同时，国民总收入的增长会带动人均收入的增长，导致消费结构发生变化，从而引起需求结构发生变化(见图 7-1)。

世界各国经济情况

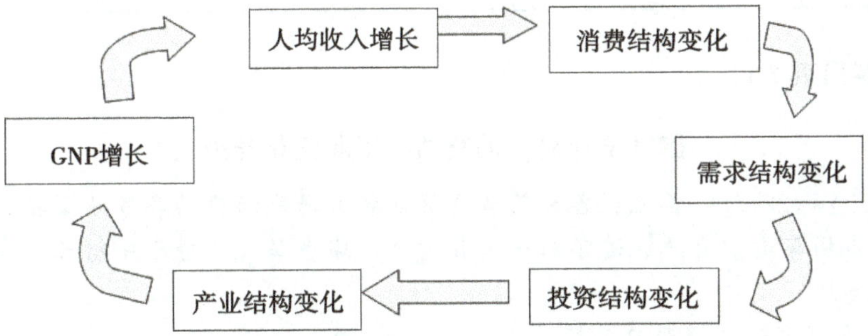

图 7-1　国民总收入与人均收入、需求结构的关系

我国各省经济情况

(二)人均收入

人均收入(per capita income)是指用国民总收入除以总人口数的比值。这个指标大体反映了一个国家或地区消费者生活水平的高低，也在很大程度上决定该国或该地区的市场潜力、消费水平、消费结构等。一般来说，人均收入越高，消费者的需求规模越大，需求范围越广，需求层次越高；反之，需求规模越小，需求范围越窄，需求层次越低。因此，在开展营销活动时，要用国民总收入和人均收入两个指标来综合测定目标市场的市场潜力。

学而思：你所在城市上一年的人均收入是多少？你认为此数据是否合理？

学习笔记

我国城市 GDP 排名

(三)收入分配

影响一个国家(或地区)需求规模、需求结构和需求特点的因素，除该国家(或地区)的国内生产总值或人均国民收入外，还要看收入分布的均衡程度。例如，相同人均收入水平和人口数量的两个国家(或地区)，其中一个国家(或地区)收入较均衡，但另一个国家(或地区)收入差别很大，那么，在收入差别大的国家(或地区)，由于大部分的财富在少部分人手中，而大部分人仅拥有很少的财富，因此，高档消费品的市场规模会小于人均收入较均衡的国家(或地区)。

国际通用的衡量收入分配均衡程度的标准是基尼系数(Gini coefficient)。联合国有关组织判断收入差别的标准：基尼系数在 0.2 以下表示收入绝对平均，0.2～0.3 表示比较平均，0.3～0.4 表示相对合理，0.4～0.5 表示收入差距较大(0.4 为联合国警戒线)，0.6 以上表示收入差距悬殊。

1996—2022 年我国基尼系数统计情况，如表 7-1 所示。

表 7-1 我国基尼系数统计情况

年份	基尼系数	年份	基尼系数	年份	基尼系数	年份	基尼系数
1996	0.485	2003	0.479	2010	0.481	2017	0.467
1997	0.403	2004	0.473	2011	0.477	2018	0.468
1998	0.403	2005	0.485	2012	0.474	2019	0.465
1999	0.397	2006	0.487	2013	0.473	2020	0.468
2000	0.417	2007	0.484	2014	0.469	2021	0.466
2001	0.490	2008	0.491	2015	0.462	2022	0.465
2002	0.454	2009	0.490	2016	0.465	2023	暂无

【实例分析 7-1】

国家统计局：消费结构不断优化升级

党的十八大以来，各地区各部门认真落实扩大居民消费的各项政策措施，持续完善消费市场环境，有效促进了居民消费增长，城乡居民消费水平持续提高，消费结构优化升级。

1. 发展型享受型消费日益提升

具体来看，居民消费能力不断增强。2021 年全国居民人均消费支出 24 100 元，比 2012 年的 12 054 元增加 12 046 元，人均消费支出累计名义增长 99.9%，年均名义增长 8.0%，扣除价格因素，累计实际增长 67.4%，年均实际增长 5.9%。

恩格尔系数逐步下降，生活品质不断提高。食品烟酒支出占消费支出的比重(恩格尔系数)从 2012 年的 33.0%下降至 2021 年的 29.8%，下降 3.2 个百分点。居民恩格尔系数的下降，标志着居民生活水平的进一步提高。

随着居民收入水平的提高和消费领域的不断拓展，居民消费结构持续优化升级，交通出行、子女教育、医疗服务等消费快速增长，服务性消费支出占比逐步提高。

学习笔记

2. 耐用消费品持续升级换代

随着居民收入和消费水平的提高，家庭耐用消费品持续升级换代。同时，党和国家把加快地方基础设施建设作为提升民生保障水平的重要载体，努力推进基本公共服务均等化，公共设施覆盖率提高，居民生活质量持续提升。

随着居民收入水平不断提高，消费能力进一步增强，消费升级步伐加快，城乡居民主要耐用消费品拥有量不断增多，汽车、空调、移动电话等在居民家庭中日渐普及。

3. 居住条件和质量明显改善

随着棚户区改造、廉租房和经济适用房建设，以及贫困地区危旧房改造项目的推进，城乡居民居住条件明显改善。

4. 生活环境和品质持续向好

“四通”覆盖面不断扩大。截至 2021 年，全国范围内通电的社区已基本实现全覆盖。城镇地区居民所在社区已基本实现全部通电话和通有线电视信号，有 99.9%的住户所在社区实现通公路，比 2013 年提高 0.7 个百分点。农村地区分别有 99.9%、99.8%和 99.9%的住户所在自然村实现通电话、通有线电视信号和通公路，比 2013 年提高 1.3 个、10.6 个和 1.6 个百分点。

5. 医疗服务和教育服务水平提高

报告称，随着城乡医保并轨政策的深入推进，健康中国战略的全面实施，城乡居民能够享有的医疗公共服务水平逐步提高。

资料来源：杨曦．国家统计局：消费结构不断优化升级[EB/OL]．中国日报网，2022-10-11.(有修改)

试分析：我国内地居民消费结构不断优化升级的基础是什么？

二、经济发展水平与消费者行为

一般来讲，一个国家(或地区)在经济发展上会具有明显的阶段性。在不同的经济发展阶段，经济结构和经济发展水平会有显著差异，消费者的收入水平也会相差很大，因此其消费水平和消费特点也会很不一样。例如，对消费品市场来说，经济发展水平比较高的国家(或地区)，消费者会比较关注产品的款式、品质、品牌形象等方面，对价格相对不那么敏感；而在经济不发达的国家(或地区)，消费者则会比较在意产品的价格、功能及实用性。

此外，经济发展水平不同会影响到消费者对购买地点及渠道的选择。一般来讲，经济发展水平较高的国家(或地区)，消费者会倾向于选择在大规模的零售连锁业态购买，如超级市场、购物中心和便利店等；而经济发展水平较低的国家(或地区)，消费者多选择在离家近的、比较廉价的商品市场购买。

关于经济发展阶段的划分，国际上有多种标准，比较有代表性的有华尔特·罗斯托(W. W. Rostow)的经济发展阶段理论、霍利斯·钱纳里(Hollis B. Chenery)等人的经济发展阶段划分标准和世界银行的划分标准。

学习笔记

(一)华尔特·罗斯托对经济发展阶段的划分

美国学者华尔特·罗斯托根据他的经济发展阶段(stages of market development)理论，将世界各国按经济发展水平划分为六个阶段，处于不同发展阶段国家的经济特征，如表7-2所示。

表7-2 华尔特·罗斯托对经济发展阶段的划分

传统社会阶段	在此阶段，没有现代科学技术；资源过多配置在农业，而非工业；在社会组织中起主导作用的是家族和氏族；生产力水平很低，人均实际收入仅够维持生存
起飞前准备阶段	这是从传统社会阶段向起飞阶段转变的过渡阶段。在此阶段，近代科学知识开始在工业生产和农业革命中发挥作用；金融业开始发展，并为新的投资提供资金；商业随着交通运输业的改进而扩大；农业的发展具有基础性的作用，它既要提供更多的粮食来养活迅速增长的城市人口，又要为工业的发展提供资金积累和销售市场。因此，农业产量的增长具有重要意义，它决定着此过渡时期持续时间的长短
起飞阶段	在此阶段，阻碍经济增长的问题得到解决，增长成为各部门的正常现象。农业劳动力逐渐从农业中解脱出来，进入城市劳动，人均收入大大提高。罗斯托认为，一个区域一旦实现起飞，经济就可以“自动持续成长”，因为较大的积累比例和较强的主导部门，会使经济发展所需要的资本、技术比较充足，所需要的原料生产与供给、交通运输、劳动力供给等问题也可以得到解决。起飞阶段大致为30年
成熟阶段	这是起飞后经过较长时期的经济持续发展所达到的一个新的阶段。在此阶段，经济中已经有效地吸收了当时技术的先进成果，并有能力生产自己想要生产的产品。新的主导部门建立，逐步代替旧的主导部门，国民收入中有10%～20%稳定地用于投资。一般来说，铁路建筑、钢铁工业及大量使用钢铁的通用机械、采矿设备、化工设备、电力工业和造船工业等部门的发展，是一国经济“成熟”的标志。在向成熟阶段推进的过程中，成长所依靠的是对供给方面的投资，也就是靠对工业设备部门的投资，并由此带动了经济成长
高消费阶段	此阶段工业高度发达，经济的主导部门转向耐用消费品的生产，社会对高额耐用消费品的使用普遍化。越来越多的资源用来生产耐用消费品。技术工人和城市人口的比重都比前一阶段有所提高。用来供社会福利和保障之用的一部分资源逐渐增大；人们的生活方式发生了较大变化
追求生活质量阶段	在此阶段，以服务业为代表的提高居民生活质量的有关部门成为主导部门。这些部门的特点是提供劳务，而非生产物质产品。居民追求时尚与个性，消费呈现出多样性和多变性，人类社会将不再只以物质产量的多少来衡量社会的成就，还包括以劳务形式、环境状况、自我实现的程度所反映的“生活质量”的高低。

资料来源：袁晓莉，雷银生．国际市场营销学[M]．北京：清华大学出版社，2013.(有修改)

(二)霍利斯·钱纳里对经济发展阶段的划分标准

霍利斯·钱纳里等人通过对世界100多个国家的人均GDP变化与经济增长的相关性进行分析研究，按人均GDP指标将各国经济发展划分为六个阶段，其中第二阶段为准工业化阶段，第二至第五阶段为工业化阶段，第六阶段为发达经济阶段(美国学者丹尼尔·贝尔称之为后工业化阶段)。霍利斯·钱纳里对经济发展阶段的划分标准，如表 7-3 所示。

表 7-3　钱纳里的人均 GDP 水平与经济发展阶段相关模型　　(单位：美元)

时期	人均 GDP 的变动范围			发展阶段	
	1964 年	1970 年	2008 年		
第一阶段	100～200	140～280	819～1 638	初级产品生产阶段	准工业化阶段
第二阶段	200～400	280～560	1 638～3 277	工业化初级阶段	工业化阶段
第三阶段	400～800	560～1 120	3 277～6 553	工业化中级阶段	
第四阶段	800～1 500	1 120～2 100	6 553～12 287	工业化高级阶段	
第五阶段	1 500～2 400	2 100～3 360	12 287～19 660	发达经济初级阶段	后工业化阶段
第六阶段	2 400～3 600	3 360～5 040	19 660～29 490	发达经济高级阶段	

(三)世界银行的国别收入分组标准

世界银行按人均国民总收入，对世界各国经济发展水平进行分组。通常把世界各国分成四组，即低收入国家、中等偏下收入国家、中等偏上收入国家和高收入国家。但以上标准不是固定不变的，而是随着经济的发展不断进行调整。按世界银行公布的数据，2019 年的收入分组标准如表 7-4 所示。

表 7-4　世界银行的国别收入分组标准(2019 年)

人均国民总收入分组	划分标准
低收入国家	1 035 美元以下
中等偏下收入国家	1 036～4 045 美元
中等偏上收入国家	4 046～12 535 美元
高收入国家	12 536 美元以上

资料来源：国家统计局综合司，中华人民共和国国家统计局官方网站

三、个人收入与消费者行为

个人收入是指个人从各种来源中所得的全部收入，包括消费者个人的工资、退休金、红利、租金、赠予等收入。消费者个人收入决定了消费者个人和家庭购买力总量及消费结构。

个人收入可分为个人可支配收入和个人可任意支配收入。

个人可支配收入是指在个人收入中扣除税款和非税性负担后所得的余额，是个人收入中可以用于消费支出或储蓄的部分，构成实际的购买力。

个人可任意支配收入是指在个人可支配收入中扣除用于维持个人及家庭生存不可缺少的费用(如房租、水电、食物、燃料、衣着等项开支)后剩余的部分。这部分收入是决定个人消费能力和消费水平的重要因素，也是影响消费者行为的经济因素的核心要素。此外，由于很多产品是以家庭为基本消费单位的，如冰箱、抽油烟机、

学习笔记

学而思：你的个人收入(生活费)中，有多少用于食品支出？

学习笔记

空调等，因此家庭总收入的高低会影响这部分产品的市场需求。一般来讲，家庭收入越高，购买力越强，购买范围越广，消费层次也越高；反之，则购买力越弱，购买范围越窄，消费层次也越低。

一般说来，个人和家庭收入对消费者行为的影响主要体现在消费结构和消费水平方面。衡量一个国家(或地区)消费者的消费结构和水平，可以用著名的恩格尔定律来描述。恩格尔定律是由德国著名的统计学家恩斯特·恩格尔(Ernst Engel)于1857年提出来的。该定律认为：随着家庭和个人收入的增加，收入中用于食品方面的支出比例将逐渐减小，反映这一定律的系数被称为恩格尔系数。用公式表示为：

$$\text{恩格尔系数}(\%)=\frac{\text{食品支出总额}}{\text{家庭或个人消费支出总额}}\times 100\%$$

我国恩格尔系数

恩格尔定律主要表述的是食品支出占总消费支出的比例随收入变化而变化的一定趋势，揭示了居民收入和食品支出之间的关系，用食品支出占消费总支出的比例来说明经济发展、收入增加对生活消费的影响程度。众所周知，食物是人类生存的第一需要，在收入水平较低时，其在消费支出中必然占有重要地位。随着收入的增加，在食物得到基本满足的情况下，消费的重心才会开始向穿、用等其他方面转移。因此，一个国家或家庭生活越贫困，恩格尔系数就越大；反之，生活越富裕，恩格尔系数就越小。根据联合国粮农组织提出的标准，恩格尔系数在59%以上为贫困，50%～59%为温饱，40%～50%为小康，30%～40%为富裕，低于30%为最富裕。

任务二　把握社会群体与消费心理的关系

消费心理与行为的个体差异性，主要受个人因素的影响，很大程度上也受社会群体及其规范的影响。个体作为社会的一分子，总是生活在一定的社会关系和社会群体之中，群体成员的价值观、消费观、消费水平和偏好等会对其消费心理和行为产生强大的制约与规范作用。影响个体消费心理与行为的群体因素主要有社会阶层、家庭环境、消费者行动群体和职业群体等。在这些因素中，因家庭环境对个人价值观、消费观的形成影响更加深远，所以我们单独放在本项目任务四中讨论。

一、社会阶层与消费行为

(一)社会阶层及其划分

社会学把由经济、政治、社会等多种原因而形成的，在社会的层次结构中处于不同地位的社会群体称为社会阶层。社会阶层有以下几个特征：第一，同一阶层的人群具有相似的行为；第二，社会阶层的地位有高有低；第三，社会阶层是职业、个人收入、教育等因素综合的结果；第四，社会阶层的内涵会变动，而且个体会提升到较高阶层或下降到较低阶层。

学而思：你认为哪些消费品可以象征所谓的地位或阶层？

(二)社会阶层与消费行为的关系

1998年，由美国宾夕法尼亚大学的文学教授、著名文化批评家保罗·福塞尔所著《格调》一书由中国社会科学出版社翻译出版，在中国知识界引起轰动。书中提到，个人的社会地位是通过消费细节而显示和界定的，个人的消费行为可以划分自己所处的社会阶层和地位等级，即消费是体现地位的一个重要方面，消费具有界定地位的象征作用。

消费被赋予象征意义后，“满意”就成了相对的消费概念，消费者的“满意”逐渐由他人来界定。“地位”成为消费的理由和依据，人们常常为显示自己的地位或表示尊重别人的地位而作出消费决策。

象征消费有两层意思：一是“消费的象征”，即借助消费表达和传递某种意义和信息，包括自己的地位、身份、个性、品位、情趣等；二是“象征的消费”，即人们不但消费商品本身，而且消费这些商品所象征或代表的某种文化和社会意义，包括心情、美感、档次、身份、地位、氛围、情调等。

象征消费的典型体现是在品牌消费中。品牌对消费者具有三重价值：功能价值、象征价值和体验价值。其中，象征价值主要是用来回答和识别“我是谁”。

【实例分析 7-2】

教养与奢华无关

“奢华”这种东西本来是可以见怪不怪的，正所谓“奢华见惯亦平常”。可是有一天，我在杂志上看到一篇介绍英国手工定制鞋的文章，作者先是不断渲染英国绅士的低调含蓄，一两千字之后笔锋忽然一转，他还是未能免俗地要大谈这鞋子有多奢华，并将其定位为“低调的奢华”。然后把绅士等同于品位，再将品位等同于奢华。许多媒体早就在“奢华”和“品位”之间画上等号了，但现在有人进一步连“绅士”也挂了上去，这就让我觉得有些刺眼了。

我的生活奢华不起，我的言行也离绅士甚远，可我总算读过不少传说中的英国绅士写的东西。在我的印象中，绅士和奢华根本是两个完全不同的概念。

一个人不能做物质的奴隶，但他的人格、性情或许可以借着物质偶尔散发出来。简单地讲，这就是教养。“教养”是一个何其古老、于今天何其陌生的词啊。这个词本来才是品位的绝配。不过，由于教养困难，奢华容易，我们今天才会把品位许给了奢华，让空洞的、无止境的消费去遮掩教养的匮乏。久而久之，甚至开始有人以为，英国的传统绅士皆以奢华为人生第一目标。

资料来源：梁文道．教养与奢华无关[J]．中华文摘，2016.(有修改)

试分析：为什么有人认为“教养等同于奢华”？

二、消费者行动群体与消费行为

在西方消费者保护运动中，涌现出一种特别的社会群体，即消费者行动群体(consumer-action groups)。它可大致分为两种类型：一种是为纠正某个具体的有损消费者利益的行为或事件而成立的临时性团体，另一种是针对某些广泛的消费者问题而成立的相对持久的消费者组织。前者如消费者临时组织起来，针对商家的某些不良经营行为(售卖假冒伪劣商品等)进行抵制，统一采取罢购行动或转购其他商家商品；后者如针对高脂肪、高蛋白、高热量食品对人们健康的危害，许多消费者联合起来，倡导健康饮食。大多数消费者行动群体的目标是唤醒社会对有关消费者

学习笔记

学而思：你是否赞同动物保护主义者的一些行为？

学习笔记

问题的关注，对有关企业施加压力和促使它们采取措施，矫正那些损害消费者利益的行为。

三、职业群体与消费行为

职业是指人们从事的相对稳定的、有收入的、专门类别的工作。不同职业群体的人，由于收入水平、生活环境、职业声望和社会地位不同，会形成不同的消费观念和消费习惯；同一职业群体的人，由于长期处于相似的工作环境和社会圈层中，会逐渐形成相似的消费观念和消费习惯。

任务三　洞悉社会文化与消费心理的关系

社会文化因素对人的行为的影响是十分广泛和深远的。这里我们将分别探讨文化和亚文化对消费者行为的影响。

一、社会文化与亚文化

(一)社会文化

1. 社会文化的含义

社会文化是与基层广大群众生产和生活实际紧密相连，由基层群众创造，具有地域、民族或群体特征，并对社会群体施加广泛影响的各种文化现象和文化活动的总称。广义的文化是指人类社会历史实践过程中，人类所创造的物质财富和精神财富的总和；狭义的文化是指社会的意识形态及与其相适应的文化制度和组织机构。

从文化对人的行为影响的角度出发，我们将社会文化定义为：由一个社会群体中影响人们行为的态度、信念、价值观、规范、风俗、习惯等构成的复合体。

2. 社会文化的特点

(1)社会文化的后天习得性。文化是一种习得行为，它不包括遗传性或本能性反应。有人说过，“许许多多历史形成一点点传统，许许多多传统形成一点点文化”。可见，社会文化是人类在漫长的社会实践过程中逐渐形成和积累起来的。

(2)社会文化影响的无形性。文化是无形的，它对人的影响是潜移默化的。人们总是与同一文化背景下的其他人一样行动和思考，因此很难感受到文化的力量。只有当我们离开自己熟悉的文化环境，进入到一个陌生的环境中时，才会感受到这种不同。

(3)社会文化既有稳定性，又有可变性。社会文化是在一定的社会环境中形成的，因此具有相对的稳定性。一种文化一旦形成，便会在一定时期内发挥作用，并通过各种形式传承下去。同时，社会文化又是动态的，它会随着时间的变化而缓慢的演变。

(4)社会文化的规范性。通常情况下，社会文化会为人们规定其行为的边界，也就是我们通常所说的社会规范，即在特定情境下人们应当或不应当作出某些行为的规则。当一个人的实际行为与规范相背离时，就要受到惩罚。

学习笔记

(二)亚文化

亚文化是存在于主文化之中的、有特色的文化群。在亚文化内部，人们的态度、价值观和行为方式等方面更具相似性。亚文化是主文化的一部分，某一亚文化群体所具有的独特行为模式，是建立在主文化群体的历史及现状基础之上的。尽管亚文化群体与主文化群体在行为模式上具有共性，但其往往会具有自己独特的风格和魅力。

一般来说，我们可以根据人口特征、地理位置、政治法律环境、宗教信仰、风俗习惯和价值观念等将人们划分为不同的亚文化群体。

二、社会文化与亚文化对消费者行为的影响

社会文化对消费行为的影响是多方面的。具体来说，这种影响体现在以下几个方面。

学而思：举例说明社会文化或亚文化对消费者行为的影响。

(一)规定人们的消费习惯

社会文化规定人们的消费习惯，决定人们的消费需要的内容和满足消费需要的方式。人们吃什么、买什么、穿什么、用什么、怎样吃、怎样用，这些都会受到社会文化的影响。社会文化中的某种风俗习惯常常制约人们的消费行为。例如，中国人习惯喝茶水，欧洲人习惯喝咖啡；我国南方人习惯吃大米，北方人习惯吃面食。

(二)影响人们的消费行为

社会文化通过调节人们的生活方式、价值观念、审美情趣等来影响人们的消费行为。在社会文化的作用下，人们会形成相应的生活方式、价值观念和审美情趣。而这些方面一旦确定下来之后，就会对人们的消费行为产生制约作用。比如，在西方一些国家，人们喜欢去快餐店就餐，即使在家就餐，也是购买半成品。这样一来，快餐食品和熟食食品在这些国家就非常流行。而在中国，人们喜欢购买各种主副食原料，自己烹调。

(三)对消费行为的影响并非强制性的

一个人从出生之日起，就开始接受社会文化的熏陶和教化，父母的训诫、学校的教育、社会的约束，以及个人的生活经历，都会对其行为产生影响，并打上深刻的社会文化的烙印。但这种熏陶和教化是无形的，它往往使人在不知不觉中接受社会文化所确立的准则。

(四)为人们提供行为准则

社会文化往往会对人们的行为起到规范的作用，为其提供行为准则。但社会文化能否对人的行为起到绝对支配作用，还要看这种文化是否能满足人的需要，能否适应社会的发展。如果一种社会文化不能满足人们的需要，人们就会修正这种文化，并创造出新的文化来代替它。人们的需要是不断变化的，社会文化也是不断发展的。因此，在从事营销活动时，一定要紧跟社会文化发展的潮流，不断推出新的产品或服务。

学习笔记

【实例分析 7-3】

“国潮”趋势下的文化思考

“国潮”一般指带有中国传统文化元素的日用商品和文创产品。近年来，一些商业品牌和文创产品与中国传统文化元素相结合，不仅在商业上大获成功，也引领了文化的潮流。

“国潮”消费趋势背后的文化心理引人深思。这首先在于如今的年轻人具备较强的文化自信。随着中国综合国力与国际影响力的全面提高，伴随国家繁荣进程成长起来的年轻人，终于可以平视世界，过去一度流行的“外国的月亮比中国的圆”的调调，已经没有了市场。因此，年轻人成为“国潮”消费的主力，这并不令人意外，而是中国经济与社会发展的必然结果。

再者，年轻人对中国传统文化日益热衷。从十几年前的“国学热”开始，穿汉服、品诗词、听古风音乐，已经从小圈子里的亚文化，变成日益主流的流行文化。其实很多年轻人也未必了解这背后的历史文化知识，仅仅是凭直觉感受其中的美感。

从表面上看，这是商家营造的消费氛围所致，但本质上还是中国人体内的文化基因被唤醒了。传统文化的博大精深其实一直存在，只是在过去国力不强大的时候被暂时压抑，或者被一些人刻意忽视。如今，年轻人终于不用再羞羞答答地穿上汉服逛街，越来越多的人喜欢购买带有传统文化元素的文创产品，相关消费领域也在蓬勃发展。

当然，在这股热潮之中，难免会存在浮躁的问题，一些“国潮”产品过度同质化，也容易让人“审美疲劳”。因此，我们不能只看一时的利益得失，而是要有文化发展的长远眼光，要将“国潮”趋势融入中国文化的繁荣之路，更好地发挥“国潮”的价值。

从历史大势上看，提升“国潮”产品中的创新力，积极开发更吸引消费者的产品，深入研究传统文化元素在现代产品中转化的方法，是维持“国潮”影响力的必由之路。在这个过程中，年轻人将扮演见证者与参与者的角色，随着更多的“国潮”产品流行国内，乃至走出国门，中国文化中的优秀部分也将得到发扬光大。

资料来源：黄西蒙.“国潮”趋势下的文化思考[N]. 中国艺术报，2021-11-30.(有修改)

试分析：“国潮”产品兴起背后的心理学因素有哪些？

三、中国传统文化与消费者行为

“根文化”的词汇

中华民族具有五千年的悠久历史，在漫长的历史演进过程中，形成了其灿烂的民族传统文化，并影响着一代又一代的中国人。

(一)中国传统文化的特点

1. 以“根”为本的文化

20世纪90年代，《把根留住》这首歌因把华人心底对国、对家的眷念之情表达得淋漓尽致而被传唱祖国大江南北和世界华人圈，至今仍余音袅袅。在中华民族的词典中，有许许多多的词语反映人们对国家、民族、家庭的重视和对生命血统延续的渴望。

2. 讲究中庸之道

中庸是中国人的一个非常重要的价值观，几千年来一直深刻地影响着亿万华人的思想和行为。它一方面保证了传统民族文化发展的稳定性，同时也约束着人们的行为，使之不能有逾矩之举。“过犹不及”“木秀于林，风必摧之”“堤高于岸，流必击之”“枪打出头鸟”等都是中庸文化的体现。

3. 注重人际关系

可以说，中国社会充满了人情。一个人从出生之日起，就置身于一张庞大的社会关系网络中，亲戚、朋友、同学、同事、战友、老乡、上级、下级等关系，构成了纵横交错的关系网。在处理这些关系的时候，特别强调互动性。

4. 注重“和”的文化

在中国人的价值观念里，对“和”的重视可以说是其他民族无可企及的。这是中庸文化的体现，但其对社会和个人的影响力又远远超出了中庸文化的范畴。“阴阳调和”“天时地利人和”“家和万事兴”“和谐社会”“和气生财”等词汇都集中体现了“和”文化特点。

5. 讲求“面子”

林语堂在其成名作《吾国吾民》(又名《中国人》)一书中曾写道，“面子”是统治中国人的三位“女神”中最有力量的一个，是“中国人社会交往中最细腻的标准”。

“面子”是中国传统文化、传统价值观念、人格特征、社会文化的耻感取向共同作用的综合体。

6. 注重“地位”与“礼”

儒家思想非常强调行为举止与地位的一致性，因此，每一个人都须按社会规定的、与自身地位和角色相匹配的行为规范行事，否则就会被视为“不合规矩”。

(二)中国传统文化对消费行为的影响

在上述中国传统文化的特点中，对中国人消费观念和消费行为影响至深的是“脸面文化”和“根文化”。下面我们将重点讨论其对中国人消费行为的影响。

1.“脸面文化”与“面子消费”

尽管“脸面文化”有时会导致人们过度消费，从而形成不健康的消费理念，但通过深入研究“脸面文化”和消费行为之间的相互关系，我们可以更好地理解人们的消费行为及其背后的价值取向，从而引导其理性消费。

2.“根文化”与“根消费”

与中国人注重家族、家庭和生命血统延续的观念相关的“根消费”行为主要体现在教育消费、仪式消费、祭祖消费、房地产消费和节庆消费等方面。

任务四　理解家庭环境与消费心理的关系

家庭是以婚姻、血缘关系或有收养关系的成员为基础组成的一种社会生活组织形式或社会单位，父母、子女是家庭的基本成员。

家庭按其组成形式不同，可以分为核心家庭和扩展家庭。核心家庭是由父母和子女组成的家庭，这种家庭结构在当今世界各国占主流，因而构成最基本的家庭类型。扩展家庭是包括核心家庭和其他亲属在内的家庭组成形式，最常见的是包括父

学习笔记

学而思：你是否认同中庸之道？请说明原因。

学习笔记

母及祖父母、外祖父母在内的大家庭。

一个人的成长与家庭环境关系最为密切，其价值观、消费观、消费习惯等很大程度上受到家庭环境的影响。另外，家庭作为社会的基本单位，也是生活消费的主要力量。影响消费行为的家庭环境因素主要包括家庭生命周期和家庭结构两个方面。

一、家庭生命周期与消费行为

家庭生命周期是指一个家庭从建立到解体所经历的整个过程。家庭生命周期是影响消费者消费倾向变化的重要因素之一。一般家庭生命周期分为五个阶段，即初婚期、生育期、满巢期、空巢期和鳏寡期。在每一个发展阶段，每个家庭都存在许多共同的、明显的消费行为特点，具体如表7-5所示。

表7-5 家庭生命周期与消费行为

家庭生命周期阶段	家庭环境主要特征	消费行为特点
初婚期	初婚期是指从结婚登记成为合法的夫妻并建立家庭开始，到第一个子女出生之前的阶段	(1)消费支出额大，消费水平高，突击性的消费行为比较明显，购买商品讲究时髦与流行； (2)消费范围主要包括组建家庭所需的住房、家具、家用电器和其他家庭用品
生育期	生育期是指从第一个孩子出生，到最小的孩子被抚养成人的阶段	(1)家庭支出的大部分用于子女的培养教育； (2)家庭消费的主要商品包括儿童食品、儿童文化娱乐用品、儿童服装等
满巢期	满巢期是指从子女陆续长大成人，到他们陆续结婚并与父母分居前的阶段	(1)子女开始有一定的经济收入，家庭的总收入处于最高峰，总的消费水平很高，有能力共同购买大件商品； (2)子女的消费经验已经成熟，能共同参与商品的评价、选择和购买活动，甚至在某些家庭中成为主要决策者； (3)家庭的主要支出以满足整个家庭成员的消费需要和为子女的结婚生育进行家庭储蓄为主
空巢期	空巢期是指子女陆续组建新的家庭，逐渐与父母分居，成为另一个消费单位的阶段	(1)家庭总收入增加，人均消费达到较高水平； (2)家庭支出主要用于以下几个方面：一是子女建设新家庭时所需；二是用于第三代的各项消费；三是用于家庭储蓄，以及应对意外和购买养老用品等
鳏寡期	鳏寡期是指夫妻双方有一方去世，另一方独居或与子女同住的阶段	(1)如果是一方老人与子女同住，其消费行为受子女的影响较多；如果是独居，则其消费行为主要受原来的消费习惯、个人兴趣及现有的收入水平等因素的影响； (2)对医药、保健品等有较大的需求

二、中国家庭结构与消费行为

家庭作为社会的细胞，是人类生存、发展及延续的基本单位，家庭结构的现状及发展变化对于国家和民族的发展决策有着基础性意义。近些年，我国家庭结构特征发生显著变化：家庭规模正在快速地缩小，向小型化与微型化发展；在三种主要家庭结构中，当前核心家庭的比例在下降，主干家庭和联合家庭比例较为稳定；特殊家庭结构的比例有所上升；家庭结构呈现代际扁平化发展的趋势；城乡家庭结构依然存在着显著差异。

使家庭结构特征发生变化的原因，除了生育政策的贯彻和执行外，还有婚姻观及生育观的转变，经济因素对家庭结构的影响，以及社会保障制度、社会福利制度和养老制度的完善。

2021 年 8 月 20 日，第十三届全国人民代表大会常务委员会第三十次会议通过了关于修改《中华人民共和国人口与计划生育法》的决定。修改后的人口计生法规定，国家提倡适龄婚育、优生优育，一对夫妻可以生育三个子女。国家采取财政、税收、保险、教育、住房、就业等支持措施，减轻家庭生育、养育、教育负担。

【实例分析 7-4】

"三胎"经济学

优化人口结构，三孩政策"千呼万唤始出来"。2021 年 5 月 31 日，中共中央政治局召开会议，审议通过《关于优化生育政策促进人口长期均衡发展的决定》，进一步优化生育政策，实施一对夫妻可以生育三个子女政策及配套支持措施。

预计放开三孩政策后，国内新增婴儿约为 30 万人/年，未来每年为鼓励生育国家进行补贴可超 2 万亿元人民币，这将对资本市场及相关产业产生积极影响。

三孩政策的出台将加速辅助生殖、乳品行业、母婴护理、玩具产业、托育行业、医美产业、房地产行业、汽车行业、零售行业和金融行业等产业的发展。

资料来源：郑嘉伟．三胎经济，赛道开启，配套产业迎来发展机会[EB/OL]. 新浪财经，2021-06-23.（有修改）

试分析："三孩"政策实施，将会从哪些方面影响消费者的消费心理与消费行为？

思维导图

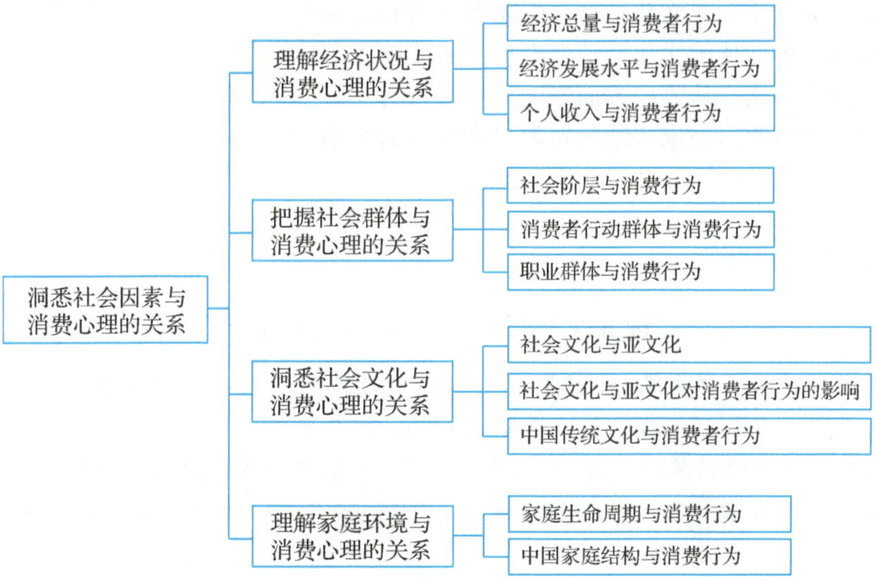

学习笔记

学而思：家庭环境对你的消费观有哪些影响？

学而思：谈谈你对"三孩"政策的看法。

学习笔记

思考与练习

1. 概念理解

国民总收入　国内总收入　人均收入　基尼系数　恩格尔系数　社会文化　亚文化　家庭生命周期

2. 单项选择题

(1)(　　)大体反映了一个国家或地区消费者生活水平的高低，也在很大程度上决定该国或地区的市场潜力、消费水平、消费结构等。

A. 收入分配状况　B. 消费者个人收入　C. 人均收入　D. 国内总收入

(2)反映一个国家或社会居民收入差异时，常用(　　)来表示。

A. 基尼系数　B. 恩格尔系数　C. 人均国民收入　D. 人均可支配收入

(3)(　　)揭示了居民收入和食品支出之间的相关关系，用食品支出占消费总支出的比例来说明经济发展、收入增加对生活消费的影响程度。

A. 基尼系数　B. 恩格尔系数　C. 人均国民收入　D. 人均可支配收入

3. 多项选择题

(1)经济状况是指企业从事市场营销活动时其所面临的目标市场的经济状况及其发展趋势，包括(　　)等因素。

A. 经济总量　B. 经济发展水平　C. 消费者个人收入　D. 收入分配状况

(2)影响个体消费心理与行为的群体因素主要有(　　)等。

A. 社会阶层　B. 家庭环境　C. 消费者行动群体　D. 职业群体

(3)按照不同的划分标准，亚文化可以分为(　　)。

A. 年龄亚文化　B. 地域亚文化　C. 民族亚文化　D. 宗教亚文化

4. 问答题

(1)描述一国(或地区)的经济状况的指标有哪些？各从哪些方面影响消费者行为？

(2)影响消费者行为的社会群体因素有哪些？它们如何影响消费者行为？

(3)社会文化和亚文化是如何影响消费者行为的？

(4)试述中国传统文化对消费者行为的影响。

(5)家庭环境会从哪些方面影响消费者行为？

(6)试分析我国的家庭结构对消费者行为的影响。

案例分析

国潮已成为文化消费的热门关键词

近年来，越来越多像《唐宫夜宴》这样专注于弘扬传统文化的节目大热“出圈”。有调查表明，有超七成的国潮消费者都是“90 后”年轻人。

某票务平台数据显示，昆曲《牡丹亭》2021 年前三个季度演出场次较 2018 年全年已翻倍；2021 年仅上半年相声演出场次已超 9 000 场；用舞蹈演绎《千里江山图》

学习笔记

的舞剧《只此青绿》更是一票难求。在传承中创新着的"曲苑杂坛"不只是父母的审美，也是当下年轻人的选择。

年轻人喜欢的非遗文化、国潮、国风，在文创潮流趋势下，正在以时尚文化的形式走进当下年轻人的生活。这些非遗文化、国潮、国风，包含了丰富、复杂的因子，这些因子有中国文化、中国艺术、中国美学、中国精神、中国智慧……非遗文化、传统文化，为国潮、国风提供了丰富的文艺素材、题材、形象、形式、符号和理念，并最终成为国潮、国风的文化来源和基础……

非遗、国潮、国风等传统文化，为什么深受年轻人喜爱？在追逐、热捧这种借以时尚、文创形式流行的传统文化中，体现出了年轻人的自我风格和生活态度，获取了一种身份认同和文化认同，在这种潮流风尚中，融进了社会热点、时代精神，最终年轻人从中寻找到了一种"精神的契合"。

我们有博大精深的文化资源，这是传统文化成为时尚的依据和基础。非遗、国潮、国风等传统文化，有的利用电视文化的形式，有的借助新媒体技术，有的经过文创开发，有的增加了时尚文化元素，它们带着时代的精神趣味、审美风尚和文化温度，走向大众，走向年轻人。这也使我们对传统文化有了新的理解和解读。传统、历史，不再是僵死的、呆板的，而是生动鲜活的、富有创造性的，这使我们与"传统"更加亲近，成为我们回归历史、回归传统的一种方式。

资料来源：为什么年轻人开始回潮传统了？国潮已成为文化消费的热门关键词[EB/OL]. 正观新闻，2022-11-08.(有修改)

试分析：

(1)结合案例材料，分析年轻人追捧传统文化的原因。

(2)企业如何利用年轻人回潮传统的时代背景开展文化营销？

(3)该案例给你带来什么启示？

实践与训练

就某款特定商品，针对其目标消费群体的收入水平、社会阶层等，策划一个促销方案，使其能较好地满足目标消费者的需要。

思政案例

中国式现代化对世界意味着什么

中国共产党带领中国人民走出了一条中国式现代化新道路，创造了并将继续创造人类发展史上的奇迹。这一奇迹，不仅是中国的，也是世界的，将给世界带来多方面积极而深远的影响。

改写现代化世界版图

当今世界，完成工业化的发达国家和地区的人口总和不到10亿人。中国式现

学习笔记

代化将实现14亿多人口整体迈入现代化社会，中国实现现代化的“惊人一跃”，其规模超过现有发达国家的总和，这将彻底改写现代化的世界版图。

中国的经济总量从1978年的3 679亿元跃至2022年的121万亿元，位居世界第二。除此之外，制造业规模、外汇储备稳居世界第一，货物贸易总额居世界第一，吸引外资和对外投资居世界前列……中国令人叹服的经济发展成就正加速世界经济重心东移。

英国知名社会学家阿尔布劳表示，从人口规模和发展速度来看，中国式现代化“可能是有史以来任何一个国家取得的最大进步”。

中国式现代化还为现代化世界版图赋予了共同富裕的新底色。改革开放以来，中国有7.7亿农村贫困人口摆脱贫困，占同期全球减贫人口70%以上。中国提前十年实现了《联合国2030年可持续发展议程》的减贫目标。联合国秘书长古特雷斯称赞“中国是为全球减贫作出最大贡献的国家”。

为世界发展注入澎湃动力

近十年来，中国经济平均增长率为6.6%，居世界主要经济体前列，中国对世界经济增长平均贡献率超过30%。中国经济近期克服了超预期挑战，保持增长动能，为世界经济发展贡献了稳定性和确定性，成为世界经济增长的主要动力源和稳定器。

今年即将迎来十周年的共建“一带一路”倡议，已成为中国扩大高水平开放、推进现代化进程的鲜明标识。2013年到2022年，中国与“一带一路”合作伙伴的货物贸易额从1.04万亿美元扩大到2.07万亿美元，年均增长8%。十年来，“一带一路”已经成为广受欢迎的国际公共产品，为促进世界共同发展注入澎湃动力。

中国在实现现代化的进程中，物质文明和精神文明相辅相成、协同发力，引领世界发展朝着更加全面均衡的方向演进。新加坡国立大学东亚研究所助理所长陈刚指出，经济发展水平是衡量现代化进程的重要指标，而在中国式现代化的蓝图中占据重要地位的不仅是物质文明的现代化，精神文明也应与之协调发展，从而实现“物的全面丰富和人的全面发展”，这对其他国家发展具有重要借鉴意义。

为人类实现现代化提供新选项

中国式现代化，打破了“现代化＝西方化”的迷思，开辟了一条属于中国但又具有世界意义的现代化道路，为人类对更好社会制度的探索提供了中国方案。回顾探索历程，独立自主、人民至上、和平发展、开放包容、团结奋斗……一个个现代化“关键词”浓缩着中国人民的发展智慧，给世界各国特别是广大发展中国家带来重要启示。

“虽然现代化的概念起源于西方，但放眼世界，很多国家走的现代化道路并不是全盘西化，而是在物质层面有所参考的同时，在社会制度和政治制度上保留自身特色。”“现代化从来就不是简单的西方化，中国式现代化为国际社会特别是发展中国家推进现代化进程提供了新思路。”

中国式现代化之所以行得通，就是因为它立足中国大地，植根中国文化，契合中国实际。

计利当计天下利。在构建人类命运共同体理念的指引下，中国始终高举和平、

学习笔记

发展、合作、共赢的旗帜，不断以现代化的成就造福自己也惠及世界。

中国是世界的中国，中国的发展与世界紧密相连。未来之中国，将以更加开放包容的姿态拥抱世界，中国式现代化将为全球发展繁荣带来更多机遇和启迪，中国携手世界将共同创造更大的人类发展奇迹。

资料来源：王玉．中国式现代化对世界意味着什么[EB/OL]．新华网，2023-03-16.（有修改）

试分析：中国式现代化的实现将为中国和世界消费升级带来怎样的影响？

学习笔记

项目八 把握商品因素与消费心理的关系

知识目标

1. 掌握影响消费者购买新商品的心理因素。
2. 熟悉商品命名的心理策略。
3. 熟悉商标与包装设计的心理策略。

能力目标

1. 能以本地区某企业为例，分析其在商品设计、商品命名、商标设计与包装设计方面的策略与消费者心理之间的关系。
2. 能运用所学的理论知识，从商品功能、名称、商标、包装等方面设计某款产品或某项服务，使其能够满足某一特定消费群体的心理。

素养目标

1. 坚持守正创新，在从事商品设计、商品命名、商标设计与包装设计时恪守正道，既要符合中华优秀传统和现行法律法规，又要构思巧妙，富有创意。
2. 坚定文化自信，把商品设计、商品命名、商标设计与包装设计工作同繁荣国家文化事业和文化产业结合起来。
3. 在从事商品设计、商品命名、商标设计与包装设计时积极融入中华优秀传统文化元素，增强中华文明传播力影响力。

任务一 把握商品设计与消费心理的关系

在营销组合策略中，产品是最核心、最重要的因素，是其他营销策略的载体。随着科技的飞速发展、经济全球化步伐的加快，市场竞争日益激烈，产品的生命周期越来越短。企业为了生存、发展，就必须不断开发、设计出新产品，以适应快速变化的市场需求。

对新产品的认识

一、新产品的概念与种类

(一)新产品的概念

市场营销领域中的新产品含义不同于其他领域，凡是企业过去没有生产或者没有向市场提供过的产品，都可以被认为是新产品。从产品整体概念出发，核心产品、形式产品及附加产品中的任何一部分的变革或创新，只要能给消费者带来新的利益或者满足新的需要的产品，都可以被认为是新产品。

(二)新产品的种类

概括来说，新产品一般可以分为全新型新产品、改进型新产品、仿制型新产品和重新定位型新产品四种。

1. 全新型新产品

从某种角度来看，全新型新产品是指前所未有的产品。这类产品是采用新原理、新技术、新材料制成的，能够开拓新市场，具有新结构和新功能的产品。这类产品会在很大程度上改变、影响消费者的生活方式和消费习惯，引领新的消费模式，如洗衣机、微波炉、洗碗机等产品。

2. 改进型新产品

改进型新产品是指在原有产品的基础上，对产品的结构、功能、品质、款式及包装等方面进行改进，使产品结构更合理、功能更齐全、品质更优良，更能满足消费者不断变化的需求。这类产品都保留了原有产品的功能，因此，对消费者的生活方式、消费习惯和消费模式的影响不大。例如，电脑的升级、电视机的更新、汽车功能的改进等。

3. 仿制型新产品

仿制型新产品是指针对国内外市场上已有的产品进行模仿生产，使之成为本国、本地区或本企业初次生产并销售的新产品。这类新产品是就新产品的生产企业而言的，由于市场上已有该类产品，因此，它并不能改变或者影响消费者的生活方式和消费模式。

4. 重新定位型新产品

重新定位型新产品是指对企业的老产品从质量、性能、款式、包装等方面进行改进并重新定位，以进入新市场的产品。这类产品由于是重新定位的，其目标消费群体可能发生变更，因此，能在一定程度上改变和影响消费者的生活方式、消费习惯及消费模式。

二、影响消费者购买新产品的心理因素

企业在设计商品时并不能完全以企业现有的资源和技术条件为出发点，要把重点放在研究消费者购买新产品时的心理因素上。唯有如此，才能生产出适销对路、真正满足消费者需求的产品。

菲利普·科特勒在研究影响消费者购买行为的心理因素时提到，消费者的购买选择受到动机、知觉、学习及看法和态度的影响。因此，可以把消费者在购买新产品时可能会受到的心理影响因素分为以下几类。

(一)消费者对新产品的需要

需要是企业营销活动的核心与出发点，也是消费者购买新产品的决定性因素。消费者购买的只是那些能够满足其特定需要的新产品。不同的消费者对新产品的需要内容和程度是不同的，由此产生的购买行为也不尽相同。

学习笔记

学而思：说说最近新推出的一些产品，试分析其属于哪类新产品。

学而思：你是否会购买一些品牌的新产品？

学习笔记

(二)消费者对新产品的感知程度

新产品再好，如果消费者感知不到它的优点，也无济于事。消费者只有对某一新产品的功能、特点有了一定的了解以后，才能决定是否要购买。当新产品确实能为消费者带来新的利益时，消费者的购买欲望就会被激发，从而产生购买行为。

(三)消费者对新产品的态度

态度是决定行为取向的决定性因素。消费者在对新产品感知的基础上，对新产品进行比较、分析之后，形成不同的态度。积极、肯定的态度会促成购买，消极、否定的态度则会抑制购买。

(四)消费者的个性特征

消费者的兴趣、爱好、气质、性格、价值观等个性心理特征对其消费行为具有重要的影响。有些消费者性格外向、好奇心强，喜欢追求新鲜事物、富有冒险精神，他们对新产品的接受程度高，接受速度快；有些消费者性格内向、思想保守，他们对新产品的接受程度不高，有时心存怀疑，甚至排斥新产品。

三、新产品购买者的类型分析

学而思：你属于哪种类型的购买者？

任何一种新产品都不是一投入到市场就被大多数消费者所接受的，不同的消费者对新产品的感知与接受程度存在着一定的差异。有些人在新产品一上市就购买，有些人在看到别人购买以后才去购买，有些人在该产品处于普及状态时才去购买，有些人则在产品即将退市时才购买，有些人甚至根本就不购买。美国学者 E. M. 罗杰斯把新产品的购买者分为以下五个类型。

(一)革新者

革新者是新产品的率先使用者。这部分购买者人数较少，大约占全部购买者的2.5%，他们大都年轻、社交广泛、富有创新和冒险精神；经济收入、文化水平较高，常常走在流行的前列，被称为"时尚的弄潮儿"。这类购买者对新产品有着示范和表率的作用，是新产品推广的首要目标。

(二)早期购买者

早期购买者是继革新者之后的购买者。这部分购买者所占的比例大约为13.5%。他们大多追求时髦、渴望变化，具有一定的冒险、创新精神；爱好交际、活动能力强；喜欢被人尊重，通常是某个群体中的意见领袖。这类购买者在引导其他消费者购买某类新产品方面具有很强的促进作用。

(三)早期大众

早期大众购买者在全部购买者中所占的比例大约为34%。这部分购买者有较强的从众、模仿心理，他们乐于接受新鲜事物，但态度一般都比较谨慎。这类购买者数量较大，是新产品的主要消费群体，也是促使新产品在市场上走向成熟的主力军。

(四)晚期大众

晚期大众购买者约占全部购买者的34%。他们的态度非常谨慎，对新鲜事物反应迟钝，从不主动接受新产品，要等到大多数人使用过新产品且都反应良好以后才会去购买这类产品。晚期大众使新产品的生命周期进入成熟状态。

学习笔记

(五)守旧者

守旧者又称落伍者，他们在全部购买者中的比例约占16%。这部分购买者思想保守、拘泥于传统观念下的消费模式；在购买商品时比较关注价格，注重商品的实惠、实用。这类购买者在新产品进入衰退期以后才会去购买，甚至可能永远都不会去购买。

四、新产品设计的心理策略

现实中众多失败的新产品案例告诉我们，企业在开发设计新产品时要以满足消费者的心理需求为宗旨，要设计出与目标消费者的年龄、性别、职业、社会地位等方面相适应的产品。一般来说，企业应从以下几个方面来研究和设计新产品。

(一)产品的功能设计要满足消费者的生理需求

产品的功能，即产品的实用性。在新产品的功能设计中，首先要考虑的是能否满足消费者的生理需求。消费者购买任何一种商品的初衷都是满足其生理需求，而与生理需求相关的是产品的实际使用价值。在产品功能设计方面目前有以下几种发展趋势。

1. 多功能

赋予一种产品多种功能已成为一种趋势，这样会给消费者物超所值的感觉。例如，如今的手机除了具备手机该有的通信功能以外，还具有拍照、听音乐、上网、多元化娱乐、查找英文单词、监测运动及投影等功能。

2. 智能化

产品的智能化即产品的自动化，在使用时能给生活节奏快、生活压力大的当代人提供更多的方便，甚至是改变人们的生活方式。例如，全自动洗衣机、洗碗机、变频空调、扫地机器人等。

3. 环保

环保是全球目前最关注的主题，那些无公害、无污染的绿色产品越来越受到广大消费者的青睐。

4. 健康

随着经济的快速发展，消费者的收入水平日趋提高，他们开始关注自己和家人的健康。那些以健康为主题，或者蕴含健康元素的产品正逐渐被消费者所关注。

(二)产品的结构设计要满足人体结构的特点

要让消费者满意就应该让其在使用产品的整个过程中都有一种舒服的感觉，那些在使用时会让人难受、感到不方便或疲倦的产品是没有持久生命力的。因此，在设计新产品时，产品的结构造型要综合考虑人体各部位的结构特征、生理机能及使用环境，要让消费者在使用产品的过程中有舒适、便捷、安全之感。

(三)产品的形象设计要满足消费者的个性心理特征

要想让新产品具有持久的生命力，一定要在设计之初为其塑造具有个性化的产品形象。为产品进行形象设计，应该结合消费者的个性心理特征。产品的形象一般要蕴含以下几个方面的特性。

1. 彰显社会地位的个性

作为社会成员的消费者都分属于不同的社会阶层。在现实中生活，人们往往会

学习笔记

通过一种可视性的行为来标榜自己的社会地位，即购买与其社会阶层相适应的产品。因此，企业在设计新产品时，一定要让自己的产品披上目标消费群体的身份和地位的“外衣”。

2. 满足情感要求的个性

成功的品牌都会在情感上与消费者产生共鸣。马斯洛需要层次理论表明，当人的基本物质需求得到满足以后，就会产生更高层次的精神方面的需要。如今的消费者已从原来关注产品的实用性逐渐过渡到注重情感的满足。表达亲情、友情、爱情，寄托希望、理想与向往，追求格调与情趣等含义的产品是最能打动消费者的。

3. 追求时尚潮流的个性

如今，消费行为已经成为社交中的一种符号，大多数人都是通过对某些产品的消费来标明自己所归属的群体。追求时尚潮流已经成为一种社会性的行为趋向。有些消费者通过购买时尚潮流的产品来成为某类产品的“消费带头人”，成为某一群体中的“意见领袖”；有些消费者则希望得到某一群体的认可，不被归入落伍者的行列。

因此，企业在设计新产品时，一定要善于捕捉目标消费群体的时尚源头，及时发现并把握流行的趋势。

【实例分析 8-1】

“潮玩”崛起，释放新生代个性需求

盲盒、手办、机甲，越来越多的“玩具”不再是小孩子的专属，而是成为成年人的爱好。他们将这些“潮玩”视如珍宝，有的甚至会投入可观资金购买。比如盲盒，就以“一己之力”推动中国收藏玩具市场质的飞跃。在“潮玩发烧友”心中，“潮玩”带来的不仅是感官上的满足，还有心灵上的“治愈”。

数据显示，到2025年，潮玩所属的“收藏玩具”行业核心消费人群将突破1亿人。在这些人中，时代引领、个性前卫、注重精神需求是最大的特点。

资料来源：王子扬．“潮玩”崛起，释放新生代个性需求[EB/OL]．央广网，2022-11-08.(有修改)

试分析：从消费心理学的角度分析“潮玩”崛起背后的逻辑是什么？

任务二　理解商品命名与消费心理的关系

孔子曰：“名不正，则言不顺。”婴儿在出生之时，父母会为他起一个好名字，以寄托对孩子美好的期望。同样的道理，企业在推出新产品时也应该为其心爱的“孩子”取一个恰当的名字。

商品命名就是利用恰当的语言文字，概括性地反映商品的形状、功能和用途等特点。商品名称赋予商品一个独特色彩的称号，简洁明了、引人注目、富有感染力的名称能刺激消费者的知觉，给消费者的心理活动施加影响，从而让消费者对商品产生记忆。

一、商品命名的心理要求

学习笔记

商品名称要激发消费者的购买欲望，就要在消费者一接触商品时就打动消费者。因此，商品命名一定要契合消费者对商品的心理要求。企业在给商品命名时，可以考虑以下几个方面的因素。

(一)反映特性

商品名称要准确地表达所代表的产品的基本功能、用途、所含成分等信息，让消费者一看到或者听到商品名称就能了解该产品的基本特征和功效，使之能快速接受该产品。比如，“克咳小儿止咳糖浆”，一看到商品名称，消费者就知道该产品是用于治疗儿童咳嗽的，而且是液体状的。

(二)引人注意

如今市场上功能相似的产品少则数十种，多则成百上千种，让产品从众多的竞争者中脱颖而出是关键。在给商品命名时，一定要做到能在较短时间内引起消费者的注意。

(三)方便记忆

消费者在购买商品时，对于自己熟悉的商品一般能快速地作出购买决策。因此，企业在给商品命名时应该采用通俗易懂、简洁的文字，或者是具有一定特色的符号、颜色和图案，以方便消费者记住产品。

(四)启发联想

寓意美好的商品名称能让人产生良好的心理感受，从而激发人们的购买欲望。因此，商品名称应力求做到让消费者产生美好的联想，如“思念”汤圆。

(五)避免忌讳

大多数消费者在日常生活中都要讲究好意头，在消费过程中也不例外。那些寓意不好的商品名称通常不会被人们接受，甚至在某些时候会因为触犯禁忌而遭到排斥。

二、商品命名的心理策略

学而思：有哪些商品的命名令你印象深刻？分析其所运用的消费者心理策略。

企业在给商品命名时要遵循相应的策略，以满足消费者对产品的心理要求。具体策略主要有以下几种。

(一)以商品的主要功效命名

这种命名方法能使消费者不用看具体的产品就能迅速了解商品的主要性能和功效，加快对商品的认知过程，迎合消费者追求实用价值的消费心理。例如，口炎清漱口水、感冒灵、感冒清等。

(二)以商品的制作工艺过程命名

这种命名方法一般用于具有独特制作工艺或有纪念意义的商品，让消费者从商品名称中就能感受到该产品的与众不同。例如，北京“二锅头”、湖南省嘉禾县的“倒缸酒”、富有岭南文化特色的九江“双蒸酒”等。

(三)以商品的外形命名

这种命名方法的特点是形象化，能突出商品新奇、优美的造型，引起消费者的注意和兴趣。例如，首饰用“繁星满天”命名，食品用“佛手酥”“猫耳朵”命名等。

学习笔记

(四)以企业名称命名

以企业名称命名可以突出商品生产者的字号和信誉，能加深消费者对企业的认识。随着商品在市场上的畅销，也有助于企业形象的塑造，能起到以最少的广告投入获得最佳的传播效果。例如，中华老字号“同仁堂”的商品名称都用“同仁堂”命名。

(五)以人名命名

以发明者、制造者等特殊人物的名字给商品命名，能使消费者睹物思人，产生丰富的联想和敬慕之情，从而使商品在消费者心目中留下深刻的印象。例如，“张小泉”剪刀、“李宁”运动服饰等。

(六)以具有褒义、吉祥含义的词语命名

吉祥、美好是每个人内心的渴求。如果商品名称中蕴含这类词语，自然可以让消费者产生美好的联想，并引发对商品的好感。例如，“福临门”食用油、“金利来”领带、“才子”衬衫等。

(七)以动物、花卉名称命名

可爱的动物与美丽的花卉总能吸引人们的眼球，并使人们产生好感。例如，“大白兔”奶糖、“羚羊”汽车、“春兰”空调、“水仙”洗衣机等。

(八)以色彩命名

色彩没有生命力，但意义深远且丰富。以色彩命名的商品能给消费者带来视觉的感受，并产生丰富的联想。例如，“白加黑”感冒药、“黑五类”芝麻糊、“白玉”豆腐等。

(九)以独撰的词语命名

以企业自己独撰的词语给商品命名，具有新颖、独特、唯一性的特点。这样能够使企业的产品在同类产品中独树一帜，更好地吸引消费者的眼球。例如，索尼公司的商品是以企业的名称命名，而“SONY”一词是该公司独撰的。

(十)以外来译音命名

以外来词语的译音作为命名方法，通常用于进口商品。这种命名方法给人现代、时尚、潮流之感，能满足消费者求新、求异、求奇的购买心理。在实践中，一定要做到读起来朗朗上口、寓意美好，否则可能对企业不利。例如，“可口可乐”就是成功的典范。

【课堂活动 8-1】

寻找本地十家企业，分析它们的商品在命名方面有何特点。

任务三 理解商标设计与消费心理的关系

商标是人们了解商品时首先接触到的内容之一，它承载着企业的理念、精神、经营风格等意象。作为一种视觉符号，商标应归属于视知觉原理的范畴，而视知觉又是心理学的基础内容，因此可以把商标纳入心理学的领域。企业商标设计的首要任务就是运用心理学的相关原理给消费者以视觉上的感受，进而增加消费者对企业品牌的信任度，最终影响其购买行为。

世界品牌实验室

学习笔记

一、商标的心理效应

商标是商品的标志，是商品的生产者或销售者采用的用于区别本企业商品与其他商品的一种标记。它一般由文字、图形、色彩及其组合构成。

商标是产品的一个重要组成部分，它不仅表示该产品名称，还代表产品的质量、企业的服务承诺等内容。在消费者的购买行为过程中，商标主要起着以下三种心理效应。

(一)识别效应

商标是商品的一种特定标志，消费者在购买过程中往往要货比三家，在对比过程中都要借助于商标对不同的商品进行识别。

(二)强化效应

消费者购买某商品之后，如果使用的效果良好，就会加深消费者对该商标的印象，在以后的购买过程中对该商品会形成指定该品牌的习惯性购买；如果使用之后的效果不理想，则会强化消费者对该商标的排斥心理，从而在以后的购买过程中摒弃该品牌。

(三)保护效应

商标属于法律概念。商标一旦在国家商标局注册后就受到法律的保护，任何人未经商标注册人的许可，不得仿冒或者伪造。同时，商标使消费者在购买和使用商品时会有一种安全感和信任感。商标兼顾了商品生产者、经营者和消费者三方的合法权益，从而有效地促进了商品的销售。

二、商标对消费者购买行为的影响

商标以其蕴含的象征意义和情感意义为基础，对消费者的购买行为施加影响。

(一)商标产生作用的心理基础

消费者在消费过程中既追求物质方面的满足，又追求精神方面的享受。物质方面的满足由商品的物理属性提供，而精神层面的满足则由品牌或商标来实现。商标作为精神满足物，是基于其表现出来的象征意义和情感意义。

世界品牌500强

1. 象征意义

商标的象征意义是指在消费者心目中，商标所代表的与特定形象、身份、社会地位、品位等相联系的意义和内涵。

现代社会中，消费者的需求日益复杂化。商标不再是一种符号、图形，而是一种精神、文化的载体，可以体现购买者的文化水平、职业特征、经济状况、生活方式、消费习惯及社会地位等信息。商标逐渐成为消费者表达自我、建立具有特定风格的个人形象、展现生活形态的有效手段。

2. 情感意义

商标的情感意义是指在消费者心中，商标往往与审美、人类的情感相联系，其中蕴藏一种生活格调、一种文化氛围和一种精神世界。消费者在消费商品的过程中，可以从中找到自我，获得情感上的寄托，产生心理共鸣。

商标的情感意义来源于消费者的情感需要，是消费者内心体验的写照，具有很强的稳定性和深刻性，对消费者的影响是长久的、深远的。

学习笔记

学而思：

分析你所在学校(学院)的校徽(院徽)的设计特点。

(二)商标对购买过程的影响

1. 收集信息

在认识到自己对某种商品有需要以后，消费者便开始收集关于该商品的信息。在收集信息时，消费者往往先把那些象征意义与自己个性相匹配、在情感上能产生共鸣的商品纳入考虑的范围。

2. 评价备选方案

在对各种备选方案进行评价时，消费者总是根据自己的偏好和价值观来选择。那些与消费者的偏好和价值观相类似的品牌往往能成为消费者的首选目标。

3. 购后评价

在购买活动结束以后，消费者都会进行购后评价。那些口碑良好的商标会因为积极的社会影响而得到消费者的肯定，进而给该商标带来更多的附加价值，这时商标发挥了正强化的功能。如果消费者的购后评价是消极的，将对该商标造成不利的影响，随着口碑的传播，很可能会危及企业的形象，这时商标发挥的是负强化的功能。

三、商标设计的心理策略

商标要对消费者有效地发挥作用，设计是关键。在设计商标时，企业可以遵循以下几个策略。

(一)个性鲜明、富有特色

商标是用于识别商品的。人类80%以上的信息是经由视觉系统传递的。企业要想让自己的商品能显著地区别于竞争商品，从琳琅满目的货架上脱颖而出，就应该让自己的商标具备鲜明的个性并富有一定的特色。例如，青岛啤酒的商标设计图案，其中心是青岛市的标志性建筑——栈桥回澜阁，代表该商标源于青岛，是青岛市的文化符号之一。

(二)造型优美、简洁易记

现代消费者在消费过程中不但要求商品要具备基本的物理属性，还要有一定的美学价值。那些图案造型优美、色彩搭配和谐、文字简洁易记、富有艺术感染力的商标不仅能获得消费者的好感，还能在短时间内被消费者记住。

(三)寓意深刻、启发联想

商标对消费者具有强化的心理效应。好的商标、成功的商标都有着深刻的寓意，能让消费者产生联想，并留下深刻的印象，促使消费者在以后的购买活动中能够重复购买。例如，中国邮政的商标是由“中”字与邮政网络的形象结合而成，并设计成翅膀的造型，使人联想起“鸿雁传书”这一我国古代的信息传递方式。该商标传神地表达了中国邮政对于提供快捷、准确、安全、无处不达的邮政服务的不懈追求。

(四)反映商品本身的性质、特点

商标作为商品的标志，在某种程度上也是商品的代名词。如果商标本身能概括性地反映商品的性质和特点、突出商品的特色，那么，消费者在接触商标时就可以获得更多关于商品的信息，有助于其快速作出购买决策。

(五)遵法重俗、避免禁忌

商标是由文字和图案组成的法律概念，不同的国家和地区都有相应的法律法规；不同文化背景下的人们有不同的宗教信仰、习俗和禁忌，从而形成不同的消费习惯和消费模式。企业在设计商标时应遵守相关法律的规定，同时还要尊重目标消费群体的宗教信仰和风俗习惯等。

【课堂活动 8-2】

列举 3～5 个你认为有特色的商标设计。

任务四　理解商品包装与消费心理的关系

俗话说：“人靠衣装，马靠鞍。”商品的包装已成为现代经济生活中不可缺少的组成部分，很多人甚至将包装从产品策略中单独列出来，成为营销组合策略中的第五个“P”(package)。

商品的包装最开始是用来承载、保护商品，以免商品损坏、散落、溢出或变质。随着科学技术的进步和新材料的广泛应用，包装被企业借助于色彩、形状、市场和商标等烘托出来，成为产品的附加价值。包装的好坏直接影响产品的价格和销量。美国销售心理专家路易斯·切斯金曾通过一次实验对包装进行研究，结果表明，包装对消费者心理有巨大的影响，甚至可以左右他们对产品的认识和感受。因此，包装被称为“沉默而极具说服力的推销员”。企业在设计商品的包装时应该从消费者对包装所产生的心理活动出发。

一、包装的心理功能

(一)识别功能

消费者在选购商品时，最先接触的是商品的包装而不是商品本身。设计精美、独具特色、富于审美情趣的包装能使商品在货架中脱颖而出，最先吸引消费者的眼球。当消费者不能从商品本身辨别其质量时，往往会从包装上进行判断。因此，包装也是商品差异化的策略之一。

(二)便利功能

随着现代人生活节奏的加快，消费者在购物时都希望商品的包装能提供极大的便利。这种便利性体现在两个方面：一是包装要方便开启、方便携带、方便产品的再次使用；二是包装要方便消费者选购商品，包装上面应当有关于商品名称、功能用途、主要成分及其含量等方面的详细文字说明。

(三)美化功能

在竞争激烈的商品市场，消费者往往青睐那些能够给他带来愉悦心情的商品。如果商品包装本身具有一定的艺术性，让消费者赏心悦目、得到美的享受，可以在一定程度上促进购买；如果包装粗制滥造、形象拙劣，即使商品品质再好，也可能无法打动消费者。

【相关链接 8-1】

Pentawards 包装设计奖

Pentawards 是全球首个也是唯一的专注于各种包装设计的竞赛。它面向所有国家与包装创作和市场相联系的每一位人员。根据作品的创作质量，优胜者将分别

学习笔记

市场营销策略

学而思：

对于当前的快递包装，你有哪些意见或建议？

学习笔记

获得 Pentawards 铜质、银质、金质、铂金或钻石奖。

Pentawards 国际包装设计奖参赛项目分为饮料、食品、个人用品、奢侈品及其他五大类，其中再细分出 48 个子项目，由评审团评议出子项目的各个奖项。

(四)增值功能

包装作为产品整体概念中的附加部分，在消费者消费商品的过程中提供的是增值享受。这种增值价值越大，越能刺激消费者重复购买。包装的增值功能体现在：第一，一种商品的包装可用于其他商品，可被重复使用；第二，造型具有艺术性的商品可以作为装饰品，美化消费者的家居。

(五)联想功能

优秀的商品包装不仅能够刺激消费者购买的欲望，还能让消费者产生某种美好的联想。例如，“雪碧”饮料瓶的设计就能让人在炎炎夏季联想到清爽、透心凉，从而大大激发消费者的购买欲望。

学而思：你认为包装的成本占商品总成本的多少比较合适?

【实例分析 8-2】

中国品牌首次获得包装设计界“奥斯卡”全场大奖

成立于 2007 年的 Pentawards 被称为包装设计界的“奥斯卡大奖”，每年有哪些包装引领新潮流，等秋天 Pentawards 公布获奖名单就可一探究竟。9 月底，今年的 Pentawards 名单揭晓，全场最高荣誉的“钻石奖”这一回被中国品牌捧到手中。在 352 件获奖作品中，铂金奖共有 7 件，金奖 82 件。

今年 Pentawards 有 23%的获奖作品来自中国，独一无二的全场大奖“钻石奖”就颁给了深圳品牌“都市之森”(URBAN FOREST)的一款“树・口袋充气颈枕”，这也是中国作品第一次获得 Pentawards 最高奖项。

这款口袋充气颈枕的收纳外壳做成了树的造型，只有手掌大小，乍看如同一个缩小的热水袋，但打开后，硅胶收纳袋就变成了充气泵，能便捷地把干瘪的布条变成一个饱满的充气颈枕，而且全过程只需要 20 秒。想象从掏出这个树形外壳，到把它变成一个颈枕的过程，很难不让围观的人“WOW!”一下。

资料来源：ZAKER 资讯．中国品牌首次获得包装设计界“奥斯卡”全场大奖，秘诀是让人“WOW!”一下[EB/OL]. ZAKER，2022-10-19.(有修改)

试分析：从消费心理学的角度分析中国品牌首次获得“钻石奖”关键原因是什么?

二、包装对消费者心理产生影响的作用机制

包装对消费者心理产生影响的作用机制为爱达理论(AIDA)，即首先引起消费者的注意(attention)，然后让消费者产生兴趣(interest)，在消费者产生兴趣的基础上激发其购买欲望(desire)，最后促成购买行为(action)的产生。

学而思：你是否有因为喜欢包装而购买产品的经历?

(一)引起注意

包装的首要功能是通过刺激消费者的视觉神经，引起消费者的无意注意。不同的包装物给消费者的刺激强度是有差异的。

学习笔记

(二)产生兴趣

包装除了要引起消费者的无意注意外，更重要的是要引起消费者对商品的兴趣，从而产生有意注意。不同年龄、性格、职业、文化、经济状况的消费者对包装风格的要求与偏好是不同的。这就要求设计包装时要研究消费者的兴趣偏好与价值标准，力求使包装与商品的风格都能让消费者产生兴趣。

(三)激发欲望

优秀的包装可以将商品的性能、使用方法等特性在潜在消费者心中形成良好的印象，并激发其购买欲望。

(四)促成购买

让人耳目一新、别具一格的包装装潢往往会使消费者爱不释手，促使其产生试用的念头。当消费者对商品形成深刻的印象以后，就有可能促成其购买行为的发生。

三、包装设计中的心理策略

(一)色彩搭配协调的策略

包装传递的是视觉信息，消费者在接触商品时最先感觉到的应该是包装的色彩。能够衬托商品品质与档次的色彩具有极强的推销效果，会迅速博得消费者的喜爱，使其立即产生购买欲望，最终实现购买。反之，如果色彩搭配不协调、杂乱无章，则会增加消费者的厌恶情绪，从而抵触该商品。

(二)符合商品性能的策略

不同的商品在物理、化学方面的性质各不相同，它们存在的状态和保存方法也不相同。因此，企业在设计包装时要根据商品的形态和性能，选择恰当的包装材料，确定合适的包装形式，同时还应在外包装上标明商品信息。

常见的包装形式有“开窗”式、系列式、异常式等。“开窗”式包装往往能满足那些急于了解商品“真面目”的消费者的好奇心理，也容易引起注意；系列式包装是指企业对其生产的各种品质相近的产品，采用同种包装材料及相似的形态、图案、色彩等；异常式包装是指反其道而为之或与同类商品的传统包装形式有较大差异的包装形式。

(三)方便消费者的策略

商品的包装除了保护商品、增加商品的美感之外，还应该可以为消费者携带提供方便。在外包装上安置手提设施，可以免去使用购物袋，既方便又环保；此外，将相关的商品组合在一起进行包装(家庭装)，不但方便携带，还能增加消费者的购买量，从而促进商品的销售。

(四)具有时代气息的策略

具有时代气息是指在包装材料的选用、工艺制作、款式造型、图案装潢、色彩搭配等方面，都要充分利用现代科学技术，给消费者以新颖独特、简洁明快、技术先进、性能优良的美好印象。另外，包装还要符合和体现时代发展的最新潮流。

(五)具有针对性的策略

消费者在收入水平、生活方式、消费习惯及购买目的等方面存在不同，他们对商品包装的要求也有所不同。有的追求廉价实用，有的喜爱美观大方，有的则希望包装能彰

学习笔记

显奢华。因此，企业在设计包装时，可以针对不同的目标群体推出礼品装、简易包装、等级包装、附赠品的包装，以及把多种相关联的商品配套包装在一起等包装形式。

思维导图

- 把握商品因素与消费心理的关系
  - 把握商品设计与消费心理的关系
    - 新产品的概念与种类
    - 影响消费者购买新产品的心理因素
    - 新产品购买者的类型分析
    - 新产品设计的心理策略
  - 理解商品命名与消费心理的关系
    - 商品命名的心理要求
    - 商品命名的心理策略
  - 理解商标设计与消费心理的关系
    - 商标的心理效应
    - 商标对消费者购买行为的影响
    - 商标设计的心理策略
  - 理解商品包装与消费心理的关系
    - 包装的心理功能
    - 包装对消费者心理产生影响的作用机制
    - 包装设计中的心理策略

思考与练习

1. 概念理解

新产品　商标　品牌　包装

2. 单项选择题

(1)“感冒清”是根据商品的(　　)命名的。

A. 主要效用　B. 主要成分　C. 制作工艺　D. 美好寓意

(2)“徽墨”“汾酒”“苏绣”等商品都是根据商品的(　　)命名。

A. 主要效用　B. 主要成分　C. 产地　D. 美好寓意

(3)下列根据商品的外形命名的是(　　)。

A. 长寿面　B. 中山装　C. 景泰蓝　D. 佛手酥

3. 多项选择题

(1)下列属于新产品的是(　　)。

A. 全新型新产品　B. 改进型新产品

C. 仿制型新产品　D. 重新定位型新产品

(2)商标的主要功能包括(　　)。

A. 识别功能　B. 保护功能　C. 促销功能　D. 标准功能

(3)商品包装的主要功能包括(　　)。

A. 方便功能　　B. 保护功能　　C. 促销功能　　D. 美化功能

4. 问答题

(1)影响消费者购买新产品的心理因素有哪些?

(2)新产品设计的心理策略有哪些?

(3)商品命名的心理要求是什么?商品命名的心理策略有哪些?

(4)商标对消费者会产生怎样的心理效应?商标设计时可以采取哪些心理策略?

(5)包装的心理功能有哪些?包装对消费者心理产生影响的作用机制是什么?

(6)选择某款商品,分析在设计其包装时可以运用哪些心理策略。

学习笔记

案例分析

比亚迪:专注科技创新,以领先科技和多元化产品服务客户

厚积薄发的比亚迪,用前瞻性的战略和创新的技术在新能源车赛道上实现了大踏步发展,用绿色出行助力实现"双碳"目标,让世界看见中国力量。

第300万辆新能源汽车的下线,对于比亚迪来说既是一个历史节点,更是一个新的起点。"站上新台阶,比亚迪将继续专注科技创新,洞察行业与消费趋势,以领先科技和多元化产品服务更多客户。"比亚迪股份有限公司董事长兼总裁称,下一步,比亚迪汽车将实现多品牌策略与高质量发展。

比亚迪将形成比亚迪品牌

2003年,比亚迪怀着"绿色可持续发展"的初心进入汽车行业。2008年,推出全球首款量产插混汽车F3DM,正式进军新能源汽车领域。如今,比亚迪不仅完成了第300万辆新能源车的下线,更在引领全球新能源车发展的新风向。

比亚迪自今年3月起停止燃油汽车的整车生产,成为全球首家正式停产燃油车的汽车品牌。按照规划,未来,比亚迪在汽车板块将专注于纯电动和插电式混合动力汽车业务。

比亚迪股份有限公司董事长兼总裁表示,公司始终坚持DM混动与EV纯电"两条腿、齐步走"的战略,坚持原材料安全与产品安全的磷酸铁锂电池路线,先后推出刀片电池、DM-I超级混动、DM-P王者混动、E平台3.0和CTB电池车身一体化等一连串颠覆性技术,推动全球新能源汽车行业变革,实现跨越式发展。

比亚迪汽车多品牌策略和高质量发展

对于比亚迪来说,"技术为王,创新为本"是其取得成功的主要原动力。据悉,为了让用户安心,将安全进行到底,比亚迪从电池材料、单体、包体到整车结构,已经搭建了"四位一体"的安全体系。

全面转型新能源车企后,比亚迪迎来了业绩与销量的双飙升。比亚迪发布的2022年第三季度财报显示,比亚迪2022年前三季度累计实现营收约2 676.88亿元,同比增长84.37%,归属于上市公司股东的净利润约93.11亿元。

业绩高涨的背后是比亚迪旗下新能源车销量爆发式增长的助推。官方数据显示,

学习笔记

2022年1月到10月，比亚迪新能源车累计销量已超139.79万辆，同比增长240%。其中，今年10月，销售21.8万辆，同比增长142%，单月销量再创历史新高。

坚守初心，300万辆新能源车下线

除了第300万辆新能源车下线外，在此次发布会上还带来了两大重磅消息——比亚迪将以颠覆性技术与产品构建全新百万级高端品牌，将推出一个主打专业性、个性化的全新品牌。

从0到100万辆新能源车下线，比亚迪用了13年时间；从100万辆到200万辆，比亚迪用时1年；从200万辆到300万辆，比亚迪仅花了半年时间。比亚迪用实力跑出了属于它的“比亚迪加速度”。

专注创新与全新品牌

11月8日，比亚迪正式公布旗下高端汽车品牌仰望，价格区间预计为80万元至150万元。

11月16日，比亚迪第300万辆新能源汽车下线发布会在比亚迪全球总部举行，标志着比亚迪成为首个达成这一里程碑的中国品牌。

资料来源：陆逸尘．比亚迪将继续专注科技创新，以领先科技和多元化产品服务更多客户[EB/OL]. 搜狐网，2022-11-18.(有修改)

试分析：

(1)结合案例材料，试分析比亚迪在新能源汽车领域取得爆发式增长的原因。

(2)站在消费者的角度，你觉得一款新能源汽车要成为“爆款”需要具备哪些条件?

(3)该案例给你带来哪些启示?

实践与训练

1. 将全班同学分成若干小组，每组3～5名同学。选定某款产品，运用所学知识对该产品进行命名、设计商标及外包装。

2. 每个小组派代表上台展示本组的作品。

3. 同学裁判团：从每个小组选择一名同学组成裁判团，对各小组设计的商标和包装进行评定，给出相应的分数，取平均值，即同学裁判团分数。

4. 成绩评定：指导教师评判的分数和同学裁判团分数各占50%，给定每个小组的最终成绩，按分数高低评定等级。

5. 评判指标及分值：

作品质量				PPT制作(10分)	汇报人仪态(15分)	团队合作(15分)
关联性(15分)	原创性(15分)	新颖性(15分)	震撼性(15分)			

学习笔记

思政案例

做强做大民族品牌

当世界杯遇上中国造，会产生什么样的火花？可容纳8万多名观众的卢塞尔球场，中国铁建打造；提供绿色电力的卡塔尔最大光伏电站，中国电建总承包；运送球迷、记者的纯电动客车，中国宇通生产……一个个响当当的中国品牌，成为国际市场上闪亮的“中国名片”。

习近平总书记指出，“推动中国制造向中国创造转变、中国速度向中国质量转变、中国产品向中国品牌转变”，“实现技术自立自强，做强做大民族品牌”，为加强品牌建设指明了方向。

党的十八大以来，我国品牌影响力稳步提升，对供需结构升级的推动引领作用显著增强。两组数据印证了中国品牌建设的积极进展：世界品牌实验室发布的2021年世界品牌500强榜单中，我国有44个品牌入选，居世界第四位；近5年中国品牌百度搜索热度占品牌总热度比例从45%提升至75%，是海外品牌的3倍。

创新驱动，品牌实力显著增强

品牌是企业乃至国家竞争力的综合体现。非凡十年，中国品牌建设踔厉奋发，成果卓著。

从中国制造到中国创造，中国品牌的创新动力更足。

“三天一层楼”、顶升力达4 000吨，中建集团自主研发的空中造楼机，让高空作业如履平地，奠定了我国超高层建筑施工技术在世界的领先地位。

逐梦星空，“神舟”飞天、“嫦娥”奔月、“祝融”探火；探寻深海，“奋斗者”号万米下潜、“深海一号”千米采气；放眼神州，超导量子计算原型机“祖冲之号”成功问世、自主三代核电“华龙一号”投入商运……自力更生、创新驱动，中国品牌快速发展、生机勃勃。

从深耕国内到扬帆出海，中国品牌的市场空间更广。

经过除杂、过滤、渗透、矿化、消毒等工序，10分钟左右就能将海水变为淡水。今年8月，由中国能建承建的阿联酋乌姆盖万海水淡化厂实现整体商运，这是全球第二大膜法海水淡化厂，日产水量可达68.2万立方米，上百万当地居民将受益于此。

安踏集团在供应链、零售门店和创新研发设计网络的布局上实现全球配置；格兰仕集团约30%的出口销售额来自“一带一路”合作伙伴；蔚来汽车推动产品与服务在德国、荷兰、瑞典等国家落地……走出国门、拓宽市场，中国品牌足迹更远、唱响全球。

从保护知识产权到完善标准体系，中国品牌的发展环境更优。

近年来，我国持续推进商标、专利、著作权等保护工作，推动形成标准、计量、认证认可、检验检测一体化运行的国家质量基础设施体系，为中国产品向中国品牌转变保驾护航。五年来，全国累计授权发明专利253.1万件，年均增长13.4%；累计注册商标2 770.5万件，年均增长29%。全球领先的5 000个品牌中，

学习笔记

中国占到400余个，总价值达1.6万亿美元。

积极担当，品牌形象大幅提升

加强品牌建设，既要做优产品和服务，也要积极履行社会责任。非凡十年，中国企业加快提升品牌管理水平，加速品牌国际化进程，不断增强消费者对中国品牌的情感认同、理念认同、价值认同。

积极融入国家战略，服务乡村振兴。京东举办首届“京东农特产购物节”，上线30万款高品质农特好物，乡村振兴京东“奔富计划”用22个月时间带动农村实现产值超6 200亿元；去年开始，茅台集团在11所贵州省内高校试点，资助在乡村振兴急需紧缺专业就读的家庭经济困难学生完成学业；兴业银行发挥金融“输血”“造血”作用，目前涉农贷款余额超过5 600亿元。

坚持绿色发展方向，助力“双碳”目标。在北京冬奥会、冬残奥会上，搭载国家电投“氢腾”燃料电池的氢能大巴精彩亮相，大巴加满氢仅需10分钟，总续驶里程可达630千米。

满足消费需求升级，赋能美好生活。中国建设银行加大对保障性租赁住房支持力度，探索长租房运营可持续模式，助力“住有所居”；中国人寿寿险公司深耕客户细分需求，为人民群众提供全生命周期的保险保障；冠珠瓷砖研发出石墨烯智控发热瓷砖、护墙岩板等产品……

以深化供给侧结构性改革为主线，以满足人民日益增长的美好生活需要为根本目的，中国品牌树立了良好口碑。

久久为功，品牌建设持续推进

当前，新一轮科技革命和产业变革深入发展，品牌发展理念和实践深刻变革。促进品牌建设高质量可持续发展，还需要久久为功。

高质量推进品牌建设，质量提升是根本。质量是品牌的生命，确保质量安全、提升质量水平，是培育和创造品牌的前提。

高质量推进品牌建设，技术创新是动力。在广汽本田总装车间的质检线上，借助百度智能云的技术，7台球形摄像机同步拍摄一辆车的20多种车灯，并且智能识别细节瑕疵，准确率高达99%，检测过程仅需1秒。2021年，百度智能云推出的工业互联网品牌“百度智能云开物”，已经为电子、汽车、装备制造、钢铁等20多个行业的300多家标杆企业提供了数字化整体解决方案。

高质量推进品牌建设，文化自信是支撑。复现古代服饰妆容、戏腔搭配新创国风音乐、舞蹈还原《千里江山图》……在哔哩哔哩上，一系列展现中国传统文化的“国风视频”受到年轻人欢迎。2021年哔哩哔哩国风爱好者超1.77亿人，18岁至30岁人群占比约七成。

中国品牌所彰显出的活力、自信，正是中国经济持续稳定健康发展的底气所在、信心所在。质量再提升、创新再升级、内涵再深化，更多“中国品牌”将闪耀世界。

资料来源：甄涛．做强做大民族品牌[EB/OL]．人民网，2022-12-08.(有修改)

试分析：做强做大民族品牌，让民族品牌走向世界的根本途径是什么？

学习笔记

项目九　洞悉市场因素与消费心理的关系

知识目标

1. 掌握商品价格对消费者的心理作用机制。
2. 掌握购物环境的含义及其对消费者心理的影响。
3. 掌握营销服务的特点与心理效应。
4. 掌握运用心理学原理增强促销效果的策略。

能力目标

1. 能以本地区某经营场所为例，分析其在购物环境及营销服务方面的策略。
2. 能运用所学的理论知识，分析某商品在价格策略及促销策略方面的特点。

素养目标

1. 树立社会主义法治观念，在制定和执行产品价格策略时必须符合《中华人民共和国价格法》等国家法律法规的相关规定。
2. 推进文化自信自强，在设计购物环境时积极融入中华优秀传统文化元素，把经营活动同繁荣国家文化事业和文化产业结合起来。
3. 树立以顾客为中心的现代营销观念，在制定服务策略和促销策略时坚持顾客至上的原则，不得欺骗消费者。

任务一　理解商品价格与消费心理的关系

在营销4P组合策略中，价格是最具刺激性、最敏感、艺术性最高的因素。价格在制定时的科学成分最少，因为企业很难把握产品生产出来之后消费者愿意支付多少货币来购买，尽管之前做过详细的市场调研，消费者在见到真实的产品之后产生的感觉与产品生产出来之前可能完全不一样。企业在制定某种商品的价格策略时，要充分研究消费者对该类商品价格的心理活动特点。

市场因素与消费行为

学习笔记

学而思：商品的价格与价值是否有直接联系？你是怎样看待奢侈品的？

一、商品价格对消费者的心理作用机制

(一)商品品质和内在价值的衡量标准

在经济学领域，商品的价值是由商品中的无差别的人类劳动决定的。价格是价值的货币表现，价格围绕价值上下波动。按照这一说法，消费者在选购商品时应该以商品的内在价值来判断是否购买该商品。但在现实中，大多数消费者都是以商品的价格作为主要依据。

导致这种现象的原因主要是价格充当了商品品质和内在价值的衡量标准。其一，买卖双方对于商品的信息不对称。一般来说，卖方能比消费者获得更多、更准确的关于商品的信息。消费者很难了解、判断商品的真实内在价值。其二，消费者大多属于非专家购买，对所购买的商品缺乏专业知识，很难评判商品的优劣、真伪。因此，在购买商品时，消费者都会以价格作为衡量商品品质和价值的标准。有道是"一分钱，一分货""好货不便宜，便宜没好货"，都是这种心理的真实写照。

【实例分析 9-1】

中国的奢侈品消费

2022年11月7日，中国商业联合会奢侈品专业委员会及要客研究院在进博会上联合发布的首份《中国高质量消费报告》显示，中国人正以一己之力在带动全球高质量消费市场的发展，中国国内市场第一次成为全球最大的奢侈品市场。

报告将中国奢侈品市场分为中国人奢侈品市场和中国国内市场。

中国人奢侈品市场2021年比2020年获得18%的增长，总消费额达到1 465亿美元。也就是说，中国人在全球贡献了近1万亿元人民币的奢侈品消费，虽然中国人奢侈品市场在全球奢侈品市场中的占比下降了1%，但所占比例仍高达46%，接近一半。

从中国国内市场来看，中国国内市场在全球奢侈品市场的占比已上升到30%，中国人境内奢侈品消费的占比达到64%。奢侈品消费已连续两年远超其他国家，呈高速增长。中国国内市场也第一次成为全球最大的奢侈品市场。

如此巨大的消费潜力，自然令许多奢侈品牌无法抗拒。即便遭遇了关店潮，但不少奢侈品牌仍然对中国市场充满信心。全球著名奢侈品集团LVMH首席执行官贝尔纳·阿尔诺今年早些时候就曾公开对外表示："分析师低估了中国经济，基本面是好的。家庭支出仍在增加，这对我们而言非常重要。"

奢侈品在国际上被定义为"一种超出人们生存与发展需要范围的，具有独特、稀缺、珍奇等特点的消费品"，又称为非生活必需品。奢侈品的消费是一种高档消费的行为，奢侈品这个词本身并无贬义。

奢侈品具有高价格特征，是同类商品中最贵的，高价格也是奢侈品最基础的特征。高昂的定价让众多奢侈品品牌都获得了超额的利润。

资料来源：蔺雨葳．一年卖掉1万亿元奢侈品！中国国内首次登顶全球最大奢侈品市场[EB/OL]. 中国日报网，2022-11-08.(有修改)

试分析：消费者购买奢侈品的价格心理是什么？

(二)自我意识的反映工具

心理学认为，自我意识是一个人对自己的认识和评价，包括对自己心理倾向、个性心理特征和心理过程的认识与评价。正是由于人具有自我意识，才能使人对自己的思想和行为进行自我控制和调节，使自己形成完整的个性。在现实生活中，消费者往往会借助于所购买的商品价格的高低来认识和评价自己。

消费者以价格反映自我意识主要有以下几种形式。

1. 社会地位、经济水平的反映

现实社会中的每个人都属于不同的社会阶层。在社会交往中，人们往往要借助于某些外显的特征行为来判定他人的社会阶层或者彰显自己的社会地位，而所购买的商品的价格就成了最直接的判断依据。

那些社会地位高、经济收入水平高的消费者一般都会选择去高档、大型百货商店或专卖店购买价高的名牌产品，他们认为大众商店、低档摊位的打折、清仓的廉价商品有损自己的形象；而对于那些收入水平比较低的消费者来说，去高档次的商场光顾高档商品会产生自卑压抑、不自然的感觉。

2. 文化修养的反映

在社交过程中，人们都渴望得到他人的尊重与认可。自古以来，文人都深受人们的尊敬与爱戴。而象征着文人高雅艺术的商品，如书法、字画、古董及珍稀收藏品的价格一般都比较高。

有些消费者原本对书法、字画没多大兴趣，但不惜花费巨额资金购买大量此类商品，只因希望在社交场合中被人认为是“有着高雅艺术情操的文化人”，而不愿被冠以庸俗之名。

3. 生活情趣的反映

“小资情调”“富有生活情趣”是当今比较流行的词语。很多消费者不愿被认为是落伍、跟不上时尚潮流的人。因而在生活中，他们秉承的消费观念是“当前流行什么就购买什么”，不管自己是否真的有需要。

(三)消费者需求的调节器

在经济活动中，商品价格最明显、最直接的作用就是会对消费者的需求产生影响。在一般情况下，如果商品价格上涨，消费者对这种商品的需求会减少；反之，需求会增加。商品价格与需求呈反方向变化，但这种反方向变化并不是固定不变的。例如，如果消费者对某种商品的需求程度非常强烈，当该商品价格上涨时，由于担心价格还会继续上涨，所以纷纷抢购，导致需求量上升；而当某种商品价格下降时，消费者认为价格可能还会下降，都持币等待观望，从而抑制了需求。

二、消费者对商品价格的心理表现

消费者在购买商品的过程中对价格刺激会产生各种心理反应，这些心理反应与消费者自身的个性心理有关，具体有以下几种表现。

(一)习惯心理

消费者的价格习惯心理是指消费者根据以往的购买经历及反复感知某些商品的价格，从而对该商品的价格形成习惯性的心理。市场环境变幻莫测，消费者掌握的

学习笔记

宠物经济

学而思：

试分析购买星巴克和瑞幸咖啡的顾客的消费心理。

学习笔记

信息非常有限，这就导致消费者很难对商品价格的准确性和合理性进行判断，而只能凭借以往的购物经验所形成的习惯价格进行判断。

(二)感受心理

价格的感受心理是指消费者对商品价格及其变动的感知强弱程度。消费者对商品价格的高与低、昂贵与低廉的认识也不完全是依据习惯价格进行的，他们还会根据与同类商品进行价格比较，以及与商场内不同商品的价格进行比较来认识。在受到其他商品价格的刺激以后，消费者在心理上就会对所要购买的商品价格的高低产生不同的感受。

在实践中，把高价商品与低价商品放在一起销售，有时可以产生比较好的效果。希望购买低价产品的消费者会因为买到便宜的商品而高兴，那些求名求利的消费者会因为能买到可以显示其经济水平的商品而感到满足。

(三)敏感心理

价格的敏感心理是指消费者对商品价格变动作出反应的程度。消费者对价格的敏感心理因人而异、因商品而异。一般来说，经济收入水平较低的人群相对于收入水平高的人群来说，对商品价格的敏感性较强。生活必需品的价格变动幅度即使远远小于高档商品、奢侈品的价格变动幅度，也能迅速引起消费者的强烈反应。

(四)倾向心理

价格的倾向心理是指消费者在购买过程中，对不同档次的商品表示的不同价格和质量所呈现出的不同趋势与意向。如果同类商品在外形、质量等方面没有明显差异，追求物美价廉的消费者往往会选择价格较低的商品；而那些追求新奇、名利的消费者会倾向于购买价格较高的商品。就同一个消费者而言，在购买高档耐用商品时，一般会选择价格较高的商品，以获得较高的质量保证；而在选购日用品时，一般会选择低价商品。

(五)逆反心理

大多数消费者都希望以最小的经济代价获得最大的利益。一般情况下，商品价格越低，消费者的购买量越多，商品越畅销。但在某些时候，商品价格越高，会让消费者认为商品的价值越大，购买量越多，商品越畅销，这就是对价格的逆反心理。

三、消费者的价格判断

消费者对于要购买的商品价格事先都有自己的判断，消费者最终能否实施购买行为，在某种程度上取决于商品的销售价格与消费者判断价格之间的差异。如果这种差异幅度在消费者可接受的范围之内，那么价格就不是阻碍购买的因素；反之，则可能阻碍消费者购买。

(一)消费者判断价格的途径

1. 与市场上同类商品的价格进行比较

俗话说“货比三家”，这是最简单、最常见的价格判断途径。通过比较，消费者可以非常直观地看到哪种商品的价格最合适，从而迅速作出购买决策。

2. 与同一购物场所的其他商品的价格进行比较

虽然这种情况看似没有多大的可比性，但可以让消费者产生不同的感受价格。

例如，同样一件商品，把它摆放在高档商品旁边，会让消费者觉得其价格偏低；而摆放在价格偏低的商品旁边，则让消费者感觉该商品价格比较高。

3. 通过商品本身的质量、外观、品牌知名度等进行判断

在对价格进行判断时，消费者还会从商品本身的信息进行判断。例如，如果商品质量好、外观新颖、包装精美、知名度较高，消费者会认为这种商品的销售价格应该偏高；反之，则应该偏低。

4. 通过自身的消费体验进行判断

对于一些无形产品的价格，消费者往往会根据在接受服务的过程中自身的心理体验状况来衡量其价格。

(二)影响消费者判断价格的因素

1. 消费者的收入水平

收入水平高的消费者相对于收入水平低的消费者而言可支配收入较多，他们在购买商品时一般比较容易接受价格较高的商品，在判断同一件商品的价格时也趋于偏高。

2. 消费者的价格心理

由于不同的消费者对商品价格的刺激会呈现出不同的心理反应，因而对价格的判断也各不相同。

3. 商品的出产地和销售点

因为存在“原产地效应”，所以在一般情况下，消费者都认为原产地的商品更正宗，企业给商品制定高价是合理的；而其他地方的产品如果也制定高价，会让消费者难以接受。此外，消费者一般认为高档商场、精品店、专卖店的档次较高，其商品价格应该比较高；而便利店、普通超市、一般商场的档次较低，其商品价格应该低一些。

4. 商品的用途

消费者会对同样的商品因为不同的用途而采用不同的价格评判标准。如果消费者购买商品是为了获得其物理属性，他们会认为该商品的价格偏低；如果消费者购买某商品是为了获得超越其物理属性的价值，那么他们会认为该商品的价格应该偏高。

5. 消费者对商品需求的紧迫程度

当消费者急需某种商品而又找不到替代品时，即使商品的价格高一些，也可能在消费者可接受的范围之内。

6. 购买时间

对于那些当季销售的商品、节日礼品或正在流行的新商品，消费者认为其价格应该较高。

四、商品价格的心理策略

(一)商品定价的心理策略

根据消费者对价格的心理反应，企业在制定商品的价格时可以遵循以下四种策略。

学习笔记

学而思：试举例说明四种定价策略在现实生活中的应用。

学习笔记

1. 新产品定价策略

新产品一上市能否及时打开销路、占领市场，除了恰当的产品策略以外，还与其价格的制定有着非常密切的关系。一般来说，新产品上市之初的定价策略有撇脂定价策略和渗透定价策略两种。

(1)撇脂定价策略。撇脂定价策略又称高价策略，是指在新产品刚上市时把产品的价格定得很高，以获取最大的利润，就像煮牛奶时撇取最上面的那层精华油脂一样。这种定价方法主要是针对消费者求新、求奇的心理。

(2)渗透定价策略。渗透定价策略又称低价策略，是指企业对研制出来的新产品制定相对较低的价格，以薄利多销的方式慢慢吸引消费者，从而提高市场占有率。这种定价方法考虑的是消费者求廉求实的心理。

2. 尾数定价策略

这种定价方法是指价格采用小数的形式，而且精确到小数点后两位。例如，商品定价 29.98 元。这种定价策略不仅能让消费者认为该价格是经过企业认真核算制定的，还能让消费者在心理上认为该商品的价格比定价 30 元便宜很多。

3. 声望定价策略

企业针对某些消费者仰慕名牌、高档商品的心理，对于某些高档、名牌商品制定较高的价格，以显示企业或商品的声望。这种定价策略主要是基于消费者认为高价正是商品与众不同之处的体现。

4. 招徕定价策略

招徕定价是指利用消费者求廉的心理，特意选择几种商品作为“牺牲品”，把它们的价格定得较低，以吸引消费者光顾，使消费者在选购低价商品的同时也选择其他正常定价的商品。

学而思：“双 11”“双 12”等促销活动，对消费者的消费行为有哪些影响？

(二)商品降价的心理策略

当出现商品的升级换代、技术更新、季节变换，或是商品出现瑕疵、原材料成本下降等因素时，企业往往会采取以降低商品价格的方式来扩大商品的销售。在执行降价时，不管出于何种动机，企业一定要慎重操作，要充分了解消费者的心理预期，千万不可跟风盲目降价，最终落得不但不讨好消费者还有损品牌形象的境地。

在降低产品价格时，企业应该遵循以下策略。

1. 选择恰当的降价时机

降价并不是企业随心所欲的行为，降价的目的是要刺激消费者的购买欲望，因此时机的选择是关键。

一般选择的降价时机有：①传统的节假日，如劳动节、国庆节、春节、端午节、中秋节等；②企业的庆典活动，如新店开张、开业周年庆典等；③季节变换，如季节性的商品过季降价；④其他特殊原因，如铺租合同期满、商店拆迁、改变经营方向等。

2. 确定适当的降价幅度

商品降价幅度不够，不能吸引消费者；降价幅度过大，一方面会让消费者质疑商品的品质和质量，另一方面又会增加企业的成本。因此，对于降价幅度的把握非常重要，一般以商品原价的 10%～30%为宜。

学习笔记

3. 恪守降价的原则

在降价时，一定要恪守“一步到位、始终如一”的原则。既然确定了降价幅度，就要在活动期内一直坚持这一价格标准，如果因为竞争对手用更低价格吸引了更多顾客而多次调整自己产品的价格，一方面会混淆消费者的认知，另一方面会让消费者产生期待继续降价的心理。

4. 注意降价方式的技巧性

在具体操作上，降价要有一定的技巧，少数几种商品的大幅度降价比全线产品的小幅度降价更有效果。一方面，大幅度降价给消费者更优惠的感觉；另一方面，降价商品与正价商品摆放在一起可以让消费者进行比较，从而满足消费者对价格的感受心理。

(三)商品提价的心理策略

在一般情况下，商品提价会引起消费者的反应，大多数消费者对商品提价会持消极甚至抵抗的心理。但在实践中，提价也是一种非常重要的营销策略。

当原材料价格上涨，市场上商品供不应求，为了抑制过热的需求，或是经营环节增加，需要开拓新市场时，企业可以考虑对商品进行提价。

在提高产品价格时，企业应注意以下几个方面。

1. 提价的时机

为了让消费者能够接受提价，企业一定要选择好恰当的时机。通常可以在以下几种情况下对商品进行提价：①商品在市场上处于绝对优势地位，不会出现因提价而遭到竞争对手抢夺市场的现象；②商品经历了低价的导入期，已经进入成长阶段；③季节性商品达到销售旺季；④竞争对手率先提价；⑤中低档商品向高端重新定位。

2. 提价的幅度

提价的幅度不宜太大，否则会造成顾客的大量流失；也不宜太小，否则起不到企业预期的作用。在提价时没有统一的标准幅度可供参考，企业要视目标顾客的价格心理阈限而定。

3. 提价的原则

在进行提价时，企业可以采取直接提价和间接提价两种方式。直接提价是按一定的幅度直接提高商品的价格。间接提价是指商品的价格不变，而是改变商品的净含量、规格、型号及种类等方面。在确保商品质量的前提下，间接提价是可以被消费者接受的，它对商品的销量和利润没有太大影响，还可以将提价的不利影响降到最低。

4. 提价的说明

商品提价以后，为了让消费者接受新的价格，企业要通过各种渠道向消费者认真说明提价的原因，争取得到消费者的理解和支持，并提供其他附加服务，尽量将顾客流失率降到最低。

任务二　理解购物环境与消费心理的关系

一个人在购物时的情绪会对他所要购买的商品产生巨大影响，而购物时的情绪

学习笔记

学而思：说说你所在城市的主要购物场所，分析各场所的特点和消费人群。

又受到购买行为发生的场所(空间)及与该场所(空间)相配套的服务设施、设备和附属设施的影响，即购物环境。购物环境可以分为购物场所的外部环境与内部环境。

一、购物场所的外部环境与消费心理

购物场所的外部环境主要包括购物场所选址、建筑物外观造型、门面装潢设计及橱窗设计等几方面的内容。

(一)购物场所选址的心理分析

购物场所地址的选择是关键因素，地址选对了，即成功了一半；如果地址选得不好，会使企业的经营陷入极大的困境。在选择地址时，要综合考虑所在区域的人口规模、地理环境及与此相关的消费者的心理。

1. 商圈心理

商家在开设店铺时要注意选址的“马太效应”。所谓的“马太效应”，即旺铺生意越做越旺，而地段差的商铺生意越做越艰难。大多数消费者在购物时都存在从众心理，他们通常认为，人越多的地方商品越吸引人，购买欲望就越强烈。如今，各大城市纷纷兴起的一个个人口密集、商店林立的商圈，满足了消费者的这种从众心理。因此，在商铺选址时，消费者的商圈心理是首要考虑的因素。

【课堂活动9-1】

结合当前的经济形势，谈谈互联网经济对实体商圈的影响。

2. 购买便捷心理

消费者在购物时一般都持有便捷的心态。他们希望商铺的交通便利，公共交通设施便捷，大型购物场所要有足够的停车空间。因此，商家在设置商铺时要从消费者的角度出发，尽最大可能给消费者提供便捷。一般来说，交通便利、设施齐全的黄金地段租金都比较高，这对那些资金紧张的企业来说有点望尘莫及。企业可以开通免费巴士接送顾客、提供大件商品免费送货上门等便利服务，以吸引消费者。

3. 业态分布心理

所谓业态分布，是指按服务于某一顾客群的经营形式，把经营同类商品的商铺设置在一起。这种方式迎合了消费者在购物时“货比三家”的消费心理。企业在选择商铺地址时要尽量考虑商铺经营的业态分布。

(二)建筑物外观造型的心理分析

有人曾做过测试，如果一栋建筑物的轮廓能够在五秒内被迅速画出，而且具有清晰的可识别性，那该建筑物将成为标志性建筑，如长城、悉尼歌剧院、埃菲尔铁塔、金字塔等。

购物场所建筑物的外观造型是其整体形象的表现，是消费者对购物场所形成第一印象的主要素材，在某种程度上可以决定消费者是否走进店铺。富有创意、造型独特、寓意深刻的建筑物不仅可以成为某一商业区域的地标，而且还会因为给人印象深刻而被长久记忆。

(三)门面装潢设计的心理分析

商铺的门面犹如人的脸面一样，越美丽的面孔越能吸引人的眼球。商铺的门面主要包括招牌和标志两个部分。

1. 招牌

招牌又称幌子、匾额，其上书写着商店的名字，陈列于商店正门的上方。招牌既是商店的装饰，又具有广告牌的作用。设计精美、概括性强的招牌不仅易于被消费者识别，而且还会对消费者的购买心理产生重要影响。

招牌在设计时要从名称和字体两方面来考虑。在设计招牌时，名称是首要问题。商店名称除了在含义上要满足消费者求新、求奇、求美、求吉利的心理需求以外，还应该具有易于识别、朗朗上口、便于记忆的特征。在确定招牌的名称以后，企业还要借助于富有艺术感的字体，将商店名称的含义传递给目标受众。

2. 标志

商铺的标志是指以造型独特的物体(图案)或设计特殊的色彩附设于商店建筑之上的一种识别载体。标志具有广告宣传的功能，那些设计独特、个性鲜明、线条简单、蕴含招牌名称意义的标志能在瞬间吸引消费者的关注并被长时间记住。

(四)橱窗设计的心理分析

橱窗是用来展示商品、向消费者传递信息的渠道，同样也具有很强的广告传播效应。那些设计得生动逼真、各具特色的橱窗不仅能吸引人们的目光，还能让他们停下匆忙的脚步驻足欣赏，激发他们的购买欲望。

橱窗在设计时要符合以下几个标准。

1. 独特

橱窗设计应避免与竞争对手的橱窗相似或雷同。企业应该设计出与众不同的、独具特色的橱窗风格，以便和竞争对手形成明显的差异，从而让消费者对本企业有更清晰的认识。

2. 统一

在设计橱窗时，橱窗内摆设的商品要精挑细选，要选择那些能突出主题、反映店内主要经营风格的商品，让消费者一看橱窗就知道店内的经营项目。同时，橱窗的风格要与企业的标志和形象相呼应，以便让消费者对企业的整体形象有更进一步的认识。

3. 美观

橱窗是企业向外展示自身形象的平台，橱窗的设计一定要以大众的审美为准则，必须对社会产生积极、正面的影响，展示健康的、自然的、高雅的美。

4. 联想、暗示

一个设计成功的橱窗应该是能让消费者产生丰富的联想，进而激发其对橱窗中展出商品的购买欲望。例如，在一些销售家居用品的商店橱窗中，消费者就像看到了微缩版的真实空间。看到橱窗的摆设，他会进一步联想那些商品买回家后的效果。

二、购物场所的内部环境与消费心理

外部环境的作用是吸引消费者的注意力，而真正对消费者的购买情绪起决定性作用的是购物场所的内部环境。理想的内部环境应该尽可能为消费者提供各种便利，

学习笔记

学而思：分享几个你认为有特色的商品陈列方式。

使其产生积极、良好的情绪，并获得最大的满意感。购物场所的内部环境包括商品陈列，以及商场内的光线、温度、背景音乐、色彩、楼(电)梯和其他辅助设施等购物场所的微环境。

(一)商品陈列与消费心理

商品陈列是指货架或柜台上商品的摆放位置、造型及整体效果等。商品陈列是消费者购物情绪的主要影响因素，陈列的效果可以反映商场的定位档次、服务水平与品牌形象等。

1. 商品陈列的基本要求

(1)方便顾客观看。除非是顾客急需的商品，否则顾客是不会在货架上逐个仔细挑选的。货架或柜台设置的高度应该要符合消费者的习惯高度，过高和过低都会让消费者因为查找商品费力而减少在货架前停留的时间。

(2)方便顾客挑选。消费者一般不会选择自己不太熟悉的商品。因此，货架上的商品向消费者透露的信息越多，就越有可能被消费者选中。商场在摆放商品时，应将商品名称、性能、规格、品牌、生产企业等有关商品的核心信息的正面面对消费者，以便消费者观察、比较和挑选。

(3)方便顾客行动。要培养顾客积极良好的情绪，商场内供消费者行走的购物通道一定要足够宽敞。商家切不可“小气”到每寸空间都要利用，通道狭小、拐角堆满货物，消费者走在其中像走迷宫一样，当找到自己想要的商品时却又不知收银台的方向，这在无形中等于赶走消费者。

2. 商品陈列的基本方法

商场内的商品本身不会叫卖，但新颖独特的商品陈列形式却是一则无声的广告。商家可以采用的商品陈列方法主要有以下几种。

(1)分层陈列法。分层陈列法主要用于柜台或柜橱陈列，是指陈列时按柜台或柜橱已有的分层，依一定顺序摆放展示商品。分层摆放时一般是根据商品本身的特点、售货操作的方便程度、顾客的视觉习惯及销售管理的具体要求而定，可分为柜台陈列和柜橱陈列。

在分层陈列中，不论是柜台陈列还是柜橱陈列，都应注意在同一柜台或柜橱内陈列的商品不能类别过多、过杂；下部储存的商品要摆放整齐、干净；过时、积压的商品不要堆放其中，以免使顾客产生经营管理不善、商品积压严重的感觉。

(2)悬挂陈列法。悬挂陈列法主要用于纺织服装或小型商品陈列的方法，是指将商品展开悬挂或安放在一定或特制的支撑物上，使顾客能直接看到商品全貌或能触摸到商品。

固定悬挂起装饰作用的陈列商品应注意悬挂的艺术性，或加入一定的陪衬物，营造逼真的效果，使顾客产生向往的心情。此外，还要注意物品悬挂时空间的合理使用，货架之间的走道不能太窄，过窄则影响视觉效果与顾客的购物心情。

(3)组合陈列法。组合陈列法是按顾客日常生活习惯，组合成套陈列展示，给顾客以真实、熟悉的感觉。顾客在购买时既可成套购买，也可购买单件。这类商品有些在使用时相互关联、相互补充。这种组合方法对顾客具有一种提醒和心理暗示的作用，让顾客在一目了然之余，思考自己是否还缺少什么，以增加其购买。

(4)堆叠陈列法。堆叠陈列法是将商品由下而上罗列起来的陈列方法，一般用于商品本身装饰效果较低的大众化商品。堆叠的作用是用数量突出商品的陈列效果，如书城常用堆叠法来摆放畅销、热销图书。

(5)几何图形法。几何图形法是指将商品排列成几何图形进行陈列的方法，一般适用于小商品。将精致的小商品摆放成不同的图形，形成近距离观赏的优美小图形。这种方法主要考虑装饰的中远距离效果，多是单一的陈列。

(6)叠钉折法。叠钉折法是主要用于纺织品等"软型"商品的一种陈列展示方法，利用商品本身形体性不强的特点，将其折叠或摆放成各种形状，用大头针和钉子固定在立式板面上。例如，将手帕、餐巾折叠成盛开的花朵或飞翔的蝴蝶，再配以适当的背景画，一般能产生较好的艺术效果。

(7)道具陈列法。道具陈列法是指借用各种材料制作的支架、托板、模型和台架等来展示商品。这种方法大多需要借助一定的陈列道具或工具以充分展示商品。道具陈列的最大作用在于能使顾客全面、完整地了解商品、喜欢商品，以刺激消费。

(二)购物场所的微环境与消费心理

在购物场所内部还有一些很容易被商家忽视的因素，它们的缺失不会影响购物场所的营业，但如果这些方面都兼顾到了，则易于形成购物场所区别于竞争对手的独特优势。这些因素被称为购物场所的微环境。

1. 光线

光线直接作用于消费者的视觉。明亮、柔和的光线可以充分展示店容、宣传商品、吸引消费者的注意力，渲染购物气氛、调节情绪，营造良好的购物心境、激发购买欲望。

2. 温度

购物场所内部的温度直接反映到消费者身上的感受就是舒适与否。适宜的温度能让消费者在整个购物过程中都保持平和的心态，这种心态的保持有利于延长消费者在现场的时间，有利于激发潜在的购买欲望。

3. 背景音乐

舒缓、柔和、轻松、优美的音乐能制造浪漫的气氛，培养顾客良好的情绪，使其产生舒适的心情，以至于放慢行走的速度，注意到原本不会留意的商品。

【相关链接 9-1】

背景音乐——商场、超市、零售店的软环境

对背景音乐的研究表明：有背景音乐的商场、超市、零售店，顾客光顾的意愿会增加；音响的强度过高时，顾客在商店的时间将减少；同节奏快的音乐相比，舒缓的音乐将使商店的销售额增加。可见背景音乐对于商品的销售同样具有重要的作用。

商场在播放背景音乐时，应根据不同时段选择不同的音乐。上午人比较少的时段不妨播放一些节奏明快的音乐，可以让购物者在这样的音乐中心情变得更开朗，还有助于刺激消费。而中午时分，人开始多了起来，有的音乐会让人心里烦躁，甚至不想购物。这时应尽量选择轻音乐，甚至关掉音乐。到了晚上，播放一些温馨甜美的音乐会让购物者在购物时有一个更好的心情。

学习笔记

对于一些大型超市、特卖场来说，通过广播介绍促销信息，对消费者来说不失为一种获知信息的渠道，但在插播促销、折扣信息时一定要掌握好节奏，间隔的时间要有二三十分钟。

尽管没有相关数据表明背景音乐和商场的盈利额有很明显的挂钩，但从理论上来看，好的音乐会使人心情愉悦，就可能会使部分消费者在场内多停留一些时间，也可能增加商场的营业额。另外，背景音乐还可以通过营造一种舒适的购物环境，使消费者对这个商场的购物环境产生亲切感，以后在这里购物的次数可能也会因此增加。

4. 色彩

色彩是丰富的视觉符号，也是渲染气氛、培育心情的最佳元素。购物场所内部的墙壁、天花板、货架及地面的颜色选择都要注意整体搭配的效果。企业要充分利用色彩，使顾客产生视觉上的冲击。

5. 楼(电)梯

对于规模较大的购物场所来说，设置楼梯或者电梯是十分必要的。关于楼梯或电梯的设置原则，就是方便顾客上下行走，以便客流通畅。

6. 辅助设施

能给消费者留下美好印象的还有商场内部设置的休息室、母婴室、洗手间等服务性设施。

任务三　洞悉营销服务与消费心理的关系

营销服务是指企业围绕其核心产品提供的服务，包括营销人员的接待方式、结算、送货、寄存等配套服务体系。由于营销人员的工作是直接面向顾客的，其工作方式会对顾客的心理产生直接影响。因此，一般把营销服务视为营销人员对顾客的接待方式。

学而思：
分享一个你认为比较经典的营销案例。

一、营销服务的心理效应

营销人员提供服务的过程，实际上就是与消费者相互作用的人际关系的知觉过程。这种过程将对消费者的心理和购买行为产生怎样的影响，通常取决于消费者对营销人员的工作所产生的心理效应。

(一)首因效应

首因是指首次认知客体而在脑中留下的“第一印象”。首因效应又称第一印象作用，或者先入为主效应，是指个体在社会认知过程中，通过“第一印象”最先输入的信息对客体以后的认知产生的影响作用。

第一印象的作用最强，持续时间也长，比以后得到的信息对于事物整个印象产生的作用都强。例如，消费者进入某购物场所时，第一次和营销人员接触的瞬间会对其作出判断，得出一种印象。如果这种印象是积极的，则会产生有利于购物的正面效应；反之，则可能不利于购买行为。企业在营销活动中，应努力做到提供陈列

学习笔记

丰富多彩的商品，营造舒适宜人的购物环境，以及能给人留下良好的第一印象的营销服务。

（二）近因效应

所谓“近因”，是指个体最近获得的信息。近因效应又称新颖效应，是指在某一行为过程中，个体最后接触到的信息所留下的印象。

消费者在离开购物场所时的所见所闻、购买过程最后阶段所产生的感受都是形成近因效应的因素。近因效应也有正负之分，积极的、优秀的服务所产生的近因效应可以促进消费者的再次购买行为。

（三）晕轮效应

晕轮效应又称光环效应、印象扩散效应、以点概面效应，是指在人际知觉中对事物的某些特征所形成的以点概面或以偏概全的主观印象。这种强烈知觉的品质或特点，就像月晕的光环一样，向周围弥漫、扩散，所以人们就形象地称这一心理效应为光环效应。

俗话说，“一好百好，一坏百坏”，“一白遮百丑”，就是晕轮效应的典型例子。在营销活动中，销售人员的某些不良行为可能使消费者对企业的整体形象作出负面评价。

（四）定式效应

定式效应是指人们以前的知识经验会在头脑中形成固定的印象，从而使其以固定的思维模式来分析、判断现在的事物。

消费者在与营销人员的接触过程中，如果营销人员表现出来的服务方式与消费者心中的固定服务模式吻合，则会让消费者产生值得信赖的感觉。消费者会非常愿意与营销人员接触，并听从、接受营销人员的意见，容易促成交易。

【课堂活动 9-2】

在发达的网络营销时代，如何实现营销服务的心理效应？

二、营销服务的过程

鉴于营销人员在工作过程中可能给消费者造成不同的心理效应，服务工作的每一个环节都是不容忽视的。具体来说，营销服务工作的过程包括以下七个方面。

（一）接待顾客

使顾客形成良好的第一印象，是成功销售的关键因素。营销人员一开始与顾客接触时要注意自己的仪表，要有礼貌、有教养，要周到热情；但热情过度则会使顾客一开始就产生被推销的反感情绪。

（二）展示商品

当顾客在店内浏览了片刻之后，营销人员可以根据顾客的浏览情况，从中挑选出顾客可能感兴趣的商品并向其展示，以吸引其注意力。

（三）介绍商品

当顾客把注意力转向营销人员所展示的商品时，表示他对该商品有了一定的兴趣。这时，营销人员应该及时向顾客介绍商品的功能、特点、结构造型、使用方法

学习笔记

及注意事项、与同类商品相比的优势等。在介绍商品时，语言应通俗易懂、言简意赅，切记不要逐字照念商品上附带的文字。营销人员应以热情真诚的服务让顾客产生信赖感。

(四)推荐商品

一旦顾客对商品产生了兴趣，他会主动与营销人员进行互动，如询问商品的使用情况、哪种规格或款式的商品更好，或者要求试用等。这时，营销人员就要选定顾客比较感兴趣的商品，适时地向顾客推荐，以利于顾客迅速作出决定。

(五)促成交易

顾客对营销人员推荐的商品感兴趣以后，还有可能产生买或不买的犹豫状况。这时，营销人员先应该弄清楚顾客的疑虑是什么，然后适当地用一些语言或行动来打消顾客的疑虑，也可以采用附赠小礼品、提供售后服务等一些条件，促使顾客作出购买决定。

(六)成交

在成交时，营销人员要为顾客填写好支付单据，引领顾客到收银台支付货款，并将顾客选好的商品包装好。整个成交过程要有条不紊地快速完成，以免节外生枝，避免顾客突然改变购买意图，导致交易失败。

(七)送客

交易完成以后，营销人员还要给顾客留下深刻的印象，以吸引顾客的下次光临，或者将好的印象传递给其他人。除了言语上的“谢谢、欢迎您再来”等以外，必要时还可以问清顾客下一步的行动方向，并将其指引到大致的方位。对待那些离开店铺时没有购买商品的消费者，营销人员也要热情相送。

三、营销人员对消费者心理的影响

在消费者眼中，营销人员代表着企业。企业营销活动的效果很大程度上取决于营销人员对消费者心理的影响效果。营销人员的影响作用表现在以下几个方面。

(一)信息沟通者

营销人员与消费者的距离是最近的。通过面对面地直接接触与沟通，营销人员可以更多地了解消费者对于商品的真实想法，这是企业收集信息的有效途径。态度亲切、具有亲和力的营销人员更容易拉近与消费者之间的距离。

(二)商品推荐者

营销人员在与消费者的接触过程中，还充当着商品推荐者的角色。他们的主要任务就是向消费者推荐商品，以激发其需求。在推荐商品时要仔细揣摩消费者的心理，不能过于急切，以免适得其反。

(三)选购指导者

当消费者表现出购买意向以后，营销人员的角色即转换为选购的指导者。这时，营销人员应该客观地指导消费者购买适合的商品，并帮助消费者解决目前所面临的问题，从而增强消费者的购买决心。

(四)感情融通者

众多经典案例表明，开发一个新顾客的成本是留住一个老顾客的成本的5倍。

学习笔记

要让消费者永远忠诚于自己，企业必须先在情感上得到消费者的认可。由于消费者把营销人员等同于企业，因此，营销人员应该以优质的服务成为企业与消费者之间情感沟通的桥梁。

四、处理消费者的抱怨与投诉

随着法律法规的不断完善及消费者维权意识的增强，消费者日益关注自己是否得到了公平公正的待遇、自身合法权益是否被侵犯。面对消费者投诉、抱怨的日益增多，企业应该妥善处理，否则很可能给自己带来更大的麻烦。

(一)消费者抱怨与投诉的心理分析

消费者出现抱怨与投诉的现象主要是基于以下一些心理因素。

1. 发泄不满情绪

有时消费者只是发牢骚，以释放心中不满的情绪。这时如果有人能认真倾听消费者的抱怨，就可以大事化小、小事化了。不是所有的抱怨与投诉都会升级演变成激烈的冲突。

2. 期待问题尽快得到解决

对于一些问题比较严重的情况，消费者投诉或抱怨是希望问题能尽快被处理好。问题处理得越早，消费者的不满意感消失得越快，从而增加其对企业的信任感。

3. 希望得到适当的补偿

在投诉、抱怨事件中，经常会涉及费用问题，如购买商品的费用、商品使用过程中造成其他财物受损等状况。对于消费者的索赔，企业要根据实际情况，依据赔偿条件和赔偿标准，向消费者解释清楚。对于确实应该给予的赔偿，企业要及时支付，以免严重影响顾客的满意度和忠诚度。

4. 希望得到尊重

对消费者的尊重不仅体现在购物过程中，还体现在购买活动结束以后，不论造成消费者不满意的原因到底归结于哪个方面，消费者会提出投诉总有他的道理。这时，他们希望得到企业的尊重——客观地处理他们的投诉。事实上，消费者投诉和抱怨对企业来说并不一定是坏事，这也有利于企业提高自己的服务质量。因此，营销人员在处理投诉或抱怨时，一定要给予消费者充分的尊重。

5. 和他人交流投诉的经历

“好事不出门，坏事传千里。”当消费者感到不满意而又无法从企业那里得到满意的处理结果时，他就会向身边的亲朋好友说起此事，愤怒的情绪还有可能使事件恶化，造成对企业形象不利的局面。更重要的是，有可能会使企业很多潜在顾客转向竞争对手。

(二)处理抱怨与投诉的方法和技巧

在处理消费者的投诉与抱怨时，营销人员除了要有良好的态度，还应该注意处理问题时的一些方法和技巧。

1. 立即道歉，避免辩解

接到消费者的投诉，营销人员应立即向消费者道歉，并感谢消费者提出宝贵的意见，同时对消费者提出的事情要深表同情。切忌匆忙为自己辩解，因为太多的辩

学习笔记

解只能火上浇油，会更加激怒消费者，从而使事态恶化。

2. 认真聆听，详细记录

在消费者投诉或抱怨时，要耐心地聆听他们的意见。即使中途出现其他情况，营销人员也要等消费者说完以后再诚恳地说明，以求其谅解。消费者在抱怨时，营销人员一定要认真做好笔记，一方面能明确知道消费者抱怨的具体问题有哪些，便于事后处理；另一方面也能让消费者感到企业对其的重视，使其之前激动的情绪平缓下来。

3. 查明原因，迅速处理

在听完消费者的诉说以后，营销人员应该将大致问题再向其复述一遍，以核对是否有遗漏。确认无误以后，营销人员应该先告诉消费者针对他提到的那些问题，企业的一般处理流程及所需的处理时间，请他耐心等待；然后收集资料，查明原因，确定补救措施与方法，并就该补救措施与方法征求消费者的意见，以达成共识。在阐述处理方式时，营销人员要本着客观公正、实事求是、不卑不亢的态度，同时也要避免让消费者感到难堪。

任务四 把握促销因素与消费心理的关系

企业为了增加产品的销售，一般都会采取适当的促销方式，如广告、公共关系、人员推销及营业推广等组合形式。但在现实中，很多企业发现在投入了大量资金开展促销活动后，产品的销售似乎没有多大改观。

促销活动是企业与消费者相互沟通的过程。促销活动能否有效，关键要看企业在策划促销活动时是否从消费者的心理活动出发。

一、广告策略与消费心理

广告是企业最常采用、最为依赖的促销方式。在实施广告策略时，企业首先要弄清楚广告播出以后到底会对消费者的心理产生什么样的影响，然后再运用心理学的相关原理以增强广告的表现力、吸引力、感染力和说服力。

莫比广告奖

(一)广告的心理功能

广告的心理功能是指广告对消费者所产生的影响和作用。这些影响和作用主要体现在以下几个方面。

学而思：
请分享一个你认为比较经典的广告。

1. 认知功能

认知功能是指广告公开向消费者传递有关商品的品牌、性能、质量、用途、使用方法、价格等方面的信息，以使消费者对这些产品有所认识，并能在头脑中留下印象。

2. 引导功能

广告虽然不能彻底改变消费者的价值观和态度，但企业可以在广告中通过理性诉求或者感性诉求的方式，消除消费者原有的偏见或消极的态度，争取消费者的好感和信任，并激发其潜在的购买欲望。

3. 教育功能

以大众传媒为承载工具的广告不仅传递有关商品的信息，还蕴含某种价值观念及健康、正确的消费观念，这些观念对于扩大消费者的知识领域、丰富精神生活、陶冶情操和促进社会公德建设等都有积极的作用。例如，广为流传的经典广告语“一切皆有可能”等就是广告教育功能的体现。

4. 便利功能

在现代商品社会中，新产品层出不穷，而且种类繁多。如果没有广告的介绍和指导，紧张、忙碌的消费者会在众多的商品面前手足无措。优秀的广告可以帮助消费者节约购买时间、减少购买风险。

5. 促销功能

广告是企业营销活动中促销组合的方式之一，归根结底，广告应该为企业的利润作出相应的贡献。因此，广告作品不能设计得太过艺术化，广告应该巧妙地将企业或商品的信息展现在消费者面前，引发消费者产生美好的联想和情感上的共鸣，进而激发消费者的购买欲望，最终促进购买行为的实现。

（二）运用心理学原理增强广告的传播效果

广告信息首先作用于消费者的视觉、听觉等感觉器官，并在消费者的头脑中引起不同程度的反应，从而形成一系列心理活动，最终导致消费者购买行为的实现。广告引起消费者的心理反应一般分为以下四个过程。

1. 引起注意

广告界流行这样一句话，“能引起人们注意你的广告，商品推销已经成功了一半”。广告首先必须要让消费者注意到，这样才有可能让消费者理解、接受广告中的内容。为了吸引消费者的注意力，广告作品通常可以采取以下三种策略。

(1)加大刺激的强度。画面色彩艳丽、清新脱俗、文字优美、音乐悠扬悦耳、表现方式别出心裁的广告都能引起消费者的高度注意。

(2)加大刺激因素之间的对比。动态的物体总能率先吸引人们的注意力，广告作品中各组成部分之间的对比越大、广告本身与周围的环境背景的对比越大，越能吸引人们的无意注意或有意注意。

(3)通过制造悬念、激发好奇心、欲扬故抑，引起消费者的有意注意。

2. 启发联想

联想是由当前感知到的事物回忆过去某一熟悉的事物。人们在回忆过去时总能找到许多美好的记忆。在广告作品中，应该充分利用事物之间的联系，启发消费者的联想，从而达到刺激消费者需求的作用。

3. 增进情感

广告要想达到说服消费者购买其产品的目的，必须先让消费者通过广告产生积极的情感。广告应实事求是、客观公正地传递商品信息，以培养消费者的信任感；广告中所宣传的产品应该确保无毒、无害、无副作用，让消费者产生安全感；广告要设身处地地为消费者着想，让其产生亲切感；被视为艺术的广告还应该讲究宣传内容的艺术欣赏性，满足消费者的爱美之心。

学习笔记

4. 强化记忆

消费者接触广告的时间与购物的时间往往没有交集。一则广告即便能让消费者在感情上产生共鸣，真的喜欢上这则广告，但如果消费者不能记住广告中的商品信息，那么去购物时他依旧是习惯性购买、接受导购员的推荐或者随手从货架上自取，而不会去认真查找广告中的商品。

广告要增强消费者的记忆，应该力求做到广告文案精练、扼要，广告标题短小精悍、一鸣惊人，广告投放有的放矢等。

二、公共关系与消费心理

公共关系在提高知名度、美誉度、塑造企业形象方面能起到重要的作用。

(一)公共关系的社会心理特征

作为一种特殊的社会关系，公共关系客观地存在于人们的社会活动中，具有以下一些社会心理特征：一是以横向沟通为主，二是以组织机构、相关团体和公众的共同利益为基础，三是组织机构、相关团体和公众间相互信任的信用关系。

(二)公共关系宣传的心理策略

公共关系的宣传对象有一定的特殊性。为了达到预期的传播效果，在宣传中要针对不同的环境采取相应的心理策略。

1. 口头宣传

公共关系宣传大都采用演说、报告、讲座、座谈、会晤、讨论等方式，以生动、通俗、幽默的语言对受众进行讲解。在宣传时，要注意语言的准确性、规范性和感情色彩，同时还要根据受众的知识水平、心理状态及习惯等调整宣传方式，千万不要高谈阔论、夸夸其谈。

2. 直观宣传

为了有效地刺激公众的感知，使其改变或强化某种观念，企业可以采用静态(图片摄影展、宣传手册等)和动态(表演)的方式来渲染气氛，引导消费者形成积极的情绪体验。

3. 借助心理效应宣传

通过某种情境刺激，引起受众产生特定的心理效应，也能起到非常好的效果。例如，借助于专家、学者的威望和声誉产生相应的“权威效应”“名片效应”，使宣传易于被受众所接受。

【课堂活动9-3】

寻找一家曾深陷危机的企业，分析、评价其处理危机的方式，并给出相应的建议。

三、人员推销与消费心理

人员推销是指企业的营销人员与消费者通过口头交谈来传递信息，以说服消费者购买商品的一种促销活动。

学习笔记

(一)人员推销的特点

1. 心理互动的直接性

在人员推销过程中，营销人员和消费者是面对面直接交流的，因此，双方的心理影响也是直接交互进行的，不需要借助于其他辅助工具。人员推销可以准确无误地传递信息，能与消费者进行充分的感情沟通。

2. 心理反应的及时性

通过面对面的交流，营销人员可以及时获得消费者对于商品的反馈信息，并可以根据这些反馈信息适时地调整推销策略。

3. 心理影响的复杂性

在人员推销过程中，消费者既接触到商品的知识又接触到营销人员的服务，短时间内的大量信息容易导致消费者的心理活动不稳定。

(二)人员推销的技巧

1. 找好推销对象

通过商业资料手册或公共广告媒体寻找重要线索，或到商场或门市部等商业网点寻找客户名称、地址、电话、产品和商标。

2. 做好推销前的准备工作

要对企业的发展状况和产品、服务的内容十分熟悉，以便推销时有问必答。同时，对客户的基本情况和要求应有一定的了解。

3. 选好上门时间

为了避免吃“闭门羹”，可以采用电话、传真、电子邮件等方式事先联系，或传送文字资料给对方，再预约面谈的时间、地点。

4. 把握适当的成交时机

应善于观察顾客的情绪，在给客户留下好感和信任时，抓住时机向消费者推荐商品，争取促成交易。

5. 掌握推销的谈话艺术

营销人员要注意自己的仪表和服饰打扮，给顾客一个良好的印象。言行举止要文明、礼貌、有修养，做到稳重而不呆板、活泼而不轻浮、谦逊而不自卑、直率而不鲁莽、敏捷而不冒失。

四、营业推广与消费心理

营业推广又称销售促进，是企业在短期内采取的一些刺激性措施，如免费试用、优惠券、赠券、折扣和抽奖等。

广告、公共关系和人员推销都是常规的促销方式，营业推广是一种辅助促销方式。营业推广虽能在短期内取得明显的效果，但它一般不单独使用，常常配合其他促销方式使用。

营业推广的一些做法常使消费者认为商家有急于抛售商品的意图。企业若频繁使用或使用不当，会引起消费者对产品质量、价格的怀疑。因此，企业在开展营业推广活动时，要注意选择恰当的方式和时机。

学习笔记

思维导图

- 洞悉市场因素与消费心理的关系
  - 理解商品价格与消费心理的关系
    - 商品价格对消费者的心理作用机制
    - 消费者对商品价格的心理表现
    - 消费者的价格判断
    - 商品价格的心理策略
  - 理解购物环境与消费心理的关系
    - 购物场所的外部环境与消费心理
    - 购物场所的内部环境与消费心理
  - 洞悉营销服务与消费心理的关系
    - 营销服务的心理效应
    - 营销服务的过程
    - 营销人员对消费者心理的影响
    - 处理消费者的抱怨与投诉
  - 把握促销因素与消费心理的关系
    - 广告策略与消费心理
    - 公共关系与消费心理
    - 人员推销与消费心理
    - 营业推广与消费心理

思考与练习

1. 概念理解

价格　购物环境　营销服务　促销组合策略

2. 单项选择题

(1)俗话说,“一分钱,一分货”,“好货不便宜,便宜没好货”。这是商品价格的(　　)心理机制在起作用。

A. 衡量商品品质和内在价值　　B. 反映消费者的自我意识

C. 调节消费者需求　　D. 以上都不对

(2)下列不属于购物场所的内部环境因素的是(　　)。

A. 商品陈列　　B. 商场内的光线、温度

C. 商场内的背景音乐、色彩　　D. 门面装潢

(3)从心理学角度看,“劲酒虽好,可不要贪杯哦”这句广告词的诉求属于(　　)。

A. 感性诉求　　B. 理性诉求　　C. 增加可信度　　D. 情感诉求

3. 多项选择题

(1)消费者的价格心理包括(　　)。

A. 感受性心理　　B. 敏感性心理　　C. 习惯性心理　　D. 倾向性心理

学习笔记

(2)购物场所的外部环境主要包括(　　)等几方面的内容。

A. 购物场所的选址　　B. 建筑物的外观造型

C. 橱窗设计　　D. 商品陈列

(3)(　　)属于营销服务过程中消费者可能产生的心理效应。

A. 首因效应　　B. 近因效应　　C. 晕轮效应　　D. 定式效应

4. 问答题

(1)消费者对商品价格的心理表现有哪些?

(2)简述商品价格的心理策略。

(3)针对消费者的商品陈列方法有哪些?

(4)从消费者的角度出发，橱窗设计要符合哪些标准?

(5)营销人员的服务会引起消费者怎样的心理效应?

(6)处理消费者投诉与抱怨的方法和技巧有哪些?

(7)广告的心理功能有哪些?如何增强广告的传播效果?

案例分析

成都远洋太古里，一个国家五星购物中心样板

成都远洋太古里坐落于成都中心地带，是太古地产和远洋集团携手发展的开放式、低密度的街区形态购物中心。

成都远洋太古里位于春熙路地铁站，尽享优越交通和人流优势，毗邻的千年古刹大慈寺更为其增添独特的历史和文化韵味。

成都远洋太古里项目别具一格，纵横交织的里弄、开阔的广场空间，为呈现不同的都市脉搏，同时引进“快里”和“慢里”概念，树立国际大都会的潮流典范。集值得把玩的生活趣味、大都会的休闲品位、林立的精致餐厅、历史文化及商业交融的独特氛围于一体，让人于繁忙都市中心慢享美好时光。

成都远洋太古里于2014年起分阶段开业，汇聚一系列国际一线奢侈品牌、潮流服饰品牌、米其林星级餐厅及国内外知名食府。

根据中国购物中心等级评价标准，成都远洋太古里于2019年被评定为国家五星购物中心。2020年11月18日，当选“成渝潮流新地标”。

大自然触手可及，天空从此不一样

成都远洋太古里位于成都市中心，交通便利。北邻大慈寺路、西接纱帽街、南靠东大街，并与成都地铁2号及3号线的春熙路交汇站直接连通。同时与历史悠久的大慈寺相邻，接壤人潮涌动的春熙路商业区。成都远洋太古里是一座总楼面面积逾12万平方米的开放式、低密度的街区形态购物中心。

不同于传统的室内购物中心，成都远洋太古里的建筑设计独具一格，以人为本的“开放里”概念贯穿始终。通过保留古老街巷与历史建筑，再融入2～3层的独栋建筑，川西风格的青瓦坡屋顶与格栅配以大面积落地玻璃幕墙，成都远洋太古里既传统又现代，营造出一片开放自由的城市空间。在愈加拥挤而不断向高发展的都市

学习笔记

中心，成都远洋太古里保留一片低密度开阔空间，阳光与雨露、鸟语与花香，种种体验变得直接而与众不同。

传承历史与文化，城市中心重现活力

成都远洋太古里的建筑设计顾问公司一直坚持这样的理念：一个优秀的空间既要沉淀城市的文化与历史，又要提供开阔的平台汇集当代思潮。北京的胡同、曼哈顿的大厦、罗马的教堂，悠久的历史与崭新的文化相互碰撞，新旧交织的人与事编织出一幅色彩绚丽的城市画卷。

成都远洋太古里深谙城市空间承载文化与历史这一重要职责。坐落于历史文化氛围浓郁的大慈寺片区。成都远洋太古里秉持"以现代诠释传统"的设计理念，将成都的文化精神注入建筑群落之中，这座城市的色彩与质感，成都人的闲适与包容，点点滴滴的地域特色都将在房屋、街巷、广场一一呈现。针对项目当中的六座古建筑，成都远洋太古里特别邀请清华大学建筑设计研究院作为古建顾问，对历史建筑进行保护及修缮。在遵循古建筑原有比例的基础上，采用国际最新的保护复原体系，融入更多文化创意及古建筑保护新理念，根据它们各自不同的建筑风格量身定制其未来的用途，最大限度保留和延续它们的历史与文化价值。川西民居质朴素雅而又开敞自由的建筑风格、沿承至今的古老街巷、老成都的市井风貌与人文韵味得以保留重现，令人心旷神怡的城市中心重现活力，续写未来更多可能。

人与自然、文化与艺术交相辉映

兼顾国际视野与地域特色，成都远洋太古里邀请海内外多位艺术家量身定制21件匠心独运的艺术品，其中不少作品出自女性艺术家之手。以人、自然、文化为主题，这些融合东西方思想的艺术品，或以植物的形态，或以自然的风光，或以生活的元素，将美妙瞬间凝固定格，在开阔的天空之下沉淀艺术之美，让生长于此的都市人感受一份朴质的真情。

放置于漫广场的《漫想》出自两位艺术家之手，清冽的灯光穿透雕塑，将东西方诗人的哲想洒满广场，智慧之光再次熠熠生辉；《父与子》将父子之间的深厚情感，通过活灵活现的生活场景完美展示，亲情的温暖弥漫巷里之间；《大花》一瓣瓣紫色明洁的花瓣述说着英国女艺术家对自然与城市的思考；而另一位女艺术家则通过《婵娟》，将人类对天空的无限憧憬与美好寄愿充分地展示在这片开阔空间之中。

"快里"与"慢里"完美融合

成都远洋太古里的"里"字意味着"街巷"，顾名思义，正是这里纵横交织的里巷令成都远洋太古里别具一格。在深刻理解成都这座城市及成都消费者生活习惯的基础上，成都远洋太古里对其业态进行了合理组合，特别引入"快里""慢里"概念。

"快里"由三条精彩纷呈的购物街贯通东西两个聚集人潮的广场，众多国际品牌将以独栋或复式店铺完整展示他们的旗舰形象，为成都人提供畅"快"淋漓地逛"街"享受。

"慢里"则是围绕大慈寺精心打造的慢生活里巷，以慢调生活为主题。值得把玩的生活趣味、大都会的休闲品味、林立的精致餐厅、历史文化及商业交融的独特氛围，呈现出成都远洋太古里另一张动人面孔。除了精致美食，"慢里"还将引入各类文化生活品牌，为繁忙的都市注入美好的生活理念，让忙碌的都市人在这里慢下脚步，邂逅生活的美好。

历史的古韵、人文的雅致、艺术的光辉和街巷的购物休闲氛围交融碰撞，一个丰富多彩、拥有不同层次、充满生活气息的公共空间应运而生，精彩纷呈的活动逐一上演，生动有趣的生活从此开始。走进一片天空，体验大不同。

试分析：

(1)结合案例材料，试分析成都远洋太古里商业模式成功的原因。

(2)结合本项目所学，你觉得在移动互联时代，一个线下商圈如何才能吸引消费者？

(3)该案例给你带来哪些启示？

学习笔记

实践与训练

1. 将全班同学分成若干小组，每组 3～5 名同学。选定某一购物场所，运用所学知识对该购物场所的定价、购物环境、营销服务及促销组合策略进行评价，然后撰写报告。

2. 每个小组派代表上台讲解本小组的报告。

3. 同学裁判团：从每个小组选择一名同学组成裁判团，对各小组的报告进行评定，给出相应的分数，取平均值，即同学裁判团分数。

4. 成绩评定：指导教师评判的分数和同学裁判团分数各占 50%，给定每个小组的最终成绩，按分数高低评定等级。

5. 评判指标及分值：

作品质量				PPT 制作（10 分）	汇报人仪态（15 分）	团队合作（15 分）
关联性（15 分）	原创性（15 分）	新颖性（15 分）	震撼性（15 分）			

思政案例

《中华人民共和国广告法》中对虚假广告的认定

现实生活中虚假广告是普遍存在的。虚假广告一般是夸大宣传从而误导消费者购买商品或者服务，具有一定的欺骗性。那么，什么是虚假广告？虚假广告如何认定？虚假广告有哪些表现？下面一一为您解答。

一、什么是虚假广告

虚假广告就是指广告内容是虚假的或者是容易引人误解的。一是指商品宣传的内容与所提供的商品或者服务的实际质量不符，二是指可能使宣传对象或受宣传影响的人对商品的真实情况产生错误的联想，从而影响其购买决策的商品宣传。虚假广告的特点往往是夸大失实，语义模糊，令人误解。

虚假广告行为在法律上表现为作为和不作为两种形式。作为是指故意发布虚假广告；不作为就是广告发布者有义务说明或者警告，但没有这么去做。

学习笔记

二、广告法中对虚假广告的认定

第一，虚假广告的主体包括广告主、广告经营者和广告发布者。《中华人民共和国广告法》第五十六条第一款规定："违反本法规定，发布虚假广告，欺骗、误导消费者，使购买商品或者接受服务的消费者的合法权益受到损害的，由广告主依法承担民事责任。广告经营者、广告发布者不能提供广告主的真实名称、地址和有效联系方式的，消费者可以要求广告经营者、广告发布者先行赔偿。"

第二，虚假广告必须发生在对商品或服务的商业性宣传过程中。这一点主要用来区分虚假广告和其他性质的虚假陈述行为，而且与广告主或广告经营者进行虚假宣传行为的商业目的相一致。

第三，虚假广告应当具有欺骗性，即虚伪不实、引人误解。其中，虚伪不实是原因，引人误解是后果，两者构成整体认定标准。虚伪不实主要从广告的客观内容和表现形式角度加以判别，引人误解主要从广告的宣传效果及结果上作出判别。

第四，虚假广告可能损害消费者或其他经营者的合法权益。具体而言，虚假广告不仅会侵害消费者的合法权益，还会同时侵害其他经营者的公平竞争权利，破坏市场竞争秩序。

三、虚假广告的表现形式

一是夸大失实的广告。这一般是经营者对自己生产、销售的产品的质量、制作成分、性能、用途、生产者、有效期限、产地来源等情况，或对所提供的劳务、技术服务的质量规模、技术标准、价格等资料进行夸大、无中生有的、与事实情况不符的宣传。

二是语言模糊，令人误解的广告。此类广告内容也许是真的或者大部分是真实的，但经营者措辞的技巧明示或者暗示、省略或含糊，使得消费者对真实情况产生误解，并影响其购买决策和其他经济行为。

三是不公正的广告。此类广告是指通过诽谤、诋毁竞争对手的产品来宣传自己产品的广告。此类广告的经营者不但违反了《中华人民共和国广告法》，也违反了《中华人民共和国反不正当竞争法》。

四是消息虚假的广告。此类广告是指所宣传的商品或者服务根本不存在的广告。

资料来源：广告法中虚假广告的认定[EB/OL]. 华律网，2023-01-10.（有修改）

试分析：你在生活中遇到的虚假广告有哪些？其违法事实是什么？

学习笔记

项目十　了解其他因素与消费心理的关系

知识目标

1. 了解自然环境因素对消费者消费心理和消费行为的影响。
2. 了解城市环境因素对消费者消费心理和消费行为的影响。
3. 了解生活环境因素对消费者消费心理和消费行为的影响。
4. 了解信息技术的发展对消费者消费心理和消费行为的影响。

能力目标

1. 能运用所学知识，分析某企业(或品牌)是如何根据不同市场自然环境的差异采取针对性的营销策略并获得成功的。
2. 能结合某企业(或品牌)经营实际，分析我国城市环境变化和人们生活环境变化对其营销战略的影响。
3. 能以某消费人群为例，分析信息技术的飞速发展对其消费行为的影响，从而为具体企业(或品牌)制定相应的营销策略。

素养目标

1. 加强国情教育，熟悉我国各区域自然环境、风土人情和生活习惯等方面的特点，为开展营销活动提供科学依据。
2. 了解我国城市化进程，熟悉各城市在城市建设、经济发展和文化事业等方面的特点，为开展营销活动提供科学依据。
3. 了解中国信息技术发展史，特别是移动互联网、AI、云计算和元宇宙等科技对消费者心理和行为的影响，并利用好现代信息技术科学、精准地开展营销活动。

任务一　了解自然环境与消费心理的关系

自然环境是环绕生物周围的各种自然因素的总和，如大气、水、其他物种、土壤、岩石矿物、太阳辐射等，是生命赖以生存的物质基础。在地球上各个区域的自然环境要素及其结构形式是不同的，因此就形成了以水、森林、山等为主题的或寒或热的、湿度及温度也不尽相同的各种自然环境。

自然环境与人类社会有着密切的关系，它不仅影响着人类社会的生产与生活方式，还会对人的心情产生影响，并影响消费者的消费需要、消费结构及消费方式。

自然环境与生活环境

学习笔记

学而思：你的家乡位于哪个区域？有哪些消费特点？

一、地理区域与消费心理

不同的地理经纬度及地形、地貌，使消费者在生活方式、生活习惯及消费需求等方面形成较大的差异，进而影响企业的营销策略。

(一)中国大陆地理区域的划分

中国幅员广阔，人口众多，由于历史和现实的诸多原因，各地区在经济发展水平、地域范围、人口规模和富裕程度等方面存在较大差异。因此，研究中国的消费者购买心理方面的问题，必须从不同的区域出发。

刘世雄在《中国消费价值观维度及量表的研究——兼中国消费区域差异分析》中，根据文化的相似性，把中国大陆分成了七个区域，即东北地区、华北地区、西北地区、西南地区、华中地区、华南地区及华东地区。

(二)各区域的消费特征

根据国内知名营销专家卢泰宏的研究，各区域的消费特征具体如下所述。

1. 东北地区的消费特征

东北地区是新中国的老工业基地，南起辽宁省宽甸县境，北至黑龙江主航道中心线，长约1 300千米；西起大兴安岭西坡阿尔山附近，东至乌苏里江与黑龙江合流点，宽约1 000千米，包括黑龙江省、吉林省、辽宁省和内蒙古自治区的东四盟市，同习惯上所称的“东北”(黑龙江、吉林、辽宁三省)有不同的范围和含义。

东北地区比较突出的消费特征是随缘型消费、忠诚型消费、从众性消费、理性化消费。东北地区的消费者买东西比较相信“缘分”，其品牌忠诚度较高，消费行为容易受身边人的影响，个性化消费不突出，不喜欢标新立异。此外，东北地区的消费者在购买决策过程中喜欢自己作出判断，不喜欢直接向售货员陈述自己的购买意图。当有减价商品时，东北地区的消费反应还是非常热烈的，只有28.4%的东北消费者认为他们没有因为商品降价而经常实施购买。

2. 华北地区的消费特征

华北地区包括内蒙古高原、东北地区以南，秦岭淮河以北，东临渤海和黄海，西邻青藏高原，包括北京、天津、河北、山西、内蒙古大部分地区。

华北地区的消费者具有较高的品牌忠诚度和怀旧情绪。和东北的消费者一样，他们的消费决策过程比较理性化。

3. 西北地区的消费特征

西北地区包括黄土高原西部、渭河平原、河西走廊、青藏高原北部，以及内蒙古高原西部、柴达木盆地和新疆大部的广大区域。

西北地区比较突出的消费特征是随缘型消费、保守型消费、忠诚型消费、从众性消费、享乐主义消费。此外，西北地区的消费者还经常到同一商店(商场)购买东西，他们的群体意识也很强，喜欢购买亲友们都认为好的产品，也很向往富裕的物质生活。

4. 西南地区的消费特征

西南地区主要包括四川盆地、云贵高原、青藏高原南部、两广丘陵西部等地形单元，大致包括重庆、四川、贵州、云南、西藏东部地区、广西西部地区。

西南地区比较突出的消费特征是务实型消费、随缘型消费、从众性消费。例如，多数西南地区消费者会购买高价但质优的产品，他们认为在子女教育上多投入是很有必要的，认为和朋友一起旅游比自己单独旅游更好玩，会买亲友们都认为好的产品。与东北、华北和西北地区的消费者相比，西南地区的消费者的品牌忠诚度明显要低一些。

5. 华中地区的消费特征

华中地区包括河南省、湖北省及湖南省，位于我国中部、黄河中下游和长江中游地区，地处华北、华东、西北、西南与华南之间，具有全国东西、南北四境过渡的要冲和水陆交通枢纽的优势，起着承东启西、沟通南北的重要作用。

华中地区比较突出的消费特征是务实型消费、随缘型消费、享乐主义消费和从众性消费。华中地区的消费者具有传统文化的消费特征，勤俭持家，为了买房子(车子)可以省吃俭用，愿意购买高价质优的家电，也愿意为子女教育而多投入，他们会为长远打算，不太喜欢贷款消费。另外，华中地区的消费者也具有明显的群体消费意识、会购买亲友们都认为好的产品。

6. 华南地区的消费特征

华南地区位于我国最南部，北与华中地区相接，南面包括辽阔的南海和南海诸岛，与菲律宾、马来西亚、印度尼西亚、文莱等国相望，西南界线是我国与越南、老挝、缅甸等国家的边界。

华南地区比较突出的消费特征是务实型消费、随缘型消费、保守型消费，其中务实型和保守型消费特征最为突出。华南地区的消费者具有很强的艰苦奋斗的精神，他们很会为长远生活作打算，乐于购买优质价高的耐用消费品，重视子女的教育和投资，超前消费意识不强。他们愿意尝试新产品，具有较高的品牌忠诚度。

7. 华东地区的消费特征

华东地区指中国东部的六省一市，包括山东、江苏、安徽、浙江、江西、福建和上海。

华东地区除了表现出一定程度上的随缘型消费特征外，其他类型的消费特征不是很明显。华东地区的消费者具有与传统的消费特征相反的消费倾向。华南地区和华东地区作为中国经济相对发达的地区，享乐主义消费倾向相对很弱，他们追求生活的品质和品位。

华东地区的消费者的忠诚型消费倾向很弱，人们转换品牌的倾向非常强烈。另外，华东地区的消费者倾向于个性化消费，冲动型购买比较突出，购买决策过程易受广告、厂家或商家的促销活动、售货员的推销建议的影响，很少关心计划之外的商品。

二、气候条件与消费心理

气候是某一地区多年时段大气的一般状态，是该时段各种天气过程的综合表现。气候与人类社会有密切关系，不仅影响人类社会的生产与生活方式，还会对人的心情产生影响，进而影响人们的消费心理。

学习笔记

学而思：

你目前所在的城市气候如何？你是否适应这种气候？

学习笔记

(一)中国内地的气候特征

我国内地有着七种不同的典型气候特征，包括亚寒带针叶林气候、温带草原气候、温带季风气候、温带沙漠气候、亚热带季风气候、热带季风气候和高山(高原)气候。

1. 亚寒带针叶林气候

这种气候出现在北纬 50°～65°，呈带状分布。我国黑龙江东北部属于此类气候。这一带的气候主要受极地海洋气团和极地大陆气团的影响。该类气候的主要特征是冬季漫长而严寒，每年有 5～7 个月平均气温在 0 ℃以下，并经常出现－50 ℃的严寒天气；夏季短暂而温暖，月平均气温在 10 ℃以上，最高可达 18～20 ℃；年降水量一般为 300～600 毫米，夏天雨水多，因蒸发微弱，相对湿度很高。

2. 温带草原气候

我国内蒙古高原一带属于此类气候。此类气候区距海遥远，深入内陆，四周又有山地、高原阻挡，湿润的海洋气流难以到达，终年盛行温带大陆气团，于是形成了冬冷夏热、干燥少雨的温带大陆性干旱与半干旱气候。一般而言，干旱气候的年平均降水量为 250 毫米以下，半干旱气候则为 250～500 毫米。这类气候的主要特征是夏季风弱、冬季风强，气候干燥，冬季寒冷，日照丰富。

3. 温带季风气候

这种气候出现在北纬 35°～55°的亚欧大陆东岸，包括我国秦岭一淮河以北的东部大部分地区。冬季受来自高纬内陆偏北风的影响，盛行极地大陆气团，寒冷干燥，平均气温均低于 0 ℃；夏季受极地海洋气团或变性热带海洋气团影响，盛行东风和东南风，高温多雨，年降水量 1 000 毫米左右，约有三分之二集中于夏季。全年四季分明，天气多变，随着纬度的增高，冬、夏气温变幅相应增大，而降水逐渐减少。

4. 温带沙漠气候

除了与西藏接壤一带以外的新疆大部分地区属于这种气候。该气候极端干旱，降雨稀少，年平均降水量为 200～300 毫米，有的地方甚至多年无雨。夏季炎热，白昼最高气温可达 50 ℃或以上；冬季寒冷，最冷月平均气温在 0 ℃以下，年温差较大，日温差也较大。云量少，相对日照长，太阳辐射强。

5. 亚热带季风气候

亚热带季风气候出现在北纬 25°～35°亚热带大陆东岸，是热带海洋气团和极地大陆气团交替控制和互相角逐交绥的地带，主要分布在我国秦岭一淮河以南的东部大部分地区。该类气候的主要特征是冬季温暖，最冷月平均气温在 0 ℃以上；夏季炎热，最热月平均气温高于 22 ℃，气温的季节变化显著，四季分明。年降水量一般在 1 000～1 500 毫米，夏季较多，但无明显干季。

6. 热带季风气候

这种气候主要分布在北纬 10°以南的我国雷州半岛、海南岛及南海岛屿地区。这里全年气温皆高，年平均气温在 26 ℃以上，最冷月平均气温不低于 16 ℃，终年无霜，气温变化很小。年降水量大，一般在 1 500～2 000 毫米，多集中在夏季。

7. 高山(高原)气候

高原气候是在海拔高、地面广、起伏平缓的高原面上形成的气候。我国的青藏高原和云贵高原属于这类气候。这类气候的特点是晴天多，日照时间长，太阳辐射强；气温低，一天当中的最高气温和最低气温之差很大，有时一日之内历尽寒暑，白天烈日当空，有时气温高达 20～30 ℃，而晚上及清晨气温有时可降至 0 ℃以下；风力大；夏秋雨水多，冬春雨水少；低压缺氧、寒冷干燥；空气稀薄，尘埃和水蒸气含量少；大气透明度比平原地带高，太阳辐射透过率随海拔增加而增大。

(二)气候与消费者个体特征

人的容貌、性格和行为并不是完全可以由人类自己主宰，这个“权力”有时还握在大自然的“手心”里。气候对行为有一定的制约作用，它限制了行为可能的变化范围。气候不是导致某种行为产生的决定性因素，但它决定了某些行为出现的概率比另一些行为出现的概率要大。

1. 气候与容貌

在寒带、温带的高纬度地区，常年无太阳直射，光照强度较弱，气温很低，严寒期长。为了抵御严寒，这里的人们往往生有一个比住在温带、热带地区的人更钩的鼻子，鼻梁较高，鼻内孔道较长。就头型而言，寒带和温带居民头较大、头型圆，脸部比较平。这些生理构造特征有利于人体保温、减少散热量。

为了适应高山稀薄的空气，山区居民的胸部比较突出，呼吸功能发达，肺活量和最大换气量比沿海地区的居民明显偏多。

气候对身高的影响也比较明显。在我国，北京的年日照时数为 2 778.7 小时，武汉年日照时数为 2 085.3 小时，广州的年日照时数为 1 945.3 小时，成都年日照时数最少，仅为 1 239.3 小时，而这些城市居民的平均身高依次由高到矮。原因之一就是日光中的紫外线是促使人体皮肤内的脱氢胆固醇变成维生素 D 的主要来源，有促进骨钙化和长粗、长高的作用。

2. 气候与性格

生活在热带地区的人，室外活动的时间比较多。气温高，使生活在那里的人性情暴躁和易怒。

居住在寒冷地带的人，大部分时间在一个不太大的空间里与别人朝夕相处，养成了能控制自己的情绪，具有较强忍耐力的性格。

居住在温暖宜人的水乡的人们，因为气候湿润、风景秀丽，他们对周围事物比较敏感，多愁善感，思维机智敏捷。

山区山高地广，人烟稀少，长久生活在这种环境中的人，说话声音洪亮，性格诚实、直爽。

居住在广阔草原上的牧民，因为茫茫草原，交通不便，气候恶劣，风沙很大，所以他们常常骑马驰骋，尽情舒展自己，性格都豪放直爽，热情好客。

在现代都市中，钢筋水泥筑成的高楼林立，企业众多，人口密集度大，空气不够清新，环境污染日益严重，这种憋闷的气候容易使城市人形成孤僻的性格。

学习笔记

【相关链接10-1】

四季气候与着装

人类为了生存，要适应各种不同的自然环境，而最基本的适应便是保持正常的体温。体温虽然可以通过生理上的调节来完成，但生理功能的调节是有限的。服装可以使人处于一个温度比环境气温高、变化比环境气温小的气层里。服装虽然不能减少人体热量的损失，也不能将热量保存起来，但它能使身体周围有一层温暖的空气。不仅如此，服装还能改变环境中的气温、湿度、气流、日照对人体的效应。

夏季，随着外界气温的显著升高，裸露皮肤表面的水分蒸发大大增加。当人体直接在阳光下暴晒时，衣服则可降低辐射的增热作用。夏季服装颜色要浅，质料要薄而疏松，不能用吸水性能差、不耐高温且易潮湿的合成纤维作衣料。夏季服装除了注重美观外，也要注意防晒及促使体内热量散发。

春季和秋季气温比较适宜，但这是两个气候多变的季节，穿着上有各自不同的特点：春天宜捂，秋天宜冻。

冬季，衣服使人体平均能保持因传导和辐射而丧失的全部热量的三分之一。据研究，当外界气温与身体裸露的温差为15.6～17 ℃时，穿上一件衬衣，衬衫表面与外界气温之差可降为11.8 ℃；加一件背心，温差为9.9 ℃；再套上外套，温差则只有6.3 ℃。衣服越厚，衣服表面与环境的温差就越小，保暖作用就越好。

在北方严冬时节，一个人所散失的热量中，有近半数是从头部和正常呼吸中排出的。因此，严冬时节口罩、帽子便成了人们出门时必不可少的保暖物品。在寒冷地区，若服装外面用浅色的衣料，里面用深色的衣料，可使靠近皮肤处形成一吸热层，达到较好的保暖效果。而南方的空气湿度一般都比较大，在冬季，往往会感觉南方比北方更冷，所以人们在穿着上，首要的是保温、干燥。在衣着与湿度的关系上，干燥地区的衣服要宽大，厚度适中，衣料质地要紧密，色泽宜浅，以反射辐射热；而在潮湿地区，衣服要合身，厚度宜薄，衣料质地宜疏松，色泽宜浅。

学而思：
你认为性格与着装是否有关系？

三、资源状况与消费心理

学而思：
你的家乡有哪些物产？

联合国环境规划署对自然资源的定义：在一定的时间和技术条件下，能够产生经济价值，提高人类当前和未来福利的自然环境因素的总称。自然资源一般包括生物资源、农业资源、森林资源、国土资源、矿产资源、海洋资源、水资源等。

一个地区自然资源的分布状况决定了当地的物产种类，并与当地消费者消费什么、如何消费及消费多少等方面有着密切联系。

我国大陆地区自然资源的地域组合各有所长，呈现出分布不平衡的特点。通常将全国分为环渤海经济圈、东北综合经济区、西北综合经济区、长三角经济区、中部六省综合经济区、西南综合经济区及珠三角经济区七大经济区。

(一)环渤海经济区的资源特点及主要物产

环渤海经济区包括北京、天津、河北、山东等省市。该区拥有丰富的海洋资源、矿产资源、油气资源、煤炭资源和旅游资源，也是中国重要的农业基地，耕地面积

学习笔记

约占全国耕地总面积的四分之一，粮食产量占全国的23%以上。

该经济区主要粮食作物有小麦、水稻、玉米、高粱、谷子和甘薯等，经济作物有棉花、花生、芝麻、大豆和烟草等。矿产资源丰富，有煤、石油、铁矿等。该经济区有中国著名的大港油田和胜利油田、重要的盐碱工业基地，长芦盐区和苏北盐区是著名的海盐产地，也是温带果品苹果、梨、柿和核桃、板栗、红枣等的主要产区。

(二)东北综合经济区的资源特点及主要物产

东北综合经济区包括黑龙江、吉林、辽宁和内蒙古东部盟市。该地区自然资源富饶，可耕地广，仅黑龙江一省耕地面积即占全国的9.23%，且有大片宜农荒地；森林资源丰富，占全国的33%；野生动植物资源亦丰富；能源资源中以石油最为雄厚，探明储量占全国总量的45%～50%；煤炭资源不足，占全国的9%，有赖调入；铁矿储量占全国的25%。水资源在我国北方也属丰裕。

东北经济区是以石油化工、钢铁、矿冶机电设备、汽车制造、森林工业为主导产业的全国最大的重工业基地，也是石油铁矿、煤炭及粮食、原木、甜菜、畜牧产品的重要基地。其经济作物有春麦、大豆、马铃薯、玉米、甜菜、高粱、大米、小米、棉花、花生，以及苹果、梨、桃等温带水果。沿海地区盛产海参、鲍鱼、牡蛎、对虾及各种鱼类，东北地区的大豆、水稻、高粱和玉米在产量上居全国第一。

(三)西北综合经济区的资源状况及主要物产

西北综合经济区包括陕西、甘肃、青海、宁夏、新疆、内蒙古大部分地区。西北地大物博，资源丰富。其矿产资源的潜在价值为33.7万亿元；煤炭储量占全国总量的30%左右，主要分布在陕西、新疆和宁夏；石油储量约占全国陆上总储油量的23%，新疆是我国21世纪的后备石油基地；天然气储量占全国陆上总储气量的58%，其中陕北的天然气储量居全国前列；甘肃省的镍储量占全国总镍储量的62%；铂储量占全国总量的57%；我国钾盐储量的97%集中在青海省。西北地区还有着丰富的钯、铱、锰、铍、锂、铌、钽等稀有金属，金、银、铂等贵金属，以及石膏、石棉、云母、石灰石、硅等非金属矿藏。除了矿产资源，西北还有大面积的草地、林地和耕地。西北地区的光热资源也很丰富，是我国日照时间最长的地区。

西北地区是全国的畜牧业基地。马和骆驼是牧区重要的交通工具，如今摩托车、汽车逐渐增多。西北地区主要的经济作物有棉花、甜菜、西瓜、葡萄、哈密瓜及小麦等。

(四)长三角经济区的资源特点及主要物产

长三角经济区包括上海、江苏、浙江，是全国最大的经济技术核心区。这里矿产资源不足，但农业发展水平和商业化程度较高；水资源比较丰富，华东海域辽阔，东海鱼类资源尤其丰富；森林资源丰富，以香樟、榉树、紫薇、黄杨、梧桐、水杉、银杏、枫树、桂花树等名贵树木最为有名。

以地方农副产品资源优势建立起以轻纺工业为主、轻重工业均较发达的综合经济区。该区的科技文化水平和内外贸易的发达程度都居全国领先地位。长三角地区以制造业为主，重化工业比较发达，汽车、钢铁、石化等产值占全国同类行业的1/3～1/2；在城市化进程中，该区第三产业发展迅速，是全国最大的对外开放基地。

学习笔记

(五)中部六省综合经济区的资源特点及主要物产

中部六省综合经济区是指山西、安徽、江西、河南、湖北及湖南六省。该地区地处中国中部，是我国经济发达地带向西部过渡带和上海、连云港、广州三个对外开放“窗口”的连接地带。水、土、光、热等自然条件优越，农业发达；森林资源具有一定规模；煤炭资源、有色金属、铁、非金属等资源比较丰富；经济和科技力量比较雄厚。

该地区为我国重要的农业基地，水稻、棉花、淡水产品、油菜籽等主要农产品在全国占有重要地位；冶金、机械、化工、纺织等产业也有一定程度的发展。

(六)西南综合经济区的资源特点及主要物产

西南综合经济区包括重庆、广西、四川、贵州、云南和西藏。西南地区原有经济基础薄弱，是中国经济比较落后的地区之一，自然条件复杂，但资源丰富。金属、矿产、水利和森林资源丰富。其中，铁、锰、铜、锡、铅、锌等金属矿产在国内具一定的地位，还富含盐、磷等非金属；水力蕴藏量占全国的68%；黔、滇、川邻界地区有相当规模的煤田，川、黔二省还富含天然气。西南地区是我国第二大林区，木材蓄积量占全国总量的20%以上，仅次于东北。西南地区自然旅游资源和人文旅游资源的优势尤为突出。

该地区内多山地，少有大面积平原，耕地面积占全国比例最小，经济作物主要有甘蔗、烟草、橡树、茶叶等，也是我国强大的林牧业基地。

(七)珠三角经济区的资源特点及主要物产

珠三角地区是指广东、海南和福建三省。该地区水热条件良好；锰及有色金属比较丰富；面临南海，拥有丰富的海洋资源；农业发展均衡，种植业在全国所占比重最低，林业、副业、渔业比重较高，牧业比重偏低。

珠三角地区是我国热带、亚热带水果等的主产区，椰子、腰果、剑麻、胡椒、咖啡、槟榔等在该地区农业经济中占有着一定的地位；制糖、造纸、制盐、罐头、纺织、陶瓷、制茶等轻工业在全国均有重要地位。

【课堂活动 10-1】

假如你是一家食品生产企业的市场研究人员，针对各地资源分布不同的特点，你将如何设计产品？

任务二　了解城市环境与消费心理的关系

城市的形成

由于城市在文化教育、医疗卫生、交通通信、娱乐休闲和日常生活等方面为人们提供了更丰富、更便利的条件和设施，因而城市相对于农村来说，对人们更具吸引力。从2011年开始，我国城镇居民人口所占的比例高于农村，城镇人口的消费行为对国民经济及整个社会的和谐发展有着极其重要的影响，而城市环境质量的好坏直接影响城市居民的生产和生活活动。

一、城市环境的概念与特征

（一）城市环境的概念

城市环境是与城市整体互相关联的人文条件和自然条件的总和。它是城市的物理环境，包括人工环境和自然环境。前者由经济、政治、文化、历史、人口、民族、行为等基本要素构成，后者包括地质、地貌、水文、气候、动植物、土壤等诸要素。

（二）城市环境的特征

在与人类活动的相互作用中，城市环境形成了独有的特征。

1. 强烈的人文干预特征

城市人口众多，社会、经济活动密集。因此，城市是人类对自然环境干预最强烈的地方，也是自然环境发生最大变化的地方，而且这种变化通常都是不可逆转的。城市建筑、街道路况、各种生活设施的建设改变了城市的空气质量、水质及土壤结构，而这些改变了的大气、水、土壤又在不断地影响着城市居民的生活。

2. 与城市经济发展密切相关

城市是由社会、经济、环境组成的一个复杂的生态系统。环境作为一种资源，为城市经济的发展提供了基础。而城市经济的发展从一定程度上来讲，其实质就是对环境按照有利于城市居民的生活方式进行改造的过程。城市环境与城市经济相互影响，密不可分。

（三）容易被污染

城市是人口密集、工业化生产高度集中的场所。一方面，生产和生活过程中消耗的大量的物质能源容易造成城市环境比例的失调，如绿地减少等；另一方面，生产过程中产生的废水、废气、废渣容易对城市环境造成非常严重的污染，而这种污染势必对人体的健康造成比较大的危害。

（四）具有可调控性

既然环境被破坏在很大程度上是人为因素造成的，当人们的环保意识增强时，人类也可以通过管理、调整自身的需求结构与行为准则，对环境进行有利于人类健康、长久生存的改造或者整治。

【实例分析 10-1】

中国城市人居环境显著改善

近十年来，中国城市加快发展，城市人居环境也得到显著改善。这十年，是中国城市发展方式加快转变、发展质量显著提高的十年，城市更健康、更安全、更宜居。中国推进内涵式、集约型、绿色化发展，努力探索中国特色的城市高质量发展道路。十年来，城市功能不断完善，城市人居环境显著改善，城市治理水平明显提高。

据中国住房和城乡建设部公布的数据显示，截至 2021 年，中国常住人口城镇化率达到 64.72%，建成区面积 6.2 万平方公里，城市燃气普及率 98%，供水普及率 99.4%，城市建成区绿地率 38.7%，人均公园绿地面积 14.87 平方米。

这十年，中国持续开展城市生态修复和功能修补，全面实施城镇老旧小区改造，深入推进生活垃圾分类、城市园林绿化，基本消除了地级以上城市建成区的黑

学习笔记

城市的类型

住房与城乡建设

学而思：试分析家用空气净化器的主要需求人群的特征。

学习笔记

臭水体，城市环境更加宜居。累计开工改造老旧小区16.3万个，惠及居民超过2 800万户，297个地级以上城市实行垃圾分类，覆盖1.5亿户居民，城市人居环境大幅改善。同时，城市综合承载力、城市安全发展基础、城市工作体制机制均实现稳步提升。

资料来源：陈溯.(中国这十年)中国城市人居环境显著改善，建成区绿地率达38.7%[EB/OL]. 中国新闻网，2022-09-14.(有修改)

试分析： 中国城市人居环境改善对城市居民消费心理和行为有哪些影响?

绿色出行

二、城市环境与消费行为

(一)城市环境与消费观念

一般而言，生活在城市的居民具有较高的文化知识水平、较高的收入和对新生事物较强的接受能力，因而在消费观念上比较先进，既注重提升自身的生活质量，又注重生存环境质量的改善和社会的公平。

(二)城市环境与消费结构

城市居民的就业和创业机会多，收入水平相对较高，体现在消费结构上就是消费范围比较广泛，既重视物质生活水平的提升，又关注精神层面的需求。

【实例分析10-2】

挖掘下沉市场消费潜力

有效扩大和更好满足居民消费需求，不仅是长期提升和强大国内市场能级的重要引擎，也有助于当前稳定经济发展基本盘。深入挖掘释放下沉市场消费潜力，可与技术进步、消费群体变化、高质量城市化、绿色发展和推动更高水平开放等协同发力，成为有力促进消费的重要动力源。

所谓下沉市场，通常是指三线以下城市、县镇与农村地区的市场。其覆盖的人口规模和消费规模很大，社会消费品零售额、网购市场规模、移动支付金额等增长迅速，在我国消费大盘中的地位和作用日益突出。以新能源汽车消费为例，2021年我国新能源汽车成为居民大宗消费的亮点和新增长点，销量同比增长1.6倍。其中，下沉市场贡献了约47%的销量，成为增速最快、潜力最大的细分市场。

挖掘释放下沉市场消费潜力，是推动经济高质量发展的有效途径和手段。有效挖掘释放下沉市场消费潜力，需要适应其创新发展呈现出的新特点、新趋势和新要求，明确新思路和新手段，除了继续提高下沉市场居民收入水平、完善乡村地区社会政策等长期政策目标外，还需要紧扣“四个结合”。

结合下沉市场消费面临的突出堵点和短板。不能仅把扩大商品消费作为重点目标，应更多针对消费基础设施短板，加强下沉市场交通通信、充电加油、维修保养、物流配送等基础设施和服务体系建设。围绕提升生活品质，加快完善适应小城镇和乡村地区消费需要的多元化、融合化的商业设施和消费场景。提升消费服务保障能力，切实增强对下沉市场特别是乡村消费者的权益保护。从长期上、根本上优化消费设施、改善配套体系、提升消费体验、提高消费意愿。

学而思：试分析共享单车风靡一时的原因，以及当前存在的问题。

学习笔记

结合下沉市场居民消费结构升级的新趋势、新要求。下沉市场消费水平在整体上已从“有没有”转向“好不好”。积极扩大“一少一老”消费市场，即扩大不同收入群体的品质化、品牌化、数智化、服务化消费，推动“新国货”消费；扩大面向老年群体升级消费，提供易操作、实用性强的消费品。继续发挥网络购物、移动支付、互联网出行等新模式在下沉市场健康发展。适应下沉市场日益增长的医疗、教育、养老、文化、旅游、家政等服务消费需求，持续优化适应不同人群、不同层次的供给。

结合城市乡村间消费的协调互动。持续扩大下沉市场消费，需要城乡间人口及要素的双向流动作为支撑。下沉市场消费不仅是本地居民的消费，城市居民到下沉市场去消费也是重要组成部分。以要素市场改革和配套体系建设为重点，以现代流通体系建设为支撑，打通城乡消费双向互动的堵点障碍，提升强化城乡各自消费功能，增强消费对投资的牵引作用，加快构建城乡一体、互为支撑的内需体系。

结合简约适度、绿色健康的发展要求。下沉市场减碳是我国实现“双碳”目标的重要支撑，应鼓励倡导绿色健康、简约适度的生活风尚。构建适应绿色消费发展的财税体系，探索碳足迹核算及交易从生产环节向消费环节延伸。鼓励绿色建筑、新能源汽车等节能、环保、低碳产品普及，探索将相关补贴从购买环节向使用环节延伸。推动绿色产品和绿色消费实现全生命周期和全品类覆盖，探索相关优惠扶持政策从商品领域向出行等服务领域拓展。

资料来源：王青．挖掘下沉市场消费潜力[J]．经济日报，2022-03-02.（有修改）

试分析：我国城市消费下沉的背景是什么？

（三）城市环境与消费方式

生活在城市特别是大中城市的居民，由于消息灵通、交通便利、商业繁荣，他们在消费观念与消费方式上更加前卫。大中城市的年轻人更易于接受新鲜事物。

任务三　了解生活环境与消费心理的关系

一、生活环境概述

（一）生活环境的概念

生活环境是指与人类生活密切相关的各种自然条件和社会条件的总和，由自然环境和社会环境中的物质环境所组成。生活环境按其是否经过人工改造来划分，可分为自然环境和人工环境。

因为前面已经对自然环境与消费心理的关系进行过探讨，在此，我们仅从人工环境与消费心理的关系展开学习。

人工环境包括家庭环境、学习环境、工作环境等。家庭环境可以养成一个人的性格和价值观等。比如，和睦、富有爱心的家庭环境往往能培养一个人的同情心、环保意识和健康的消费理念。学习环境能影响一个人的学习习惯、学习能力，从而形成一个人的内在修养和价值观念。工作环境会影响一个人职业性格、生活方式和

学习笔记

消费观念等。比如，在大城市工作和生活的白领群体，在消费观念、消费结构和消费层次上与在小城镇工作和生活的同龄人往往会有较大差别。

(二)生活环境与生态环境的区别

生活环境与生态环境在现实中很容易混淆。生态环境是指影响人类生存和发展的水资源、土地资源、生物资源及气候资源数量与质量的总称，是生物及其生存繁衍的各种自然因素、条件的总和，是由生态系统和环境系统中的各个“元素”共同组成的一个大系统，关系社会和经济的持续性发展的问题。只有具有一定生态关系构成的系统整体才能称为生态环境。

二、生活环境与消费者

生活环境的优劣直接关系消费者的生活质量，并可能由此导致消费者的消费结构、购买方式等发生重大变化。

生活环境与消费者的生活方式、消费内容之间有着更为密切的关系。如今，我们已经实现了全面小康这个中华民族的千年梦想。在“绿水青山就是金山银山”发展理念的指导下，人们在关注自身生活质量提升的同时，更加关注人与自然的和谐共生。我们一方面关心如何消费才能使自己在生理上和精神上更健康，另一方面又在思考如何消费才能让我们生活的环境变得更加优美和宜居。

【实例分析10-3】

“露营+”经济意味十足

在野地里扎起一顶帐篷，摆出两张折叠椅，望着远处的山川湖泊发会儿呆，体验人与自然的零距离接触……近年来，露营作为一种休闲旅游新方式，正越来越获得人们的青睐。国内某旅游平台发布的报告显示，今年国庆假期，露营旅游订单量同比增长超10倍，其中上海本地订单占比近八成，市外周边订单占比15%。

近年来，上海积极推进“公园城市”建设，截至2021年年底，公园已达532座，这为城市公园露营创造了基础条件。市文旅局的调查显示，目前上海城市公园内游客露营主要分为两类：一类是公园专门划定区域，提供固定场地给游客租用或使用房车露营；另一类则是公园游憩类草坪，可供游客搭帐篷休闲放松，但无法过夜，部分区域还设有专门的帐篷公园。

例如，滨江森林公园一期目前已有14辆房车可供游客露营，二期房车露营区域也已准备就绪；在长兴岛郊野公园内，设有1.5万平方米的“露营星球”精致露营地；海湾森林公园内提供了占地约90亩的集旅游、会议、休闲、亲子于一体的房车营地。此外，辰山植物园、上海动物园、上海植物园、共青森林公园、长风公园、世纪公园等也为游客提供了露营用的草坪。

相较于城市公园露营，郊区野外露营更受到资深玩家的偏爱。市场的蓬勃发展，也让野外露营逐渐发展出重型式、轻量式、BC(bushcraft，即“丛林生活技能”)露营、徒步露营等多种玩法。在不同模式下，帐篷轻则3～4千克，重则可达40千克，若装备齐全，甚至可以在野外布置出“一室一厅”，几乎可以把整个家搬到户外。随着大众对野外深度露营的热情逐渐增加，露营正向“大户外”概念拓展，逐渐与登山、徒步等户外运动相结合，发展出更细分多元的休闲形态。

资料来源：顾杰．火爆“出圈”的露营还有哪些新玩法？上海将推出适合搭帐篷的城市公园名单[EB/OL]．上观网，2022-12-04.（有修改）

试分析：“露营＋”经济火爆折射出城市消费者怎样的消费心理？

学习笔记

任务四　了解信息技术发展对消费心理的影响

一、信息技术的概念与发展阶段

（一）信息技术的概念

信息技术是以电子计算机和现代通信为主要手段，实现信息的获取、加工、传递和利用等功能的技术总和。信息技术具有科学的方法、先进的设备、熟练的技能、丰富的经验，以及快捷性、高效性等特征。

（二）信息技术的发展阶段

信息技术经历了三个发展阶段：计算机通信技术阶段、微电子技术阶段和网络技术阶段。未来信息技术将呈现高速、大容量、综合化、数字化和个人化的特征。信息技术将让我们的生活和工作变得更加便利与快捷。

二、信息技术与消费者

信息技术的发展在推动社会快速发展的同时，也改变了消费者的消费观念与消费方式，具体体现在以下几个方面。

（一）消费观念

受中国传统文化的影响，一直以来，大多数消费者都奉行保守、节俭、不张扬的消费观念，购物模式单一，选择的品类有限，对购物环境没有太多关注，不注重精神享受，价格是影响购买决策的关键因素。

随着信息技术的不断发展，人们接触到了一个与以往大不相同的世界，随着视野的拓宽，消费观念变得更加时尚、前卫、感性、享受。越来越多的人倾向于购买国际化品牌，开始注重购物环境所带来的精神上的享受，经常光顾专卖店、精品店或者大型商场。在汽车、金融投资、旅游等方面的支出比重开始上升。

（二）消费方式

信息技术的飞速发展改变了人们的消费方式，具体表现在以下几个方面。

1. 网上购物越来越普及

电商平台的快速发展在帮助企业找到更加便利的销售渠道的同时，也改变了消费者的生活方式。人们可以不出家门就买到自己想要的商品，网购已经成为很多人日常生活不可缺少的一部分。“双 11”这个原本极其普通的日子已经成为电商界的年度盛事，成为消费者的购物狂欢节。

学而思： 目前主流电商平台有哪些？分别针对哪类购物人群？

2. 消费自主性增强

信息技术的快速发展让消费者可以非常快捷、低成本地获取更多、更有效的信息。通过交易平台，消费者既可以购买自己想要的商品，也可以将仍具使用价值的

学习笔记

商品转让出去，随时转换买卖角色。

3. 选择范围更大

网购使消费者面对的已不再仅仅是本国市场和本国产品，而是直接面对极为丰富多样的国际市场和各国产品。在这种情形下，消费者选择商品的范围和空间达到了空前的高度。

思维导图

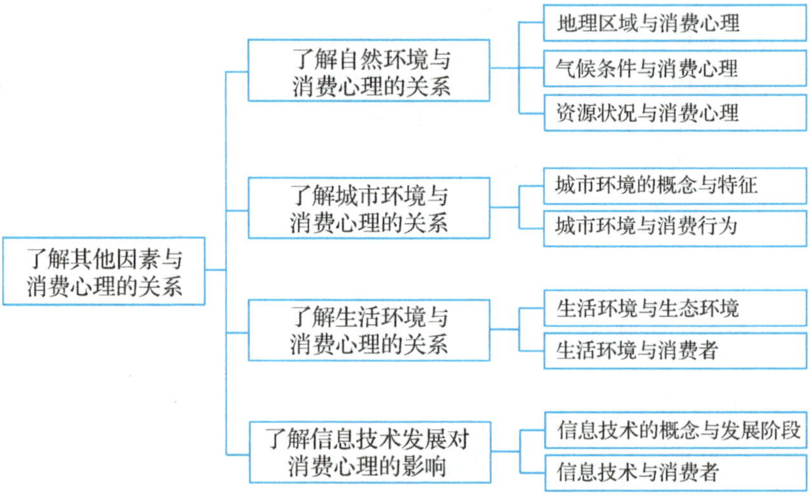

思考与练习

1. 概念理解

自然环境　城市环境　生活环境　信息技术

2. 单项选择题

(1)不同的地理经纬度及地形、地貌，使消费者在生活方式、生活习惯及(　　)等方面形成较大的差异，进而影响企业的营销策略。

A. 消费水平　B. 消费习惯　C. 消费需求　D. 消费结构

(2)气候与人类社会有密切关系，不仅影响人类社会的生产、生活方式，还会对人的心情产生影响，进而影响人们的(　　)。

A. 消费结构　B. 消费习惯　C. 消费水平　D. 消费心理

(3)信息技术的发展在推动社会快速发展的同时也改变了消费者的消费观念与(　　)。

A. 消费方式　B. 消费水平　C. 消费结构　D. 消费需求

3. 多项选择题

(1)自然环境与人类社会有着密切的关系。它不仅影响人类社会的生产、生活方式，还会对人的心情产生影响，并影响着消费者的(　　)。

A. 消费需要　B. 消费结构　C. 消费方式　D. 消费水平

学习笔记

(2)城市是由社会、经济、环境等组成的一个复杂的生态系统。城市环境对消费行为的影响主要表现为影响人们的(　　)。

A. 消费心理　　B. 消费观念　　C. 消费结构　　D. 消费方式

(3)工作环境会影响一个人的职业性格、生活方式和消费观念等。比如，在大城市工作和生活的白领群体，在(　　)上与在小城镇工作和生活的同龄人往往会有较大差别。

A. 消费观念　　B. 消费结构　　C. 消费能力　　D. 消费层次

4. 问答题

(1)影响消费者心理的自然环境因素有哪些？它们如何影响消费者的行为？

(2)现代城市环境如何影响消费者的消费心理和消费行为？

(3)当代生活环境发生了哪些变化？这些变化对消费者的消费心理和消费行为有哪些影响？

(4)信息技术的变化如何影响消费者的消费心理和消费行为？

案例分析

加快转变超大特大城市发展方式

（认真学习宣传贯彻党的二十大精神）

习近平总书记在党的二十大报告中强调，坚持人民城市人民建、人民城市为人民，提高城市规划、建设、治理水平，加快转变超大特大城市发展方式。这是党中央在全面建设社会主义现代化国家开局起步的关键时期作出的重大战略部署，是今后一个时期推进超大特大城市发展的根本遵循和行动指南。我们必须深刻学习领会，坚决贯彻落实。

充分认识加快转变超大特大城市发展方式的重大意义

城市是我国经济、政治、文化、社会等方面活动的中心，尤其是超大特大城市在经济社会发展中发挥着动力源和增长极的作用，推动超大特大城市加快转变发展方式，在党和国家工作全局中具有举足轻重的地位。

科学把握加快转变超大特大城市发展方式的基本要求

加快转变超大特大城市发展方式，要全面贯彻习近平新时代中国特色社会主义思想，立足新发展阶段，完整、准确、全面贯彻新发展理念，服务构建新发展格局，为全面建设社会主义现代化国家、全面推进中华民族伟大复兴提供强劲动力和坚实支撑。

深入落实加快转变超大特大城市发展方式的主要任务

未来5年是加快转变超大特大城市发展方式的关键时期，我们要深入贯彻《国家新型城镇化规划(2021—2035年)》，聚焦推动高质量发展、创造高品质生活、实现高效能治理，统筹谋划、系统推进，将各项任务落实到位。

一、聚焦推动高质量发展，着力提高超大特大城市能级和核心竞争力

以更大力度推进超大特大城市经济发展质量变革、效率变革、动力变革，更好

学习笔记

城乡引领、辐射带动作用。

一是强化中心城市核心功能。核心功能决定城市的核心竞争力、辐射带动力，做强做优核心功能，是超大特大城市实现高质量发展的主攻方向。要持续增强全球资源配置功能，重点是集聚国际人才、全球资本等高端要素，提升金融、贸易等高端服务功能。要持续增强科技创新策源功能，打造以国家实验室为核心的国家战略科技力量，强化基础研究和应用基础研究，形成一批原创性成果，突破一批“卡脖子”关键核心技术。要持续增强高端产业引领功能，努力掌握产业链核心环节、占据价值链高端地位，率先形成以现代服务业为主体、先进制造业为支撑的产业结构。同时，上海等超大城市要持续增强开放枢纽门户功能，实施更大范围、更宽领域、更深层次对外开放，打造高水平开放新高地。

二是优化城市空间格局。统筹兼顾经济、生活、生态、安全等多元需要，切实转变开发建设方式，避免盲目“摊大饼”，是破解“大城市病”的关键一招。一方面，要合理疏解超大特大城市中心城区非核心功能。科学确定城市规模和开发强度，合理控制人口密度，有序疏解一般性制造业、区域性物流基地、专业市场等功能和设施。另一方面，要建设一批产城融合、职住平衡、生态宜居、交通便利的郊区新城。通过加强产业支撑、强化对外快速交通连接、引入优质公共服务资源，打造功能完善的郊区新城，实现城市多中心、组团式发展。

三是引领带动城市群发展。建立中心城市带动都市圈、都市圈引领城市群、城市群支撑区域协调发展的空间动力机制，既有利于超大特大城市在更大范围更好配置资源、加快转变发展方式，也对实施好新型城镇化战略至关重要。要分类推动城市群发展，促进城市群一体化发展，深入实施京津冀协同发展、长三角一体化发展、粤港澳大湾区建设等区域重大战略，打造世界一流城市群。要引导超大特大城市与周边城市同城化发展，通过构建便捷高效的通勤圈、梯次配套的产业圈、便利共享的生活圈，培育发展一批现代化都市圈。

二、聚焦创造高品质生活，着力推进新型超大特大城市建设

牢牢把握城市生命体、有机体特征，落实习近平生态文明思想，坚持总体国家安全观，打造宜居、韧性、智慧城市。

一是更加注重舒适便利。城市建设必须把让人民宜居安居放在首位，把最好的资源留给人民。要完善公共服务体系，提高就业、教育、医疗、养老、托幼等服务能力，提升普惠、均衡、优质服务水平，推进基本公共服务常住人口全覆盖。坚持房子是用来住的、不是用来炒的定位，加快建立多主体供给、多渠道保障、租购并举的住房制度，针对超大特大城市新市民、青年人多的特点，把建设保障性租赁住房放在更加突出位置。实施城市更新行动，坚持“留改拆”并举、以保留保护为主，改造老旧小区、老旧厂区、老旧街区、城中村(“三区一村”)，注重历史文化遗产保护，像对待“老人”一样尊重和善待老建筑，让城市留住文脉、留下记忆。

二是更加注重安全灵敏。超大特大城市各类要素高度聚集，各类风险隐患防范压力更大，必须坚持“四早五最”，即早发现、早研判、早预警、早处置，努力在最低层级、用最短时间、花相对最小的成本，解决最大的关键问题，争取综合效益最

学习笔记

佳，保障城市安全有序运转和人民生命健康、财产安全。要在增强防灾减灾能力上下功夫，聚焦城市抗震、防洪、排涝、消防、安全生产、城市“生命线”等领域，持续提升风险隐患排查、预测预报预警、应急指挥救援等能力和水平。要在提高公共卫生防控救治能力上下功夫，完善疾病预防控制体系，建设平战结合的突发重大疫情救治体系。

三是更加注重创新活力。超大特大城市具有创新要素集聚优势，要以增强城市创新能力为牵引，以创新推动创业、带动就业、成就事业。着力建设创新创业载体，提升国家自主创新示范区等创新功能，建设成本低、要素全、便利化、开放式的孵化器等众创空间。着力优化创新创业生态，完善普惠性创新创业支持政策，健全更加开放的高水平人才引进培养机制。着力推动集成电路、生物医药、人工智能等新兴产业发展，提升产业核心竞争力和吸纳就业能力。

四是更加注重智慧高效。推进城市数字化转型，让城市变得更智慧是建设新型超大特大城市的重要内涵和牵引力量。加强新型基础设施建设，加快建设高速泛在、天地一体、云网融合、智能敏捷、绿色低碳、安全可控的智能化综合性数字信息基础设施，提升电力、交通等基础设施的智能化水平。加强应用场景建设，推行城市数据一网通用、政务服务一网通办、城市运行一网统管、公共服务一网通享，发展远程办公、远程教育、远程医疗、智慧出行、智慧社区，构筑美好数字生活新图景。

五是更加注重绿色低碳。建设人与自然和谐共生的现代化，必须把保护城市生态环境摆在更加突出的位置。超大特大城市要坚持生态优先、绿色发展，锚定碳达峰碳中和目标，推动能源清洁低碳安全高效利用，促进工业、建筑、交通等领域清洁低碳转型，引导市民践行绿色生活方式。要加强城市环境保护，持续深入打好蓝天、碧水、净土保卫战，推动生活垃圾分类成为新时尚。要修护城市生态空间，建设环城生态公园带等生态绿色廊道，打造口袋公园、街心绿地、湿地和郊野公园，让城市再现绿水青山。

六是更加注重人文魅力。文化是城市的灵魂，必须坚定文化自信，广泛践行社会主义核心价值观，全面提升城市文化软实力。大力弘扬城市精神和城市品格，提高市民文明素质和城市文明程度。大力传承历史文脉，进一步完善历史文化遗产保护传承和活化利用机制，加强对历史街区、历史建筑、工业遗产的保护利用，将更多的“工业锈带”改造为“生活秀带”“发展绣带”。大力推动文化事业和文创产业繁荣发展，培育新型文化业态，更好地满足市民精神文化需求。

资料来源：龚正．加快转变超大特大城市发展方式（认真学习宣传贯彻党的二十大精神）[N]. 人民日报，2022-12-16.（有修改）

试分析：

(1)转变超大特大城市发展方式将给城市居民的消费方式带来怎样的改变？

(2)转变超大特大城市发展方式将为企业带来哪些新的营销机遇？

(3)该案例给你带来哪些启示？

学习笔记

实践与训练

就你的家乡和你大学就读的城市(如果两者为同一城市，可以选择不同地域的两个城市)进行一次市场调研，比较两个城市的消费环境有何差别，消费者的消费心理因此有何不同，并写成调研报告。

思政案例

织密司法保护网　守牢信息安全关

当前，个人信息保护已成为数字经济发展中不可忽视的议题，平衡个人信息保护与数据要素流动的关系，对数字经济健康发展、行稳致远至关重要。日前，广东省高级人民法院发布了一批个人信息保护典型案例，涉及依法保护个人信息查阅复制权、个人信息的界定、恶意公布个人信息等内容，法院充分发挥审判职能，保护个人信息权益和规范个人信息处理，不断推进网络治理、数据治理法治化的司法实践。

案例一：保障平台用户个人信息知情权

广州某电子商务有限公司系某平台的运营主体，周某系该平台的注册用户。2021年3月，周某致电平台客服，表示其担心个人信息泄露后被其他平台或商家利用，为避免被电话推销等广告骚扰，希望该公司能披露所收集到的其个人信息。平台客服表示：“用户有填写的信息，可以在App个人中心予以查看，且这些信息采取了加密的保护措施，不会泄露；对于用户没有填写的信息，平台无法展示。”同日，周某通过电子邮件向平台隐私专职部门邮箱发送邮件，请求披露个人信息，平台未予回复。后周某将该电子商务公司诉至法院，要求该公司向其披露收集的个人信息。

广东省广州市中级人民法院审理后认为，周某要求平台向其披露个人信息，实质上是主张个人信息查阅复制权。个人对于个人信息处理者收集的个人信息，除存在依法不得查阅复制或权力滥用等情形外，均可依法行使查阅复制的权利，并不以个人信息泄露或存在泄露风险为前提条件。周某作为平台注册用户，对于平台所收集的个人信息及相关处理情况，有权要求平台进行披露。故判决该电子商务有限公司提供其收集的周某相关个人信息，以及其处理的相关情况，供周某查阅、复制。

案例二：保护用户个人信息是平台应有之责

某互联网公司开发了某App借贷平台，并持有、保管贷款人提交的个人资料信息。杨某于2017年7月至10月在该App借贷平台借款4万余元。借款前，杨某按照该App借贷平台要求，注册登记个人信息，提供身份证正反面照片和本人手持身份证照片，授权通讯录联系人。后因杨某逾期未还款，杨某及其亲属、同事、朋友频繁收到了自称是某App或陌生人的催收信息。催收信息内容除了借贷情况的基本信息外，还制作并向杨某发送了诋毁杨某的图文信息。杨某认为该公司捏造事实肆意诽谤，以辱骂、威胁方式催款，并向他人恶意泄露其个人信息，侵犯

学习笔记

了其个人隐私权、名誉权，遂于 2018 年 8 月，将该公司诉至法院，要求其赔礼道歉、消除影响、恢复名誉，赔偿精神损害抚慰金。

广东省珠海市香洲区人民法院审理后认为，催收人掌握了杨某与某 App 之间的借款详情及杨某提交给某 App 的个人信息，且发送信息目的是为某 App 向杨某催收欠款，表明是互联网公司向第三方提供了杨某的相关个人信息。该公司通过某 App 软件取得杨某的个人信息，应依法确保杨某的个人信息安全，但其向第三方催收人提供杨某的个人信息，侵犯了杨某个人信息受法律保护的民事权利。催收人向杨某及其朋友发送带有毁损杨某名誉的图文信息及骚扰信息等威胁方式进行讨债，对杨某构成精神损害，故判决该互联网公司向杨某书面赔礼道歉，并酌情支付精神损害抚慰金 2 000 元。

资料来源：吁青，陈康秀，楚惠如．织密司法保护网　守牢信息安全关——广东高院发布个人信息保护典型案例[EB/OL]．中国法院网，2023-01-14．(有修改)

试分析：电子信息时代，公民应如何保护个人信息？

学习笔记

参考文献

[1] 荣晓华．消费者行为学[M]．7版．大连：东北财经大学出版社，2022.
[2] 李晴．消费者行为学[M]．2版．重庆：重庆大学出版社，2009.
[3] 刘庆华．消费心理学[M]．北京：机械工业出版社，2017.
[4] 牧之．销售要读心理学[M]．北京：新世界出版社，2009.
[5] 陈子秋．客户经理培训方案精选[M]．广州：广东经济出版社，2005.
[6] 王挺．久赢真经：销售心理学[M]．北京：机械工业出版社，2010.
[7] 柯洪霞．消费心理学[M]．3版．北京：对外经济贸易大学出版社，2015.
[8] 梁汝英．消费者行为学[M]．重庆：重庆大学出版社，2013.
[9] 迈克尔·所罗门，卢泰宏，杨晓燕．消费者行为学[M]．10版．杨晓燕，郝佳，等译．北京：中国人民大学出版社，2014.
[10] 王惠琴．消费心理学[M]．南京：东南大学出版社，2005.
[11] 汪玉光．消费心理学[M]．北京：化学工业出版社，2008.
[12] 王曼，白玉苓，王智勇．消费者行为学[M]．2版．北京：机械工业出版社，2011.
[13] 姜玲玲．消费心理学[M]．成都：西南交通大学出版社，2008.
[14] 赵红．消费心理学[M]．重庆：重庆大学出版社，2006.
[15] 王官诚，汤晖，万宏．消费心理学[M]．2版．北京：电子工业出版社，2013.
[16] 李先国，曹献存．客户服务实务[M]．2版．北京：清华大学出版社，2011.
[17] 李晓霞，刘剑，赵仕红．消费心理学[M]．3版．北京：清华大学出版社，2018.
[18] 梁成斌．九型人格销售经[M]．北京：华文出版社，2009.
[19] 袁晓莉，雷银生．国际市场营销学[M]．2版．北京：清华大学出版社，2013.
[20] 柴少宗．消费者行为学[M]．北京：清华大学出版社，2010.
[21] 唐赤华，戴克商．消费者心理与行为[M]．2版．北京：清华大学出版社，2011.
[22] 文成蹊．你一定要知道的心理学常识全集[M]．北京：中国纺织出版社，2009.
[23] 蒋先润．销售攻心术：销售中的心理策略[M]．北京：新世界出版社，2009.
[24] 易正伟．客户关系管理[M]．2版．北京：清华大学出版社，2020.
[25] 刘迎泽．心理访谈：听心理学专家讲故事[M]．北京：海潮出版社，2009.
[26] 曹华宗，沈周俞，王浩．销售攻心术：不懂心理学就做不好销售[M]．北京：中华工商联合出版社，2010.
[27] 利昂·希夫曼，乔·维森布利特．消费者行为学[M]．12版．江林，张恩忠，等译．北京：清华大学出版社，2021.
[28] 杰弗里·米勒．超市里的原始人：什么是人类最根本的消费动机[M]．苏健，译．杭州：浙江人民出版社，2017.
[29] 金星．广告学实用教程[M]．3版．北京：北京师范大学出版社，2017.